Lösungen zum Lehrbuch
Steuerlehre 2
Rechtslage 2014

Manfred Bornhofen · Martin C. Bornhofen

Lösungen zum Lehrbuch Steuerlehre 2 Rechtslage 2014

Mit zusätzlichen Prüfungsaufgaben und Lösungen

35., überarbeitete Auflage

Mitarbeiter: Jürgen Kaipf/Lothar Meyer/Simone Meyer

Springer Gabler

Studiendirektor, Dipl.-Hdl.
Manfred Bornhofen
Koblenz, Deutschland

WP, StB, CPA, Dipl.-Kfm.
Martin C. Bornhofen
Düsseldorf, Deutschland

ISBN 978-3-658-07209-4

Die Deutsche Nationalbibliothek verzeichnet diese Publikation in der Deutschen Nationalbibliografie; detaillierte bibliografische Daten sind im Internet über http://dnb.d-nb.de abrufbar.

Springer Gabler

Lektorat: Irene Buttkus
Layout und Satz: workformedia | Frankfurt am Main | München

Gedruckt auf säurefreiem und chlorfrei gebleichtem Papier

Springer Gabler ist eine Marke von Springer DE. Springer DE ist Teil der Fachverlagsgruppe Springer Science+Business Media
www.springer-gabler.de

Vorwort zur 35. Auflage

Neben den Lösungen zum Lehrbuch der Steuerlehre 2 enthält dieses Buch zusätzliche Fälle und Lösungen zur Vertiefung Ihres Wissens.

Deshalb ist dieses „Aufgaben- und Lösungsbuch“ in zwei Teile untergliedert.

Der **1. Teil** enthält die

Lösungen zum Lehrbuch

und der **2. Teil** die

zusätzlichen Fälle und Lösungen.

Die einzelnen Sachthemen dieser zusätzlichen Aufgabensammlung finden Sie im Inhaltsverzeichnis oder in der Kopfzeile des Buches.

Die jeweiligen Lösungen folgen den Fällen direkt. Sie erkennen sie an der grauen Rasterung.

Wir hoffen, dass Sie mit Hilfe dieses zusätzlichen Übungsmaterials vielleicht noch verbleibende Unsicherheiten in der Anwendung Ihres Wissens beheben können und wünschen Ihnen viel Erfolg in Ihren Klausuren bzw. Prüfungen.

Ihr

Bornhofen-Team

Teil 1: Lösungen zum Lehrbuch

A. Einkommensteuer

E. Erbschaftsteuer

Teil 2: Zusätzliche Fälle und Lösungen

A. Einkommensteuer

B. Körperschaftsteuer

C. Gewerbesteuer

Teil 1: Lösungen zum Lehrbuch

A. Einkommensteuer

1 Einführung in die Einkommensteuer

FALL 1

1. (b)
2. (a)
3. (c)
4. (d)

FALL 2

zu 1.

		€
	Einkünfte aus Gewerbebetrieb	20.078
	Einkünfte aus nichtselbständiger Arbeit	30.000
=	**Summe der Einkünfte und Gesamtbetrag der Einkünfte**	**50.078**
-	Sonderausgaben	- 3.700
-	außergewöhnliche Belastungen	- 1.700
=	**Einkommen und zu versteuerndes Einkommen**	**44.678**

zu 2.

Die **Einkommensteuer 2014** beträgt lt. Grundtabelle **10.679 €** (www.bundesfinanzministerium.de; Service; Lohn- und Einkommensteuerrechner).

2 Persönliche Steuerpflicht

FALL 1

1. (c)
2. (b)
3. (b)
4. (d)

FALL 2

a) Sabine Krämer ist im Inland **unbeschränkt** einkommensteuerpflichtig, weil sie eine **natürliche Person** ist, die im **Inland** einen **Wohnsitz** hat (§ 1 **Abs. 1**).

b) Anja Fischer ist im Inland **unbeschränkt** einkommensteuerpflichtig, weil sie eine natürliche Person ist, die im **Inland** einen **Wohnsitz** hat (§ 1 **Abs. 1**).

c) Georg Smith ist für die Zeit vom 02.01. bis 15.11.2014 im Inland **unbeschränkt** einkommensteuerpflichtig, weil er eine **natürliche Person** ist, die im **Inland** ihren **gewöhnlichen Aufenthalt** hatte (§ 1 **Abs. 1**).

d) Peter Keller ist im Inland **beschränkt** steuerpflichtig, weil er eine **natürliche Person** ist, die im **Inland weder** einen **Wohnsitz noch** ihren **gewöhnlichen Aufenthalt** hatte, aber **inländische Einkünfte** i.S.d. **§49** erzielt.

e) Erich Schwab ist im Inland **unbeschränkt** einkommensteuerpflichtig, weil er eine **natürliche Person** ist, die im **Inland** einen **Wohnsitz** hat (§ 1 **Abs. 1**).

f) Frank Haas ist nach § 1 **Abs. 2** im Inland **unbeschränkt** einkommensteuerpflichtig, weil er alle Voraussetzungen des § 1 Abs. 2 erfüllt.

g) Die Heinrich Bauer KG ist weder unbeschränkt noch beschränkt einkommensteuerpflichtig, weil nur natürliche Personen (nicht Personengesellschaften) der Einkommensteuer unterliegen.
Die Gesellschafter der KG unterliegen mit der von der KG erzielten Einkünfte der Einkommensteuer (Einkünfte aus Gewerbebetrieb gem. § 15 Abs. 1 Nr. 2).

h) Knut Hansen hat weder einen Wohnsitz noch seinen gewöhnlichen Aufenthalt im Inland, sodass er **nicht** nach § 1 **Abs. 1** im Inland unbeschränkt einkommensteuerpflichtig ist.
Da auch die Voraussetzungen des § 1 **Abs. 2** nicht erfüllt sind, ist er - ohne Antrag - in Deutschland beschränkt einkommensteuerpflichtig (§ 1 Abs. 4).
Auf **Antrag** ist er nach § 1 **Abs. 3** für 2014 als **unbeschränkt** Steuerpflichtiger zu behandeln.

i) Susi Klein hat weder einen Wohnsitz noch ihren gewöhnlichen Aufenthalt im Inland, sodass sie **nicht** nach § 1 **Abs. 1** unbeschränkt einkommensteuerpflichtig ist.
Da auch die Voraussetzungen des § 1 **Abs. 2** nicht erfüllt sind, ist sie - ohne Antrag - im Inland beschränkt einkommensteuerpflichtig (§ 1 Abs. 4).
Auf **Antrag** ist sie nach § 1 **Abs. 3** für 2014 als **unbeschränkt** Steuerpflichtige zu behandeln.
Als EU-Staatsbürgerin kann sie u.U. Vergünstigungen in Anspruch nehmen (§ 1a)

j) André Bucher hat weder einen Wohnsitz noch seinen gewöhnlichen Aufenthalt im Inland, sodass er **nicht** nach § 1 **Abs. 1** in Deutschland unbeschränkt einkommensteuerpflichtig ist.
Da auch die Voraussetzungen des § 1 **Abs. 2** nicht erfüllt sind, ist er - ohne Antrag - in Deutschland beschränkt einkommensteuerpflichtig (§ 1 Abs. 4).
Auf **Antrag** ist er nach § 1 **Abs. 3** für 2014 als **unbeschränkt** Steuerpflichtiger zu behandeln.

3 Grundbegriffe im Zusammenhang mit der Ermittlung der Einkünfte

FALL 1

Nr.	Einnahmen	nstb. E. €	stb. BE €	stb. E. i.S.d. §8 €	stfr. E. €	stpfl. E. €
1.	Lottogewinn einer Steuerfachangestellten in Höhe von 100.000 €	100.000				
2.	Tageseinnahmen eines Gastwirts aus seiner Gastwirtschaft in Höhe von 800 €		800			800
3.	Zuwendung von 250 €, die ein Arbeitnehmer anlässlich der Eheschließung von seinem Arbeitgeber erhält			250		250
4.	Zuwendung von 500 €, die ein Arbeitnehmer anlässlich der Geburt seines Sohnes von seinem Arbeitgeber erhält			500		500
5.	Erbschaft eines Steuerfachangestellten in Höhe von 50.000 €	50.000				
6.	Trinkgelder einer Friseurin von 1.000 € im Kalenderjahr, die sie von Dritten freiwillig und ohne Rechtsanspruch erhält			1.000	1.000	
7.	Trinkgelder eines Kellners von 3.000 € im Kalenderjahr, auf die er einen Rechtsanspruch hat			3.000		3.000
8.	Einnahme (Bruttoarbeitslohn) eines Angestellten aus einem Dienstverhältnis in Höhe von 2.000 € im Monat			2.000		2.000
9.	Einnahmen eines Lebensmittelhändlers aus Warenverkäufen von 10.000 €		10.000			10.000
10.	Einnahme (Miete) eines Angestellten aus seinem Zweifamilienhaus in Höhe von 600 € im Monat			600		600
11.	Einnahmen eines Arztes aus selbständiger ärztlicher Tätigkeit von 250.000 €		250.000			250.000

FALL 2

Nr.	Aufwendungen	BA	WK	AfdpL
1.	Gewerkschaftsbeiträge		x	
2.	private Telefongebühren			x
3.	Aufwendungen für eine Erholungsreise			x
4.	Grundsteuer für ein Betriebsgrundstück	x		
5.	Aufwendungen eines Arbeitnehmers für typische Berufskleidung		x	
6.	Aufwendungen für einen Maßanzug, der von einem Angestellten nachweislich während der Arbeitszeit getragen wird			x
7.	AfA für einen betrieblichen Lkw	x		
8.	Hypothekzinsen für ein Fabrikgebäude	x		
9.	Aufwendungen eines Arbeitnehmers für Ernährung			x
10.	Telefongebühren für betrieblich veranlasste Gespräche, die über den privaten Telefonanschluss geführt werden	x		
11.	Steuerberatungskosten für das Ausfüllen einer Erbschaftsteuererklärung			x

FALL 3

1. (b)
2. (c)
3. (c)
4. (a)
5. (c)

FALL 4

a) Wolf Jäger hat im VZ 2014 steuerbare Einnahmen in Höhe von **2.400 €** (200 € x 12) bezogen. Diese steuerbaren Einnahmen sind jedoch nach § 3 **Nr. 26** EStG **steuerfrei**, sodass bei Herrn Jäger keine ESt anfällt (Übungsleiterfreibetrag).

b) Karl Frank hat im VZ 2014 steuerbare Einnahmen in Höhe von **720 €** (60 € x 12) bezogen. Diese steuerbaren Einnahmen sind jedoch nach § 3 **Nr. 26a** EStG **steuerfrei**, sodass bei Herrn Frank keine ESt anfällt (Ehrenamtsfreibetrag).

c) Franz Schell hat im VZ 2014 steuerbare Einnahmen in Höhe von **3.600 €** (300 € x 12) bezogen. Diese steuerbaren Einnahmen sind zum Teil **steuerfrei** und **steuerpflichtig**. **2.400 €** sind nach § 3 Nr. 26 EStG **steuerfrei** (Übungsleiterfreibetrag). Der übersteigende Betrag von **1.200 €** (3.600 € - 2.400 €) ist **steuerpflichtig**. Der steuerpflichtige Betrag von 1.200 € kann als geringfügige Beschäftigung in Frage kommen. Bei einer geringfügigen Beschäftigung trägt der Verein die Abzüge grundsätzlich allein, sodass für Herrn Schell keine ESt anfällt (siehe Buchführung 1, 26. Auflage 2014, S. 242 ff.).

4 Methoden zur Ermittlung der Einkünfte

FALL 1

	Betriebsvermögen 31.12.2014	- 30.000 €
	Betriebsvermögen 31.12.2013	60.000 €
	Unterschiedsbetrag	- 90.000 €
+	Entnahmen 2014	100.000 €
-	Einlagen 2014	- 5.000 €
=	**Gewinn 2014**	**5.000 €**

FALL 2

	50 % des Gewinns aus 2013/2014	=	15.000 €
	50 % des Gewinns aus 2014/2015	=	10.000 €
=	**Gewinn 2014**	=	**25.000 €**

FALL 3

Der Gewinn des VZ 2014 beträgt nach § 4a Abs. 2 Nr. 2 EStG **20.000 €** (= Gewinn des Wirtschaftsjahres 2013/2014).

FALL 4

Die Miete ist für **2014** anzusetzen, weil es sich um eine **regelmäßig wiederkehrende Einnahme** handelt, die **kurze Zeit** nach Beendigung des Kalenderjahrs 2014, zu dem sie wirtschaftlich gehört, zugeflossen ist (§ 11 Abs. 1 Satz 2).

FALL 5

Die Miete ist für **2015** anzusetzen, weil sie **nicht kurze Zeit** nach Beendigung des Kalenderjahrs 2014, zu dem sie wirtschaftlich gehört, zugeflossen ist (H 11 (Allgemeines) EStH).

Zusammenfassende Erfolgskontrolle zum 1. bis 4. Kapitel

FALL 1

Herr Türek ist **unbeschränkt einkommensteuerpflichtig**, weil er im **Inland** einen **Wohnsitz** hat (§ 1 **Abs. 1**).

FALL 2

1. Herr Löhr ist **unbeschränkt einkommensteuerpflichtig**, weil er im **Inland** einen **Wohnsitz** hat (§ 1 **Abs. 1**).

	Einkünfte aus Land- und Forstwirtschaft (§ 13)	500 €
	Einkünfte aus Gewerbebetrieb (§ 15)	40.000 €*
	Einkünfte aus selbständiger Arbeit (§ 18)	17.500 €
	Einkünfte aus Vermietung und Verpachtung (§ 21)	10.000 €
2.	**= Summe der Einkünfte**	**68.000 €**

* Horizontaler Verlustausgleich (70.000 € - 30.000 € = 40.000 €)

5 Veranlagungsarten

FALL 1

1. Der **Ehemann** ist **2014** und **2015 unbeschränkt** einkommensteuerpflichtig, weil er als **natürliche Person** im **Inland** einen **Wohnsitz** hat (§ 1 Abs. 1).
   Die **Ehefrau** ist **2014 nicht unbeschränkt** einkommensteuerpflichtig, weil sie als natürliche Person im Inland weder eine Wohnung noch ihren gewöhnlichen Aufenthalt hat. Im Jahre **2015** ist sie **unbeschränkt** einkommensteuerpflichtig, weil alle Voraussetzungen des § 1 Abs. 1 erfüllt sind (natürliche Person, Inland, Wohnsitz).
2. Für den **VZ 2014** liegen die Voraussetzungen des § 26 Abs. 1 nicht vor (nicht beide unbeschränkt einkommensteuerpflichtig). Der **Ehemann** wird deshalb **einzeln** zur Einkommensteuer veranlagt.
   Die **Ehefrau** wird im **VZ 2014** im Inland **nicht veranlagt**, weil sie in der Bundesrepublik weder unbeschränkt noch beschränkt einkommensteuerpflichtig war.
   Für den **VZ 2015** liegen die Voraussetzungen des § 26 Abs. 1 vor. Die Ehegatten können ab VZ 2015 zwischen der **Zusammenveranlagung** und der **Einzelveranlagung von Ehegatten** wählen (§§ 26a, 26b).
3. Die **Eheleute** sind **2014** und **2015 unbeschränkt** einkommensteuerpflichtig, weil sie als natürliche Personen im Inland einen Wohnsitz haben (§ 1 Abs. 1).
   Ab dem **VZ 2014** können die Eheleute zwischen folgenden Veranlagungsarten **wählen**:
   a) der Einzelveranlagung von Ehegatten (§ 26a),
   b) der Zusammenveranlagung von Ehegatten (§ 26b).

FALL 2

1. Die Eheleute Bungert können für 2014 **wählen** zwischen der Zusammenveranlagung von Ehegatten (§ 26b) und der Einzelveranlagung von Ehegatten (§ 26a).
2. Die Ehegatten werden für den VZ 2014 einzeln veranlagt, weil einer die Einzelveranlagung gewählt hat (§ 26 Abs. 2 Satz 1).

FALL 3

Für den VZ 2014 liegen die Voraussetzungen des § 26 Abs. 1 **nicht** vor. Die Eheleute können deshalb **nicht** zwischen der Zusammenveranlagung von Ehegatten und der Einzelveranlagung von Ehegatten wählen, sodass die **Einzelveranlagung** i.S.d. § 25 Abs. 1 durchzuführen ist.

6 Gewinneinkünfte

6.1 Einkünfte aus Land- und Forstwirtschaft (§13 EStG)

FALL 1

		Ehemann €	Ehefrau €	gesamt €
	Einkünfte aus L + F (§ 13)		1.300	1.300
	Einkünfte aus Gewerbebetrieb (§ 15)	60.000		60.000
=	**Summe der Einkünfte** (§ 2 Abs. 2)			**61.300**
-	Freibetrag für Land- und Forstwirte (§ 13 Abs. 3)*			- 1.300
=	**Gesamtbetrag der Einkünfte** (§ 2 Abs. 3)			**60.000**

* Der Freibetrag für Land- und Forstwirte beträgt grundsätzlich bei Zusammenveranlagung 1.340 €. Er ist jedoch auf die Höhe der Einkünfte aus L + F begrenzt.

FALL 2

		Ehemann €	Ehefrau €	gesamt €
	Einkünfte aus L + F (§ 13)		10.000	10.000
	Einkünfte aus Gewerbebetrieb (§ 15)	60.000		60.000
=	**Summe der Einkünfte** (§ 2 Abs. 2)			**70.000**
-	Freibetrag für Land- und Forstwirte (§ 13 Abs. 3)*			- 00
=	**Gesamtbetrag der Einkünfte** (§ 2 Abs. 3)			**70.000**

* Der Freibetrag für Land- und Forstwirte beträgt grundsätzlich bei Zusammenveranlagung 1.340 €. Er wird jedoch nur gewährt, wenn die Summe der Einkünfte 61.400 Euro nicht übersteigt.

6.2 Einkünfte aus Gewerbebetrieb (§15 EStG)

FALL 3

			Ehemann €	Ehefrau €	gesamt €
	Einkünfte aus Gewerbebetrieb (§ 15)				
	Ehemann:				
	Tz. 1 Gewinnanteil KG	10.000 €			
	Tz. 2 Zinsen KG (Sonder-BE)	1.000 €	11.000		
	Ehefrau:				
	Tz. 3 atypische stille Gesellschafterin			9.000	20.000
=	**Summe der Einkünfte** (§ 2 Abs. 2)				**20.000**

FALL 4

		Ehemann €	Ehefrau €	gesamt €
Einkünfte aus Gewerbebetrieb (§ 15)				
Tz. 2 Gewinnanteil KG				
Tz. 3 Miete für Überlassung des	15.000 €			
Geschäftshauses	10.000 €			
abzügliche Sonderbetriebsausgabe	- 4.000 €			
Tz. 4 Zinsen KG	12.000 €		33.000	33.000
Einkünfte aus Kapitalvermögen (§ 20)				
Tz. 1 typischer (echter) stiller Gesellschafter		19.200		19.200
= **Summe der Einkünfte**				**52.200**

FALL 5

zu 1.

	Handelsbilanzgewinn	160.000 €
+	Vergütung für Tätigkeit	60.000 €
+	Vergütung für Hingabe eines Darlehens	16.000 €
+	Vergütung für Überlassung eines Hauses	24.000 €
=	**steuerlicher Gewinn** (§ 15 Abs. 1 Nr. 2)	**252.000 €**

zu 2.

Gesell-schafter	Vorweg-gewinn	4 % des Kapitalanteils	Restgewinn (4 : 3 : 1)	Einkünfte aus Gewerbebetrieb
A	60.000 €	6.000 €	70.000 €	136.000 €
B	16.000 €	4.000 €	52.500 €	72.500 €
C	24.000 €	2.000 €	17.500 €	43.500 €
	100.000 €	12.000 €	140.000 €	**252.000 €**

FALL 6

	€	€	€	€
Einkünfte vom 01.01. bis 30.09.2014				65.200
Veräußerungsgewinn (§ 16)			150.000	
ungekürzter Freibetrag		45.000		
Veräußerungsgewinn von	150.000			
übersteigt den Grenzbetrag von	- 136.000			
unschädlich	14.000	- 14.000		
gekürzter Freibetrag		31.000	-31.000	
verbleiben			119.000	
steuerpflichtiger Veräußerungsgewinn				119.000
Einkünfte aus Gewerbebetrieb				**184.200**

6.3 Einkünfte aus selbständiger Arbeit (§18 EStG)

FALL 7

		Ehemann €	Ehefrau €	gesamt €
Einkünfte aus selbständiger Arbeit (§ 18)				
Ehemann:				
Tz. 1 Rechtsanwaltspraxis	40.000 €			
Tz. 2 Insolvenzverwaltung	5.000 €	45.000		
Ehefrau:				
Tz. 3 Aufsichtsratstätigkeit			10.000	
= **Summe der Einkünfte** (§ 2 Abs. 2)		45.000	10.000	**55.000**

FALL 8

		Ehemann €	Ehefrau €	gesamt €
Einkünfte aus Gewerbebetrieb (§ 15)				
Ehemann:				
Tz. 2 Privatschule (H 15.6. EStR)		10.000		
Ehefrau:				
Tz. 4 Gewinnanteil KG	10.000 €			
Tz. 5 Zinsen KG (§ 15 Abs. 1 Nr. 2)	10.000 €		20.000	30.000
Einkünfte aus selbständiger Arbeit (§ 18)				
Tz. 1 Arztpraxis (100.000 € - 40.000 €)		60.000		60.000
Einkünfte aus nichtselbständiger Arbeit (§ 19)				
Tz. 6 angestellte Ärztin			35.000	35.000
Einkünfte aus Kapitalvermögen (§ 20)*				
Tz. 3 typischer stiller Gesellschafter		4.200		4.200
= **Summe der Einkünfte** (§ 2 Abs. 2)		74.600	55.000	**129.200**

* Seit 01.01.2009 wird das zu versteuernde Einkommen grundsätzlich ohne die Einkünfte aus Kapitalvermögen ermittelt. Auf Antrag können Steuerpflichtige die Kapitaleinkünfte in die Ermittlung des zu versteuernden Einkommens einbeziehen (§ 32 d Abs. 4 und Abs. 6).

Zusammenfassende Erfolgskontrolle zum 1. bis 6. Kapitel

	Steuerpflichtige	§13	§15	§18
1.	selbständiger Einzelhändler Marcus Simonis		x	
2.	selbständige Rechtsanwältin Alicia Jarzombek			x
3.	selbständige Fachbuch-Autorin Alexandra Brücker-Lenz			x
4.	selbständige Tierärztin Nicole Wingen			x
5.	selbständige Handelsvertreterin Bianca Schmitz		x	
6.	selbständige Steuerberaterin Manuela Strub			x
7.	selbständige Versicherungsberaterin Anja Ortmann		x	
8.	selbständige Insolvenzverwalterin Ute Henn			x
9.	selbständige Hebamme Judith Doll			x
10.	unechte stille Gesellschafterin Andrea Gückel		x	
11.	selbständige Friseurmeisterin Andrea Zimmerschied		x	
12.	selbständige Handelsmaklerin Regina Adams		x	
13.	OHG-Gesellschafterin Sandra Gohs		x	
14.	selbständige Großhändlerin Heike Schlich		x	
15.	selbständiger Winzer Karl Lotter	x		
16.	Kommanditistin Heike Schröder		x	
17.	selbständige Übersetzerin Monika Koschel			x
18.	Aufsichtsratsmitglied Sandra Friderichs			x
19.	selbständige Künstlerin Erika Murschel			x
20.	selbständige Fußpflegerin Manuela Hermann		x	
21.	selbständige medizinische Fußpflegerin (Podologin) Ramona Illig			x
22.	selbständiger Bezirksschornsteinfegermeister Thomas Krupski		x	

7 Gewinnermittlung durch Betriebsvermögensvergleich

FALL 1

zu a)

Aufgrund seines Handelsregistereintrages ist Tross **Kaufmann i.S.d. § 1 HGB** und nach § 238 Abs. 1 HGB **buchführungspflichtig** (handelsrechtlich). Die steuerrechtliche Buchführungspflicht ergibt sich aus § 140 AO. Tross muss seinen Gewinn nach **§ 5 EStG (Betriebsvermögensvergleich** unter besonderer Beachtung der handelsrechtlichen Bewertungsvorschriften) ermitteln. Er ist nicht von der Buchführungspflicht befreit, weil er an zwei aufeinander folgenden Abschlussstichtagen die Schwellenwerte des § 241a HGB überschritten hat.

zu b)

Steuerberater Gelhardt ist als **Freiberufler** mit Einkünften i.S.d. **§ 18 EStG** tätig. Er betreibt keinen Gewerbetrieb und besitzt nicht die Kaufmannseigenschaft. Er kann unabhängig von der Gewinn- bzw. Umsatzhöhe den Gewinn **ohne** Betriebsvermögensvergleich (**Einnahmenüberschussrechnung** nach **§ 4 Abs. 3 EStG**) ermitteln.

zu c)

Architekt Merder ist als **Freiberufler** mit Einkünften i.S.d. **§ 18 EStG** tätig. Er betreibt keinen Gewerbetrieb und besitzt nicht die Kaufmannseigenschaft. Er führt jedoch **freiwillig Bücher**. Aus diesem Grunde muss er unabhängig von der Gewinn- bzw. Umsatzhöhe den Gewinn nach **§ 4 Abs. 1 EStG (Betriebsvermögensvergleich** ohne Beachtung der handelsrechtlichen Bewertungsvorschriften) ermitteln.

zu d)

Herr Rosenbaum besitzt keine Kaufmannseigenschaft i.S.d. HGB (aus handelsrechtlicher Sicht wäre evtl. zu prüfen, ob ein in kaufmännischer Weise eingerichteter Geschäftsbetrieb erforderlich ist). Es besteht keine Buchführungspflicht nach § 238 HGB und § 140 AO. Herr Rosenbaum ist jedoch **nach § 141 AO verpflichtet, Bücher zu führen** (Gewinngrenze überschritten). Er muss seinen Gewinn nach **§ 5 EStG (Betriebsvermögensvergleich** unter besonderer Beachtung der handelsrechtlichen Bewertungsvorschriften) ermitteln. Er ist nicht von der Buchführungspflicht befreit, weil er an zwei aufeinander folgenden Abschlussstichtagen die Schwellenwerte des § 241a HGB überschritten hat.

zu e)

Landwirt Harder betreibt keinen Gewerbetrieb und besitzt nicht die Kaufmannseigenschaft. Er führt jedoch **freiwillig Bücher**. Aus diesem Grunde muss er unabhängig von der Gewinn- bzw. Umsatzhöhe den Gewinn nach **§ 4 Abs. 1 EStG (Betriebsvermögensvergleich** ohne Beachtung der handelsrechtlichen Bewertungsvorschriften) ermitteln.

FALL 2

	BV 31.12.2014	56.000 €
	BV 31.12.2013	49.000 €
	Unterschiedsbetrag	+ 7.000 €
+	Entnahmen 2014	36.800 €
-	Einlagen 2014	3.000 €
=	**Gewinn** aus Gewerbebetrieb 2014	**40.800 €**

Zusammenfassende Erfolgskontrolle zum 1 bis 7. Kapitel

FALL 1

				Ehemann €	Ehefrau €
Einkünfte aus Gewerbebetrieb (§ 15)					
a)		BV am 31.12.2014	175.000 €		
		BV am 31.12.2013	135.000 €		
		Unterschiedsbetrag	+ 40.000 €		
	+	Entnahme 2014	20.000 €		
	-	Einlage 2014	20.000 €		
	=	Gewinn 2014	40.000 €	40.000	
b)		Gewinnanteil KG	250.000 €		
	+	Gehalt	50.000 €		
	+	Zinsen	16.000 €		
			316.000 €		316.000
c)		Gewinnanteil als unechte stille Gesellschafterin			6.000
= **Summe der Einkünfte**				**40.000**	**322.000**

FALL 2

		€
Einkünfte aus Land- und Forstwirtschaft (§ 13)		
a)		
9/12 von 24.000 € für 2013/2014	18.000 €	
3/12 von 30.000 € für 2014/2015	7.500 €	25.500
Einkünfte aus Kapitalvermögen (§ 20)*		
b)		
Einkünfte als echter stiller Gesellschafter		4.600
= **Summe der Einkünfte**		**30.100**

* Seit 01.01.2009 wird das zu versteuernde Einkommen grundsätzlich ohne die Einkünfte aus Kapitalvermögen ermittelt. Auf Antrag können Steuerpflichtige die Kapitaleinkünfte in die Ermittlung des zu versteuernden Einkommens einbeziehen (§ 32 d Abs. 4 und Abs. 6).

8 Umfang des Betriebsvermögens

zu a)

Pkw 1 gehört zum (notwendigen) **Betriebsvermögen**, weil er ausschließlich betrieblich genutzt wird.

Pkw 2 gehört zum (notwendigen) **Betriebsvermögen**, weil er zu mehr als 50 % betrieblich genutzt wird.

Pkw 3 **kann** als (gewillkürtes) **Betriebsvermögen** behandelt werden, da die betriebliche Nutzung mindestens 10 % beträgt (aber nicht mehr als 50 %).
Der Steuerpflichtige kann jedoch die 1 %-Regelung **nicht** in Anspruch nehmen, weil das Kraftfahrzeug nicht zu mehr als 50 % betrieblich genutzt wird (§ 6 Abs. 1 Nr. 4 Satz 2 EStG).

Pkw 4 gehört zum (notwendigen) **Privatvermögen**, weil er zu weniger als 10 % betrieblich genutzt wird.

zu b)

Die Zahnärztin **kann** den Pkw als notwendiges **Betriebsvermögen** behandeln, **wenn** sie ihn in ihr betriebliches **Anlagenverzeichnis** (Bestandsverzeichnis) aufnimmt (BMF-Schreiben vom 17.11.2004, BStBl 2004 I Seite 1064 f.).

zu c)

Nach R 4.2 Abs. 4 EStR 2012 kann ein Gebäude aufgrund unterschiedlicher Nutzung (eigen- oder fremdbetrieblich/eigene oder fremde Wohnzwecke) grundsätzlich in vier unterschiedliche Wirtschaftsgüter aufgeteilt werden (**gemischt genutztes Gebäude**).
Bei jedem Wirtschaftsgut (Gebäudeteil) ist die Vermögensart gesondert zu prüfen (Betriebs- oder Privatvermögen).
Das gemischt genutzte Gebäude des Herrn Emmerich hat folgende zwei Vermögensarten:

- 350 qm Nutzung zu eigenbetrieblichen Zwecken = **notwendiges Betriebsvermögen** (350.000,00 €)*
- 150 qm Nutzung zu eigenen Wohnzwecken = **notwendiges Privatvermögen** (150.000,00 €)*

zu d)

Der Pkw gehört zum (notwendigen) Betriebsvermögen des Steuerberaters, weil er zu mehr als 50 % betrieblich genutzt wird.

zu e)

Das der Ehefrau gehörende Grundstück gehört **nicht** zum Betriebsvermögen des Steuerberaters. Zu seinem Vermögen gehören nur Wirtschaftsgüter, die ihm gehören bzw. ihm wirtschaftlich zuzurechnen sind.

zu f)

Die Grundschuld gehört als negatives Wirtschaftsgut zum (notwendigen) Betriebsvermögen des Steuerberaters. Dem steht nicht entgegen, dass die dingliche Sicherung durch das private Einfamilienhaus erfolgt.

* siehe R. 4.2 Abs. 6 und R 4.2 Abs. 7 EStR 2012

9 Bewertung des Betriebsvermögens

FALL 1

	Kaufpreis	ANK*	AK
Grundstück (20 %)	100.000 €	8.300 €	**108.300 €**
Gebäude (80 %)	400.000 €	33.200 €	**433.200 €**
Gesamt (100 %)	500.000 €	41.500 €	**541.500 €**

* Hinweise zu den Anschaffungsnebenkosten (ANK):

- Die von anderen Unternehmern in Rechnung gestellte Vorsteuer zählt nicht zu den Anschaffungskosten/Anschaffungsnebenkosten (§ 9b Abs. 1 EStG).
- Die Kosten der Geldbeschaffung (1.250 + 5.000) zählen nicht zu den Anschaffungskosten/Anschaffungsnebenkosten. Zu den Anschaffungsnebenkosten (ANK) gehören: 25.000 € + 500 € + 1.000 € + 15.000 € = 41.500 €

FALL 2

Nach § 255 Abs. 1 HGB handelt es sich bei den Anschaffungskosten um Aufwendungen, die geleistet werden, um einen Vermögensgegenstand zu erwerben und ihn in einen betriebsbereiten Zustand zu versetzen. Die AK betragen:

	Kaufpreis		20.000 €
+	Anschaffungsnebenkosten		
	Fracht	800 €	
	Transportversicherung	200 €	
	Montagekosten	1.500 €	2.500 €
			22.500 €
-	Anschaffungspreisminderungen		
	Skonto (2 % von 20.000 €)		-400 €
=	**Anschaffungskosten**		**22.100 €**

Die Tatsache, dass die Rechnungen von verschiedenen Unternehmern stammen und teilweise noch nicht bezahlt sind, ist irrelevant.

FALL 3

	handelsrechtliche	steuerrechtliche
	Wertuntergrenze	
Materialeinzelkosten	400 €	400 €
Fertigungseinzelkosten	800 €	800 €
Materialgemeinkosten	80 €	80 €
Fertigungsgemeinkosten	960 €	960 €
	2.240 €	**2.240 €**

Die nicht bilanzierten Kostenbestandteile mindern als Aufwand sofort den Gewinn. Laut BMF-Schreiben v. 25.03.2013 BStBl I S. 296 bleibt die bisherige Billigkeitsregelung, wonach das handelsrechtliche Bewertungswahlrecht für Kosten der allgemeinen Verwaltung auch für die Steuerbilanz galt (R. 6.3 Abs.4 EStR 2008 a. F.), bis zur Neufassung der EStR (evtl. 2015) weiter bestehen.

FALL 4

- **Handelsbilanz:** Bilanzansatz **750 €** (strenges Niederstwertprinzip, § 253 Abs. 4 HGB)
  Steuerbilanz: Wahlrecht: Bilanzansatz **750 € oder 800 €** (§ 6 Abs. 1 Nr. 2 Satz 2 EStG)
- **Handels- und Steuerbilanz:** Bilanzansatz **900€**, (Wertobergrenze bilden die Anschaffungskosten, § 253 Abs. 1 Satz 1 HGB und § 6 Abs. 1 Nr. 2 Satz 1 EStG)
- **Handels- und Steuerbilanz:** Bilanzansatz **500€** (Ein Ansatz zum Nettoverkaufspreis ist nicht zulässig, da der Verkaufspreis über den Anschaffungskosten liegt. Oster würde nicht realisierte Gewinne ausweisen (§ 252 Abs. 1 Nr. 4 HGB).

FALL 5

a) **Handelsbilanz:** Bilanzansatz **15.000 €** (30.000 - 6.000 € - 9.000 €) (§ 253 Abs. 3 S. 3 HGB)
Steuerbilanz: Bilanzansatz **24.000€** (30.000 € - 6.000 €) oder mit **15.000 €** (Wahlrecht, § 6 Abs. 1 Nr. 2 Satz 2 EStG)

b) Eine TW-Abschreibung ist steuerrechtlich **nicht** zulässig (§ 6 Abs. 1 Nr. 1 S. 2 EStG). Handelsrechtlich ist eine außerplanmäßige Abschreibung ebenfalls **nicht** zulässig (§ 253 Abs. 3 S. 4 HGB). **Handels-und Steuerbilanz**: Bilanzansatz **24.000 €**.

FALL 6

a)

	Wert der übernommenen Vermögensgegenstände	2.170.000 €
-	Wert der übernommenen Schulden	-1.840.000 €
=	Betriebsvermögen	330.000 €
	Kaufpreis	450.000 €
-	Betriebsvermögen	- 330.000 €
=	**derivativer Firmenwert**	**120.000€**

b) Der **derivative Firmenwert ist** in der **Steuerbilanz** zum 31.12.2014 zu aktivieren und innerhalb von **15 Jahren** abzuschreiben (Aktivierungs**gebot**).

c) **Handelsrechtlich** muss der derivative Firmenwert ebenfalls aktiviert werden (Aktivierungs**gebot**, § 246 Abs. 1 Satz 4 HGB). Die allgemeinen Regelungen zur Zugangs- und Folgebewertung sind zu beachten (§ 253 Abs. 1 + 3 HGB). Der Firmenwert ist i. d. R. handelsrechtlich über einen Zeitraum von **fünf Jahren** abzuschreiben. Gründe, welche die Annahme einer betrieblichen Nutzungsdauer von **mehr als 5 Jahren** rechtfertigen, sind im **Anhang** anzugeben (§ 285 Nr. 13 HGB).

FALL 7

	Kaufpreis	Anschaffungsnebenkosten	Anschaffungskosten
Grund und Boden	100.000 €	10.170 €	110.170 €
Lagerhalle	300.000 €	30.510 €	**330.510€**
Gesamt	400.000 €	40.680 €*	440.680 €

* (20.000 € GrESt + 7.650 € + 1.030 € + 12.000 € = 40.680 €)

3 % von **330.510€** = 9.915,30 € x 3/12 = **2.478,83€** (§ 7 Abs. 4 Nr. 1 EStG) AfA 2014

FALL 8

Die steuerrechtlich höchstzulässige (lineare) AfA für 2014 beträgt **8.333€** (2% von 1.000.000€ = 20.000€ x 5/12 = 8.333€).
Die degressive Gebäude-AfA ist nicht möglich, weil das Gebäude **nicht vor dem 01.01.2006** angeschafft worden ist (§ 7 Abs. 5 Nr. 3c). Außerdem wurde das Gebäude nicht im Jahr der Fertigstellung erworben (§ 7 Abs. 5 Satz 1).

FALL 9

Anlagegut	AfA-Satz	Linearer AfA-Betrag des 1. Jahres
A	20%	4.000€
B	25%	1.667€*
C	8 ⅓%	389€*
D	5%	209€*
E	10%	480€

* aufgerundet

FALL 10

Bezeichnung	€	Bemerkung
AK 2011	400.000	
- lineare AfA 2011	50.000	12,5% (§ 7 Abs. 1 EStG)
= RBW* 2011	350.000	
- lineare AfA 2012	50.000	
- TW-AfA 2012	200.000	§ 6 Abs. 1 Nr. 1 S. 2 EStG, § 7 Abs. 1 Satz 7 EStG
= RBW 2012	100.000	= Teilwert
- lineare AfA 2013	16.667	(100.000€ : 6 = 16.667€)
+ Zuschreibung 2013	80.000	§ 6 Abs. 1 Nr. 1 Satz 4 EStG
= RBW 2013	163.333	
- lineare AfA 2014	32.667	(163.333€ : 5 = 32.667€)
= RBW 2014	130.666	

* RBW = Restbuchwert

Zuschreibungsobergrenze zum 31.12.2014 wären die fortgeführten Anschaffungs- bzw. Herstellungskosten in Höhe von 200.000 €.

FALL 11

	Urspr. Bruttopreis (119 %)	582,85 €
-	USt (19 %)	- 93,06 €
=	Urspr. Nettopreis (Listeneinkaufspreis; 100 %)	= 489,79 €
-	Rabatt (15 %)	- 73,47 €
=	Verbleiben (Zieleinkaufspreis; 85 % → 100 %)	= 416,32 €
-	Skonto (2 %)	- 8,33 €
=	Anschaffungskosten (Bareinkaufspreis; 98 %)	= **407,99 €**

Die Anschaffungskosten betragen 407,99 €. d. h., es liegt ein GWG i. S. d. § 6 Abs. 1 EStG vor. Geringwertige Wirtschaftsgüter mit AK/HK bis 410 Euro **können** im Jahr der Anschaffung in voller Höhe als Betriebsausgabe abgezogen werden.
Da Herr Puhl einen möglichst niedrigen steuerlichen Gewinn anstrebt, beträgt der Ansatz in der Steuerbilanz dieses Wirtschaftsguts **0 €**.

FALL 12

a) **Ja**, weil das Größenmerkmal nach § 7g Abs. 1 Nr. 1a EStG mit 235.000 € nicht überschritten ist.

b) 57.120 € brutto : 1,19 = 48.000 € netto = Anschaffungskosten. Herr Berg kann in 2014 einen Investitionsabzugsbetrag in Höhe von **19.200 €** (40 % von 48.000 €) in Anspruch nehmen (§ 7g Abs. 1 Satz 1). Der Abzugsbetrag wird außerbilanziell gewinnmindernd berücksichtigt.

FALL 13

a) 38.080 € brutto : 1,19 = 32.000 € netto = Anschaffungskosten
Der Investitionsabzugsbetrag beträgt in 2014 **12.800 €** (40 % von 32.000 €).

	AK in 2017	30.000 €	(35.700 € : 1,19)
-	**Kürzungsbetrag** (7g Abs. 2 S. 2)	- **12.000 €**	**(40 % von 30.000 €)** In
=	AfA-Bemessungsgrundlage	18.000 €	

2014 ist ein Investitionsabzugsbetrag in Höhe von 12.800 € (40 % von 32.000 €) gewinnmindernd außerbilanziell in Anspruch genommen worden.
In 2017 ist ein Investitionsabzugsbetrag in Höhe von 12.000 € (40 % von 30.000 €) dem Gewinn außerbilanziell hinzuzurechnen (§ 7g Abs. 2 Satz 1). Neben der planmäßigen Abschreibung kann im Jahr der Anschaffung und in den vier folgenden Jahren eine Sonderabschreibung von insgesamt 20 % der Anschaffungskosten vorgenommen werden.
In Höhe der Differenz zwischen dem ursprünglich geplanten Investitionsabzugsbetrag (12.800 €) und dem tatsächlichen Investitionsabzugsbetrag (12.000 €) ist der Gewinn rückwirkend im Steuerbescheid für 2014 um **800 €** (12.800 € - 12.000 €) **zu erhöhen** (Kürzung des Abzugsbetrags 2014 um 800 € gem. § 7g Abs. 3).
Ab 01.04.2015 ist eine **Verzinsung** der **Steuernachzahlung** nach § 233a AO vorzunehmen (0,5 % für jeden vollen Monat; siehe BMF-Schreiben vom 15.08.2014).

FALL 14

a) Der in 2013 gewinnmindernd (außerbilanziell) in Anspruch genommene Investitionsabzugsbetrag i. H. v. 80.000 € wird in 2014 wieder gewinnerhöhend (außerbilanziell) hinzugerechnet (§ 7g Abs. 2 Satz 1).

b) und c)

	AK in 2014		220.000 €	
-	**Kürzungsbetrag** (7g Abs. 2 S. 2)	-	**80.000 €**	(40 % von 200.000 €)
=	AfA-Bemessungsgrundlage		140.000 €	
	lineare AfA	-	**2.593 €**	(11,11 % v. 140.000 € x 2/12)
	Sonder-AfA	-	**28.000 €**	(20 % von 140.000 €)
	Restbuchwert 31.12.2014		109.407 €	

FALL 15

a) In 2014 ist der zuvor in Anspruch genommene Investitionsabzugsbetrag in Höhe von 12.000 € (40 % von 30.000 €) gewinnerhöhend hinzuzurechnen (§ 7g Abs. 2 Satz 1).

b) Justus Frank kann in 2014 die Sonderabschreibung nach § 7g Abs. 5 EStG in Anspruch nehmen, weil eine fast ausschließliche betriebliche Nutzung - bei einer privaten Nutzung bis einschließlich 10 % - vorliegt.

c) und d)

	AK in 2014		30.000 €	
-	**Kürzungsbetrag** (7g Abs. 2 S. 2)	-	**12.000 €**	
=	AfA-Bemessungsgrundlage		18.000 €	
	lineare AfA in 2014	-	**250 €**	(16 2/3 % v. 18.000 € x 1/12)
	Sonder-AfA in 2014	-	**6.000 €**	(20 % von 18.000 €)
	Restbuchwert 31.12.2014		11.750 €	

FALL 16

	vorläufiger Gewinn	60.000 €
-	a) Teilwert-AfA § 6 Abs. 1 Nr. 2 EStG	- 1.622 €
-	b) AfA § 7 Abs. 1 EStG (16 2/3 % für 4 Monate)	- 139 €
+	c) Zuschreibung § 6 Abs. 1 Nr. 2 S. 3 i. V. m. Nr. 1 S. 4 EStG	+ 10.000 €
=	endgültiger Gewinn	**68.239 €**

FALL 17

- Das Darlehen ist am 31. Dezember 2014 mit seinem Erfüllungsbetrag (Rückzahlungsbetrag) in Höhe von **50.000€** zu passivieren (§ 253 Abs. 1 S. 2 HGB, § 6 Abs. 1 Nr. 3 EStG).
- Das Damnum (bzw. Disagio) ist **steuerlich** mit 2.500 € (5 % v. 50.000,00 €) zu aktivieren und anschließend über die Laufzeit des Darlehens zu verteilen/abzuschreiben [aktiver Rechnungsabgrenzungsposten, § 5 Abs. 5 Satz 1 Nr. 1 EStG, H 6.10 (Damnum) EStH]. **Handelsrechtlich** besteht ein **Wahlrecht** (§ 250 Abs. 3 Satz 1 HGB). Das Damnum kann entweder **in Übereinstimmung mit der steuerlichen Behandlung** aktiviert und über die Kreditlaufzeit abgeschrieben werden. **Alternativ** kann das Damnum handelsrechtlich auch im Jahr der Kreditauszahlung **vollständig als Aufwand** in der GuV erfasst werden.
- Der Abschreibungsbetrag beträgt bei gleichmäßiger Verteilung über 10 Jahre **250€** pro Jahr.
  [Damnum (bzw. Disagio) = Zinsvorauszahlung für 10 Jahre! Als mögliche Verteilungsmethoden kommen grundsätzlich in Betracht: lineare (gleichmäßige), arithmetisch-degressive und geometrisch-degressive Verteilung (vgl. auch Buchführung 2, 26. Auflage 2015, Seite 190 ff.)].

FALL 18

a) Der Mantel ist mit Wiederbeschaffungspreis (= Teilwert) von **230€** zu bewerten (§ 6 Abs. 1 Nr. 4 Satz 1 EStG).

b) Der Pkw ist mit dem Verkaufspreis (= Teilwert) von **2.500€** zu bewerten (§ 6 Abs. 1 Nr. 4 Satz 1 EStG).

FALL 19

a) Der **eingelegte Teppich** ist mit seinem Teilwert von **4.500€** zu bewerten. Der Zeitraum zwischen Einlage und privater Anschaffung ist länger als drei Jahre (§ 6 Abs. 1 Nr. 5 EStG .
Der **entnommene Teppich** ist ebenfalls mit seinem Teilwert von **4.800€** zu bewerten (§ 6 Abs. 1 Nr. 4 Satz 1 EStG).

b) Die **Einlage** ist **erfolgsneutral**.
Bei der **Entnahme** entsteht ein **Entnahmegewinn** (Aufdeckung stiller Reserven), der wie folgt berechnet wird:

	Teilwert im Entnahmezeitpunkt		4.800 €
-	Buchwert im Zeitpunkt der Entnahme		
	AK	5.000 €	
	AfA 2007 (30 % von 5.000 € für 6 Monate)	750 €	
-	AfA 2008 (30 % von 4.250 €)	1.275 €	
-	AfA 2009 (30 % von 2.975 €)	893 €	
-	AfA 2010 (30 % von 2.082 €)	625 €	
-	AfA 2011 (30 % von 1.457 €)	437 €	
-	AfA 2012 (30 % von 1.020 €)	306 €	
-	AfA 2013 (30 % von 714 €)	214 €	
	AfA 2014 (30% von 500 € = 150 € x 8/12)	100 €	
			400 €
	Entnahmegewinn (Aufdeckung stiller Reserven)		**4.400 €**

Zusammenfassende Erfolgskontrolle zum 1. bis 9. Kapitel

Tz.	Bezeichnung	+/-	€
	vorläufiger Gewinn		100.000
1	ANK kein Aufwand! § 255 Abs. 1 HGB	+	8.750
2	Gebäude-AfA (2 % v. 300.000 € für 4 Monate) § 7 Abs. 4 Nr. 2a EStG	-	2.000
3	zeitanteilige lin. AfA (10 % v. 40.000 € für 4 Monate) R 7.4 Abs. 8 EStR 2012	-	1.333
3	Veräußerungsgewinn (aufgedeckte stille Reserven) = Erlös - Restbuchwert (34.000 € - 32.334 €)	+	1.666
4	AfA (25 % v. 30.000 € für 3 Monate) § 7 Abs. 1 EStG	-	1.875
5	ANK kein Aufwand! § 255 Abs. 1 HGB	+	30
5	AfA (20 % von 430 €) WG i.S.d. § 6 Abs. 2a EStG (Sammelposten)	-	86
6	Ansatz des niedrigeren Teilwerts/beizulegenden Werts § 6 Abs. 1 Nr. 2 Satz 2 EStG/§ 253 Abs. 4 HGB	-	5.000
7	Damnum in Höhe von 20.000 € ist auf 10 Jahre zu verteilen [H 6.10 (Damnum) EStH]. Das Disagio ist arithmetisch-degressiv abzuschreiben: 20.000 € x 10/55 = 3.636 € (20.000 € - 3.636 €).	+	16.364
	endgültiger Gewinn	=	**116.516**

10 Gewinnermittlung ohne Betriebsvermögensvergleich

FALL 1

Tz.	Betriebseinnahmen	Betriebsausgaben
1.	**1.190€** Übergabe des Schecks (31.12.14) gilt als Zufluss (siehe Lehrbuch S. 33).	
2.		**400€** GWG (500€ - 100€) i.S.d. §6 Abs. 2 EStG = BA Vorsteuer bei Zahlung BA: **76€** (95€ - 19€)
3.		**1.200€** Vorauszahlungen sind im Zeitpunkt der Zahlung abziehbar (kein aktiver RAP).
4.	**1.000€** Investitionsabzugsbetrag aus 2013 = Betriebseinnahme im Zeitpunkt der Anschaffung in 2014 (§7g Abs. 2 EStG)	**1.000€** Herabsetzung der AfA-BMG nach §7g Abs. 2 Satz 2 EStG **1.000€** Sonder-AfA nach §7g Abs. 5 EStG im Zeitpunkt der Anschaffung abziehbar (20% von 5.000€). **1.140€** Vorsteuer ist bei Zahlung BA (§11 EStG). **55€** lineare AfA: 100 : 23 = 4,35 % = von 5.000€ (6.000€ - 1.000€) = 218€ x $\frac{3}{12}$ = 55€
5.		**1.250€** Miete ist regelmäßig wiederkehrende Ausgabe. Zahlung erfolgt innerhalb kurzer Zeit (10 Tage).
6.	**500€** Privatentnahme erfolgt mit dem TW. **95€** 19% von 500€ = 95€	**1€** Restbuchwert = BA.

FALL 2

Nr.	Vorgänge	Betriebseinnahmen + €	Betriebseinnahmen ./. €	Betriebsausgaben + €	Betriebsausgaben ./. €
	Ausgangswerte	149.129,40		100.480	
1.	Das Kopiergerät ist ein GWG i.S.d. § 6 Abs. 2 EStG. BA sind richtig erfasst.				
2.	Nutzungsentnahme und USt auf die unentg. Leistungen sind als BE anzusetzen: 1 % von 50.000 € x 12 = 6.000 € 19 % USt von 4.800 € (6.000 - 1.200)	6.000,00 912,00			
3.	0,03 % v.50.000=15 € x 20 = 300 € -15 x 20 x 0,30 = **- 90€** = positiver Unterschied f. 1 M. 210 € nicht abz. BA für 1 Jahr x 12 = 2.520 § 4 Abs.5 Nr. 6 EStG	2.520,00			
4.	VoSt ist bei Zahlung BA. Die lineare AfA nach § 7 beträgt 25 % von 3.000 € = 750 € x $^{8}/_{12}$ = 500 €			570 500	
5.	Anzahlung ist im Zeitpunkt der Zahlung BA.			2.000	
6.	Geschenke, die der Stpfl. mit Rücksicht auf die geschäftlichen Beziehungen erhält, sind BE. lineare Jahres-AfA nach § 7: 25 % von 10.000 € = 2.500 € Pütz kann die volle Jahres-AfA als BA absetzen (2.500 € x $^{12}/_{12}$)	10.000,00		2.500	
7.	Die Miete gehört als regelmäßig wiederkehrende BA ins neue Jahr.				1.500
8.	Gewerbesteuerabschlusszahlung ist keine BA (§ 4 Abs. 5b EStG).				2.331
		168.561,40	—	106.050 - 3.831	3.831
	Betriebseinnahmen	168.561,40		102.219	
	- Betriebsausgaben	102.219,00			
	= **berichtigter Gewinn**	**66.342,40**			

FALL 3

Nr.	Vorgänge	Betriebseinnahmen + €	Betriebseinnahmen ./. €	Betriebsausgaben + €	Betriebsausgaben ./. €
	Ausgangswerte	200.450		119.580	
1.	Darlehensaufnahme stellt keine BA dar. Das Damnum wurde richtig als BA erfasst.				
2.	Der Wareneinkauf ist noch keine BA, da die Rechnung noch nicht bezahlt ist. Die EUSt ist bei Zahlung eine BA.			1.045	
3.	Geschenk über 35 Euro ist eine nichtabzugsfähige BA (§ 4 Abs. 5 Nr. 1). Die VoSt ist nicht abzugsfähig.				119
4.	Aufmerksamkeiten sind bis 40 € als BA absetzbar (R 19.6 LStR).			39	
5.	Verkauf der Ford. ist eine BE. Forderungsausfall ist keine BA.	2.100			280
6.	Warenverlust ist keine BA. Versicherungsleistung ist eine BE.	1.800			
7.a)	VoSt ist als BA abzugsfähig. Investitionsabzugsbetrag (40 % von 52.550 €* = 21.020 €) = BE Herabsetzung der AfA-BMG nach § 7g Abs. 2 EStG lineare AfA: 16 ⅔ % v. 31.530 € (52.550 - 21.020) x 4/12 = 1.752 € Sonder-AfA: 20 % von 31.530 € * 52.300 € + 250 € = 52.550 €	21.020		9.937 21.020 1.752 6.306	
b)	Restbuchwert = BA Inzahlungnahme = BE	10.000		9.000	
8.a)	Zinsen sind als regelmäßig wiederkehrende BE innerhalb von 10 Tagen erfolgt.	460			
b)	Kfz-Versicherung ist als regelmäßig wiederkehrende BA in 2015 abzugsfähig (§ 11)				
		235.830	—	168.679 - 399	399
	Betriebseinnahmen	235.830		168.280	
	- Betriebsausgaben	168.280			
	= **berichtigter Gewinn**	**67.550**			

Zusammenfassende Erfolgskontrolle zum 1. bis 10. Kapitel

FALL 1

		Ehemann €	Ehefrau €	gesamt €
Einkünfte aus selbständiger Arbeit (§ 18)				
BE Arztpraxis (Tz. 1)	259.920			
- BA Arztpraxis (Tz. 2)	125.570			
vorläufiger Gewinn	134.350			
+ Med. Geräte	+ 2.400			
- Investitionsabzugsbetrag nach § 7g Abs. 1 (40 % von 2.400 €)	- 960			
Die AfA kann erst im Jahr der Anschaffung (2015) als BA vorgenommen werden. Die Zahlung in 2014 ist irrelevant.				
- Computer (Tz. 2.2) ist bei der Anschaffung (GWG) abgesetzt worden (§ 6 Abs. 2 EStG)	0			
+ Darlehnsrückzahlung (Tz. 2.3) keine BA	+ 4.000			
Gewinn Arztpraxis	139.790			
Gewinn schriftstl. Tätigkeit	40.000	179.790		179.790
Einkünfte aus V und V (§ 21)				
ZFH der Ehefrau			18.500	18.500
= **Summe der Einkünfte**				**198.290**

FALL 2

Tz.	Vorgänge	Betriebs-einnahmen €	Betriebs-ausgaben €
1.	Vorsteuer = Betriebsausgabe 19 % von 7.800 € (8.000 € - 200 €) Herabsetzung der AfA-BMG nach § 7g Abs. 2 EStG lineare AfA nach § 7 Abs. 2 = BA (10 % von 5.000 €* = 500 € x 5/12) Sonder-AfA nach § 7g Abs. 5 = BA (20 % von 5.000 €) * 7.800 € - 2.800 € Investitionsabzugsbetrag = BE (40 % von 7.000 €)	 2.800	 1.482 2.800 208 1.000
2.	gezahlte Umsatzsteuer = BA		2.260
3a	AfA + Restbuchwert = BA (600 € + 1.200 €)		1.800
3b	Das Büromaterial wurde bereits zum Zeitpunkt der Bezahlung als Betriebsausgabe erfasst. Keine Auswirkung		0

11 Überschusseinkünfte

11.1 Einkünfte aus nichtselbständiger Arbeit (§ 19 EStG)

FALL 1

		Arbeitnehmer
1.	Die Auszubildende A ist bei einem Steuerberater tätig und bezieht für ihre Tätigkeit eine Ausbildungsvergütung.	ja
2.	Studienrat B ist als Beamter beim Land Rheinland-Pfalz tätig und bezieht für seine Tätigkeit ein Gehalt.	ja
3.	C erhält als Ruhestandsbeamter vom Land Nordrhein-Westfalen eine Pension.	ja
4.	D erhält als Rentner eine Altersrente aus der gesetzlichen Rentenversicherung.	nein
5.	E erhält seit Vollendung seines 65. Lebensjahres aus der betrieblichen Pensionskasse e.V. der X-AG aufgrund seiner früheren Beitragsleistungen eine Rente.	nein
6.	F bezieht als ehemaliger leitender Angestellter von seinem früheren Arbeitgeber eine Pension. Die Pension beruht **nicht** auf früheren Beitragsleistungen des F.	ja
7.	Witwe G bezieht nach dem Tode ihres Ehemannes, der beim Finanzamt als Beamter tätig war, eine Witwenpension.	ja
8.	Witwe H bezieht nach dem Tode ihres Ehemannes, der beim Finanzamt als Angestellter tätig war, eine Witwenrente.	nein
9.	Frau Dr. I bezieht als angestellte Ärztin bei der Universitätsklinik Köln ein Gehalt.	ja

FALL 2

		Arbeits-lohn
1.	Goldmünzen (Sachbezüge)	ja
2.	kostenlose Zurverfügungstellung des Tischtennisraumes	nein
3.	Blumenstrauß (Aufmerksamkeit bis 40 Euro steuerfrei)	nein
4.	Barlohn und freie Kost (Sachbezüge)	ja
5.	Pension	ja
6.	Ausbildungsvergütung	ja
7.	Vertreterprovision (Betriebseinnahmen)	nein
8.	Barlohn und freie Wohnung (Sachbezüge)	ja
9.	Seminar (betriebliche Fortbildungsleistung)	nein

FALL 3

zu a)

Der monatliche **Sachbezugswert** beträgt **2014**:

für Unterkunft	221,00 €
für Verpflegung (**Monatswert**)	229,00 €
geldwerter Vorteil insgesamt	450,00 €

zu b)

	Bruttogehalt		1.126,00 €
+	Sachbezug (**Unterkunft**)		**221,00€**
+	Sachbezug (**Verpflegung**), netto	192,44 €	
	+ USt	36,56 €	**229,00€**
=	steuer- und sozialversicherungspflichtiger **Arbeitslohn**		**1.576,00€**

FALL 4

	geldwerte Vorteile für Privatfahrten (1 % von 30.600 €*) =306,00 €)	306,00 €
	Zuschlag für Fahrten zwischen Wohnung und Arbeitsstätte (0,03 % von 30.600 € x 30 km)	275,40 €
=	**geldwerter Vorteil insgesamt**	**581,40€**

* 30.677,51 € sind auf volle 100 Euro abzurunden = 30.600 € (R. 8.1 Abs. 9 Nr. 1 Satz 6 LStR 2011/2013).

FALL 5

	Wohnzimmerschrank-Endpreis		7.500,00 €
-	4 % von 7.500 €	-	300,00 €
	geminderter Endpreis		7.200,00 €
-	bezahlter Preis des Arbeitnehmers	-	5.000,00 €
	Arbeitslohn		2.200,00 €
-	Rabatt-Freibetrag (§ 8 Abs. 3)	-	1.080,00 €
=	**geldwerter Vorteil**		**1.120,00 €**

FALL 6

Versorgungsbezüge für 12 Monate:		
Ruhegehalt (12 x 600 €)	7.200 €	
Weihnachtsgeld	1.100 €	
Bemessungsgrundlage:	8.300 €	
Versorgungsfreibetrag (Siehe Tabelle in § 19 Abs. 2 Satz 3 EStG):		
40 % von 8.300 € = 3.320 €, höchstens		3.000 €
Zuschlag zum Versorgungsfreibetrag		900 €
insgesamt		**3.900 €**

Der jährliche Freibetrag von **3.900 €** (3.000 € + 900 €) aus dem Jahr 2004 wird bis ans Lebensende der Diana Zorn festgeschrieben.

FALL 7

Versorgungsbezüge (3 x 1.000 €)	3.000 €		
Bemessungsgrundlage (12 x 1.000 €)	12.000 €	(§ 19 Abs. 2 S. 4 Buchst. b)	
Versorgungsfreibetrag:			
25,6 % von 12.000 € = 3.072 €, höchstens		1.920 €	
Zuschlag zum Versorgungsfreibetrag		576 €	
Summe		2.496 €	
anteilig zu gewähren mit 3/12 = (2.496 € x 3/12) (§ 19 Abs. 2 S. 12)			**624 €**

Der jährliche Freibetrag von **2.496 €** (1.920 € + 576 €) aus dem Jahr 2014 wird bis ans Lebensende des Jochen Niedersberg festgeschrieben (§ 19 Abs. 2 Satz 8).

FALL 8

zu a)

Versorgungsbezüge (12 x 400 €)	4.800 €		
Bemessungsgrundlage (12 x 400 €)	4.800 €	(§ 19 Abs. 2 S. 4 Buchst. b)	
Versorgungsfreibetrag:			
40 % von 4.800 € = 1.920 €, höchstens 3.000 €		1.920 €	
Zuschlag zum Versorgungsfreibetrag		900 €	
Summe			**2.820 €**

Der jährliche Freibetrag von **2.820 €** (1.920 € + 900 €) aus dem Jahr 2004 wird bis ans Lebensende des Manfred Schneider festgeschrieben (§ 19 Abs. 2 S. 8).

zu b)

6.000 € (Versorgungsbezüge) - 2.820 € (Versorgungsfreibetrag) - 102 € (Werbungskostenpauschbetrag) = **3.078 €**

FALL 9

Die **Entfernungspauschale** beträgt für den VZ 2014:

235 Arbeitstage x 2 km x 0,30 € = **141 €**

FALL 10

Die **Entfernungspauschale** beträgt für den VZ 2014:

235 Arbeitstage x 2 km x 0,30 € = **141 €**

FALL 11

Die **Entfernungspauschale** beträgt für den VZ 2014:

230 Arbeitstage x 30 km x 0,30 € = **2.070 €**

Es gelten die vollen km der Entfernung (§ 9 Abs. 1 Nr. 4 S. 2).

FALL 12

Ehemann:	230 Arbeitstage x 20 km x 0,30 € =	1.380 €
Ehefrau:	230 Arbeitstage x 20 km x 0,30 € =	1.380 €
insgesamt		**2.760 €**

FALL 13

				€
	Bruttogehalt i.S.d. § 19 Abs. 1 EStG		18.500 €	
-	Werbungskosten: 130 Tage x 25 km x 0,30 € = 975 €			
	Entfernungspauschale niedriger als WKP		- 1.000 €	17.500
	Versorgungsbezüge i.S.d. § 19 Abs. 2 EStG Pension für 5 Monate (5 x 1.980 €)		9.900 €	
	Bemessungsgrundlage (12 x 1.980 €) 23.760 € (§ 19 Abs. 2 Satz 4 Buchst. b)			
-	**Versorgungsfreibetrag**:			
	25,6 % von 23.760 € = 6.083 €, höchstens	1.920 €		
	Zuschlag zum Versorgungsfreibetrag	576 €		
		2.496 €		
	anteilig: 2.496 € x 5/12 (§ 19 Abs. 2 Satz 12) =		- 1.040 €	
=	steuerpflichtiger Teil der Versorgungsbezüge		8.860 €	
-	Werbungskosten-Pauschbetrag (§ 9a Satz 1 Nr. 1b)		- 102 €	8.758
=	Einkünfte aus nichtselbständiger Arbeit im VZ 2014			**26.258**

11.2 Einkünfte aus Kapitalvermögen (§ 20 EStG)

FALL 1

zu a)

		€
	Netto-Dividende (73,625 % der Brutto-Dividende)	883,50
+	Kapitalertragsteuer (25 % von 1.200 €)	300,00
+	Solidaritätszuschlag (5,5 % von 300 €)	16,50
=	**Brutto-Dividende**	**1.200,00**

zu b)

Durch die Abgeltungsteuer sind die steuerpflichtigen Einnahmen abschließend abgegolten, sodass grundsätzlich keine Pflicht besteht, diese Erträge in der Steuererklärung anzugeben.

FALL 2

zu a)

Die **Brutto-Dividende** beträgt **3.000 €** (2.160,16 € : 72,0049 % x 100 % = 3.000 €).

zu b)

Durch die Abgeltungsteuer sind die steuerpflichtigen Einnahmen abschließend abgegolten, sodass sie im Rahmen der Veranlagung nicht mehr zu erklären sind.

FALL 3

zu a)

			€
	Bankgutschrift (73,625 % der Brutto-Einnahme)	7.000,00 €	
+	Kapitalertragsteuer (25 % von 9.507,64 €)	2.376,91 €	
+	Solidaritätszuschlag (5,5 % von 2.376,91€)	130,73 €	
=	**steuerpflichtige Einnahme** aus Kapitalvermögen		**9.507,64**

zu b)

Durch die Abgeltungsteuer sind die steuerpflichtigen Einnahmen abschließend abgegolten, sodass sie im Rahmen der Veranlagung nicht mehr zu erklären sind.

FALL 4

zu a)

Nach § 20 Abs. 1 Nr. 6 Satz 1 EStG betragen die steuerpflichtigen Einnahmen aus Kapitalvermögen 30.000 € (90.000 € - 60.000 €).

zu b)

Nein, die Erträge fallen unter den abgeltenden Steuersatz von 25 % (§ 32d Abs. 2 Nr. 2 EStG), da der Steuerpflichtige die Versicherungsleistung mit dem 42. Lebenjahr erhält.

FALL 5

zu a)

Die **Brutto-Dividende** beträgt **8.589,47 €** (6.200 € : 72,1814 x 100 = 8.589,47)

zu b)

Durch die Abgeltungsteuer sind die Zinsen abschließend abgegolten, sodass sie im Rahmen der Veranlagung nicht mehr zu erklären sind.

FALL 6

zu a)

	Veräußerungspreis		45.000 €
-	Veräußerungskosten	-	1.200 €
-	Anschaffungskosten	-	35.000 €
=	**Veräußerungsgewinn**		**8.800 €**

zu b)

Der Veräußerungsgewinn in Höhe von 8.800 € ist **steuerpflichtig** und wird von der Abgeltungsteuer erfasst, weil die Aktien **nach dem 31.12.2008** erworben wurden.

Die tatsächlichen Werbungskosten können nicht mehr berücksichtigt werden. Allerdings wird bei der Ermittlung der Einkünfte als Werbungskosten ein **Sparer-Pauschbetrag** von **801 Euro** abgezogen (§ 20 Abs. 9 EStG).

FALL 7

Dividenden	450,00 €
steuerpflichtiger Ertrag	**450,00 €**
verrechnet mit Sparer-Pauschbetrag	**450,00 €**
Salden dieser Abrechnung (07.05.2014)	
Verlustverrechnungstopf Aktien	0,00 €
Verlustverrechnungstopf Sonstige	0,00 €
verbleibender Sparer-Pauschbetrag (**801 € - 85,50 € - 450 €**)	**265,50 €**

FALL 8

Justus Frank werden die Dividenden **in voller Höhe** (**vor** Abzug der Kapitalertragsteuer und des Solidaritätszuschlags) gutgeschrieben, weil er seiner Bank eine NV-Bescheinigung eingereicht hat.

Die Brutto-Dividende wird von der Abgeltungsteuer **nicht** erfasst (§ 44a Abs. 2 Nr. 2 EStG).

FALL 9

zu a)

	EM €	EF €	gesamt €
Einnahmen aus Kapitalvermögen (§ 8 Abs. 1)	450	3.800	
- Sparer-Pauschbetrag (§ 20 Abs. 9)	- 450	- 1.152	
= Einkünfte aus Kapitalvermögen (§ 20 Abs. 1)	0	2.648	2.648

zu b)

Die Einkünfte der Eheleute unterliegen der Kapitalertragsteuer und dem Solidaritätszuschlag.

Einkünfte (Brutto-Dividende)	2.648,00 €
- KapESt (25 % von 2.648 €)	- 662,00 €
- SolZ (5,5 % von 662 €)	- 36,41 €
= Netto-Dividende	1.949,59 €

Mit dem Steuerabzug sind die Dividendenerträge bereits abschließend abgegolten. Ggf. ist eine Günstigerprüfung durchzuführen (§ 32d Abs. 6).

FALL 10

zu a)

		Ehemann €	Ehefrau €	gesamt €
Einkünfte aus nichtselbständiger Arbeit (§ 19)				
Bruttoarbeitslohn	33.252 €			
- Arbeitnehmer-Pauschbetrag	- 1.000 €	32.252		32.252
Einkünfte aus Kapitalvermögen (§ 20)				
Die Einkünfte aus Kapitalvermögen sind durch die Abgeltungsteuer abgegolten (siehe unten).				0
= **Einkünfte der Eheleute Alt**				**32.252**

Die Einkünfte in Höhe von 32.252 € unterliegen dem **persönlichen** (individuellen) Steuersatz der Eheleute. Ggf. ist eine Günstigerprüfung durchzuführen (§ 32d Abs. 6).

zu b)

	Ehemann €	Ehefrau €	gesamt €
Brutto-Dividende (3.534 : 73,625 x 100 = 4.800)	4.800	1.000	
Brutto-Zinsen (368,13 : 73,625 x 100 = 500)		500	
Einnahmen	4.800	1.500	
- Sparer-Pauschbetrag (§ 20 Abs. 9)*	- 801	- 801	
= Einkünfte	3.999	699	4.698,00
- KapESt (25 % von 4.698 €)			- 1.174,50
- SolZ (5,5 % von 1.174,50 €)			- 64,60
			3.458,90

* Der Abzug der tatsächlichen Werbungskosten in Höhe von 2.000 € ist ausgeschlossen (§ 20 Abs. 9 Satz 1).

Mit dem Steuerabzug (KapESt + SolZ) sind die Kapitalerträge **abgegolten**, sodass die laufenden Kapitalerträge (Dividenden und Zinsen) in der Einkommensteuererklärung der Eheleute grundsätzlich **nicht** mehr angegeben werden müssen.

FALL 11

zu a)

Frau Stein hat den Sparer-Pauschbetrag (§ 20 Abs. 9) insgesamt nicht überschritten. Da die Freistellungsaufträge jedoch betragsmäßig nicht den Kapitalerträgen angepasst erteilt wurden, musste die Volksbank nach Berücksichtigung des vorliegenden Freistellungsauftrags einen Steuerabzug vornehmen (600 € - 201 € = 399 € x 0,73625 = 293,76 € Gutschrift). Frau Stein kann die „kleine Veranlagungsoption" gem. § 32d Abs. 4 wählen, um den Sparer-Pauschbetrag vollständig zu nutzen.

zu b)

Frau Stein sollte die „große Veranlagungsoption" wählen (§ 32d Abs. 6), damit die Kapitaleinkünfte mit ihrem individuellen Steuersatz von 20 % besteuert werden.

11.3 Einkünfte aus Vermietung und Verpachtung (§ 21 EStG)

FALL 1

Einnahmen aus Vermietung (§ 8 Abs. 1 i.V.m. § 21 Abs. 1 EStG):

Tz. 1	Mieten 2014 für drei Wohnungen		18.000 €
Tz. 2	Mieten Oktober/November 2013, in 2014 vereinnahmt		1.000 €
Tz. 3	Garagenmieten		300 €
Tz. 4	Vermietung Werbefläche		60 €
Tz. 5	Umlagen [H 21.2 (Einnahmen) EStH i.V.m. § 11 EStG]		
	in 2014 für 2014 vereinnahmt	1.350 €	
	in 2014 für 2013 vereinnahmt	550 €	1.900 €
insgesamt			**21.260 €**

FALL 2

Einkünfte aus Vermietung und Verpachtung:

	Einnahmen (§ 8 Abs. 1 EStG):		
	EG (41,67 % der ortsüblichen Miete)		5.000 €
	1. OG (100 % der ortsüblichen Miete)		12.000 €
	2. OG (66,67 % der ortsüblichen Miete)		8.000 €
			25.000 €
-	**Werbungskosten** (§ 9 Abs. 1 EStG):		
	EG: 41,67 % von 5.000 =	2.084 € (§ 21 Abs. 2 EStG)	
	1. OG	5.000 €	
	2. OG	5.000 €	12.084 €
=	**Einkünfte** (§ 21 Abs. 1 EStG)		**12.916 €**

FALL 3

Werbungskosten (§ 9 Abs. 1 Nr. 1 EStG; H 21.2 (Finanzierungskosten) EStH):

Schuldzinsen (4 % von 150.000 € für 9 Monate)	4.500 €
Damnum (2 % von 150.000 €)	3.000 €
Grundbuch- und Notargebühren (800 € + 700 €)	1.500 €
insgesamt	**9.000 €**

FALL 4

Werbungskosten (Quellenangaben siehe oben):

Darlehenstilgung	0 €
Darlehenszinsen	10.500 €
Geldbeschaffungskosten	2.000 €
insgesamt	**12.500 €**

FALL 5

1. Austausch Fenster und Türschlösser: EA
2. Heizungsumstellung: EA
3. Ausbau des Dachgeschosses: HA
4. Markisenanbau (BFH v. 29.08.1989, BStBl. 1990 II S. 430): HA
5. Einbau einer Alarmanlage (BFH v. 16.02.1993, BStBl. 1993 II S. 544): HA
6. Anbau eines Wintergartens: HA
7. Austausch des Öltanks: EA
8. Auf Antrag Behandlung als EA, wenn Aufwendungen 4.000 € (netto) je Objekt nicht überschreiten (R. 21.1 Abs. 2 EStR 2012).

Wirkung EA/HA:

EA mindert als sofort abzugsfähiger Aufwand die Einkünfte in voller Höhe. Befindet sich das Gebäude nicht in einem Betriebsvermögen und dient es überwiegend Wohnzwecken, kann höherer Erhaltungsaufwand abweiched von § 11 Abs. 2 auf zwei bis fünf Jahre gleichmäßig verteilt werden (§ 82b EStDV).
HA mindert die Einkünfte nur in Höhe der anteiligen Jahresabschreibung.

FALL 6

	Einnahmen (§ 8 Abs. 1 EStG):		
Tz. 1	Mieteinnahmen	21.150 €	
	a) Miete für Januar 2015, die erst in 2015 anzusetzen ist (§ 11 Abs. 1 EStG; H 11 (Allgemeines) EStH; Zu**rechnungs**prinzip)	- 750 €	
	b) Die Miete für Nov. und Dez. 2013 und Januar 2014 ist in 2014 anzusetzen (§ 11 Abs. 1 EStG; Zu**fluss**prinzip). Keine Korrektur erforderlich.	0 €	20.400 €
Tz. 2	Einnahmen aus Umlagen [H 21.2 (Einnahmen) EStH]		2.350 €
	Summe der Einnahmen		22.750 €
-	**Werbungskosten** (§ 9 Abs. 1 EStG):		
Tz. 3	Grundsteuer, Versicherungen (§ 9 Abs. 1 Nr. 2 EStG)	450 €	
Tz. 4	Einbau von Rollläden Die Ausgaben können auf Antrag als EA behandelt werden, da sie nicht mehr als 4.000 Euro (netto) betragen (R 21.1 Abs. 2 S. 1 u 2 EStR 2012).	1.850 €	
Tz. 5	Außenanstrich Erhaltungsaufwand	7.500 €	
Tz. 6	sonstige Reparaturkosten	400 €	
Tz. 7	Gebühren für Wasser, Müllabfuhr usw.	2.350 €	
Tz. 8	AfA (§ 9 Abs. 1 Nr. 7 EStG)	3.150 €	- 15.700 €
=	**Einkünfte aus Vermietung und Verpachtung** (§ 21 Abs. 1 EStG)		**7.050 €**

FALL 7

lineare AfA (§ 7 Abs. 4 Nr. 2a EStG)

2 % von 450.000 € = 9.000 € für 3 Monate (9.000 € x $^{3}/_{12}$) **2.250 €**

(Anteilige Jahres-AfA entsprechend § 7 Abs. 1 Satz 4 EStG)

FALL 8

degressive AfA (§ 7 Abs. 5 Nr. 3c EStG/Staffel 04, 10. Jahr)

4 % von 125.000 € = **5.000 €**

[Volle Jahres-AfA gem. H 7.4 (Teil des auf ein Jahr entfallenden AfA-Betrags) EStH]

FALL 9

zu a)	Miete und Nebenkosten [750 € x 6/H 11(Allgemeines) EStH]	4.500 €
	Kaution (keine Einnahmen)	0 €
	Schadenersatz [H 21.2 (Einnahmen) EStH]	119 €
	Einnahmen aus Vermietung und Verpachtung (§ 8 Abs. 1)	**4.619 €**
zu b)	Kaufpreis	245.000 €
	Grunderwerbsteuer (5 % von 245.000 €)	12.250 €
	Notar (2.000 € + 380 € USt)	2.380 €
	Grundbuch (Umschreibung Eigentümer)	550 €
	AK ETW einschließlich Grund und Boden	260.180 €
	AK nur Wohnung (95 % von 260.180 €)	247.171 €
	lineare AfA: (§ 7 Abs. 4 Nr. 2a): 2 % v.247.171 € x 8/12 =	**3.296 €**
zu c)	Notar (1.400 € + 266 €)	1.666 €
	Grundbuch (Grundschuldeintragung)	330 €
	laufende Kosten	1.300 €
	Schuldzinsen	7.480 €
	AfA	3.296 €
	Werbungskosten (§ 9 Abs. 1)	**14.072 €**

FALL 10

	Einnahmen (§ 8 Abs. 1 EStG):		
	Miete Erdgeschoss (120 x 10 € x 12)		14.400 €
	1. OG wird in vollem Umfang zu eigenen Wohnzwecken genutzt		0 €
	Umlagen		1.275 €
	Summe der Einnahmen		15.675 €
-	**Werbungskosten** (§ 9 Abs. 1 EStG):		
	Schuldzinsen	6.916 €	
	Haushaftpflichtversicherungsbeitrag	600 €	
	Brandversicherungsbeitrag	100 €	
	sonstige Hauskosten (umlagefähig)	2.550 €	
	degressive AfA nach § 7 Abs. 5 (1,25 % v. 180.000 €) (§ 7 Abs. 5 Nr. 3a; Staffel 89, 20. Jahr)	2.250 €	
		12.416 € : 2 =	6.208 €
=	**Einkünfte aus Vermietung und Verpachtung** (§ 21 Abs. 1 EStG)		**9.467 €**

FALL 11

			€
Einkünfte aus selbständiger Arbeit (§ 18)			
	Betriebseinnahmen	125.000 €	
-	Betriebsausgaben, vorläufig	- 33.113 €	
	vorläufiger Gewinn	91.887 €	
	restliche Betriebsausgaben*	- 1.410 €	90.477,00
Einkünfte aus Vermietung und Verpachtung (§ 21)			0,00
Bei dem **privat genutzten Teil des EFH** handelt es sich um ein begünstigtes Objekt i.S.d. EStG, das bei den Einkünften aus V+V nicht berücksichtigt wird. Der **betrieblich genutzte Teil des EFH** wird bei den Einkünften aus selbständiger Arbeit berücksichtigt (§ 21 Abs. 3/vgl. *).			0
= **Einkünfte der Eheleute Steinert**			**90.477,00**

* Die **restlichen Betriebsausgaben** berechnen sich wie folgt:

Grundsteuer u. sonstige WK (20 % von 800 €)	160 €
Schuldzinsen (20 % von 2.500 €)	500 €
degressive AfA (2,5 % v. 30.000 €) (§ 7 Abs. 5 Nr. 1; Staffel 85, 20. Jahr)	750 €
Betriebsausgaben insgesamt	**1.410€**

FALL 12

	Einnahmen (§ 8 Abs. 1 EStG):			
	Erdgeschoss [12 x (3.000 € + 400 €)]			40.800,00 €
	vereinnahmte Umsatzsteuer (19 % von 40.800 €)			7.752,00 €
	1. Obergeschoss (12 x 450 €)			5.400,00 €
	Hinweis: Die Miete (einschl. der umlagefähigen Kosten) für das 1. OG beträgt nur **37,5%** der ortsüblichen Miete, also weniger als 66 %. Aus diesem Grund können 62,5 % der anteiligen Hausaufwendungen **nicht** als Werbungskosten abgezogen werden (§ 21 Abs. 2 EStG).			
	2. Obergeschoss (12 x 1.200 €)			14.400,00 €
	Summe der Einnahmen			68.352,00 €
-	**Werbungskosten** (§ 9 Abs. 1 EStG):			
	Grundbesitzabgaben	1.978,60 €		
	Wohngebäudeversicherung	768,40 €		
	Gebäudehaftpflichtversicherung	450,00 €		
	Schornsteinfegergebühr	228,40 €		
	Hausstrom	268,30 €		
	Wasser	2.240,12 €		
	Heizöl	2.980,11 €		
	Reparaturen	21.000,00 €		
	AfA	3.870,00 €		
		33.783,93 €		
x	⅔ (EG + 2. OG)	-22.522,62 €		-22.522,62 €
		11.261,31 €		
x	62,5 % (62,5 % von 11.261,31 €)	- 7.038,32 €	(**nicht** abziehbar)	
x	**37,5%*** (37,5 % von 11.261,31 €)	- 4.222,99 €	(abziehbar)	- 4.222,99 €
	* (37,5 % = 1. OG, vgl. Hinweis oben)	0,00 €		
	Reparatur Bäckerei (**100%**)			-11.600,00 €
	gezahlte USt in 2014 (4 x 1.632 €) (**100%**)			- 6.528,00 €
=	**Einkünfte aus Vermietung und Verpachtung** (§ 21 Abs. 1)			**23.478,39 €**

FALL 13

Einnahmen (§ 8 Abs. 1 EStG):		
Erdgeschoss (2.000 € x 2 Monate)		4.000,00 €
- **Werbungskosten** (§ 9 Abs. 1 EStG)*:		
Darlehnszinsen (15.000 € x 50 %)	7.500 €	
Disagio (2 % von 308.500 € = 6.170 € x 50 %)	3.085 €	
Grundsteuer (400 € x 50 %)	200 €	
Geldbeschaffungskosten (1.200 € x 50 %)	600 €	
Abschreibung (siehe unten Ermittlung der AfA)	595 €	
		-11.980,00 €
= **Einkünfte aus Vermietung und Verpachtung** (§ 21 Abs. 1)		- **7.980,00 €**

Ermittlung der Abschreibung (§ 7 Abs. 4 Nr. 2a EStG):

Grunderwerbsteuer (AK Grund und Boden)	0,00 €
Notar- und Grundbuchkosten (AK Grund und Boden)	0,00 €
Straßenanliegerbeiträge (AK Grund und Boden)	0,00 €
Baugenehmigungsgebühr	300,00 €
Architektenhonorar	6.300,00 €
Bauunternehmer	350.000,00 €
Grundsteuer (Werbungskosten)	0,00 €
= Herstellungskosten (vgl. auch R 6.4 EStR u. H 6.4 EStH)	356.600,00 €
davon entfallen 50 %* auf vermietetes EG =	178.300,00 €
Abschreibung: 2 % von 178.300 € = 3.066 € x 2/12 =	**594,33 €**

Die Anschaffungskosten für den Grund und Boden belaufen sich auf 176.870 € (162.000 € + 5.670 € + 700 € + 8.500 €).

* Aufgrund der fehlenden Vermietungsabsicht sind nur 50 % der Werbungskosten zu berücksichtigen (zur Problematik „Einkünfteerzielungsabsicht bei leerstehenden Immobilien" vgl. BMF-Schreiben vom 08.10.2004, BStBl. I 2004 S. 933 ff).

11.4 Sonstige Einkünfte im Sinne des § 22 EStG

FALL 1

	Rente aus der gesetzlichen Rentenversicherung	20.380 €	
+	Rente aus der betrieblichen Pensionskasse (12 x 500 €)	6.000 €	
=	Jahresbetrag der Rente	26.380 €	
-	unveränderter Rentenfreibetrag aus dem VZ 2005	- 12.500 €	
=	**steuerpflichtiger Teil der Rente** (Einnahme) im VZ 2014		**13.880 €**

FALL 2

	Renteneintritt 01.07.2014 (6 x 1.200 €)*	7.200 €	
-	Rentenfreibetrag (32 % von 7.200 €)	- 2.304 €	
=	**steuerpflichtiger Teil der Rente** (Einnahme) im VZ 2014 (Besteuerungsanteil: 68% von 7.200 € = 4.896 €/§ 22 Nr. 1 Satz 3 Buchstabe a Doppelbuchstabe aa Sätze 1 bis 4)		**4.896 €**

* 1.077,00 € (Netto-Rente) : 89,75 % [(100 - 15,5 - 2,05 + 7,3) x 100] = **1.200 €** Brutto-Rente (siehe auch Lehrbuch Seite 206)

FALL 3

	steuerpflichtiger Teil der Rente (Einnahme)	13.880 €
-	Werbungskosten-Pauschbetrag (§ 9a Satz 1 Nr. 3)	- 102 €
=	**sonstige Einkünfte i. S. d. § 22 Abs. 1 Nr. 1a**	**13.778 €**

FALL 4

	steuerpflichtiger Teil der Rente (Einnahme)	4.896 €
-	Werbungskosten-Pauschbetrag (§ 9a Satz 1 Nr. 3)	- 102 €
=	**sonstige Einkünfte i. S. d. § 22 Abs. 1 Nr. 1a**	**4.794 €**

FALL 5

Tz. 1		Leibrente i. S. d. § 22 Nr. 1	8.440 €	
	-	unveränderte Rentenfreibetrag aus dem VZ 2005	- 3.807 €	
	=	steuerpflichtiger Teil der Rente im VZ 2014	4.633 €	
	-	WKP (§ 9a Satz 1 Nr. 3)	- 102 €	4.531 €
Tz. 2		private Veräußerungsgeschäfte i. S. d. § 23 Abs. 1 Nr. 1		
		Veräußerungspreis	70.000 €	
	-	Anschaffungskosten	- 50.000 €	
	-	Veräußerungskosten	- 2.000 €	
	=	Gewinn aus privatem Veräußerungsgeschäft	18.000 €	18.000 €
	=	sonstige Einkünfte i. S. d. § 22		**22.531 €**

FALL 6

zu a) **Ja**, weil der maßgebliche Zeitraum zwischen Anschaffung und Veräußerung (02.01.2006 bis 27.12.2014) **nicht mehr als zehn Jahre** beträgt.

zu b)

	Veräußerungspreis			650.000 €
-	AK des Grund und Bodens		-	100.000 €
-	fortgeführte HK des Gebäudes			
	HK des Gebäudes	400.000 €		
	4 % degr. AfA (06 bis 13)	- 128.000 € [vgl. H 7.4 (Teil des ...)]		
	(2014: $\frac{11}{12}$ v. 16.000)	- 14.667 €	-	257.333 €
-	Veräußerungskosten (WK)		-	10.220 €
=	Gewinn aus privatem Veräußerungsgeschäft (§ 23 Abs. 3)			**282.447 €**

zu c) **Nein**, weil D im Zeitraum zwischen Fertigstellung und Veräußerung das Haus ausschließlich zu eigenen Wohnzwecken verwendet (§ 23 Abs. 1 Nr. 1 S. 3) hat.

FALL 7

Ein Verlustausgleich ist in **2014 nicht** möglich, weil Maier keinen Gewinn aus privaten Veräußerungsgeschäften erzielt hat (§ 23 Abs. 3 **Satz 7**). Ein Ausgleich mit **anderen** Einkunftsarten ist unzulässig.

Nach § 23 Abs. 3 **Satz 8** kann Maier jedoch von dem Verlust (50.000 €) des Jahres 2014 einen Teilbetrag in Höhe von **30.000 €** auf das Jahr **2013 zurücktragen** und mit dem „Spekulationsgewinn" des Jahres 2013 verrechnen. Der in 2013 nicht ausgeglichene Verlust in Höhe von **20.000 €** kann auf die Jahre **2015 ff. vorgetragen** werden.

FALL 8

	EM €	EF €	gesamt €
sonstige Einkünfte i. S. d. § 22			
EM 245 € steuerfrei, weil die Freigrenze (255,99 €) **nicht** überschritten ist (§ 22 Nr. 3 Satz 2)	0		
EF 300 € steuerpflichtig, weil die Freigrenze (255,99 €) überschritten ist (§ 22 Nr. 3 Satz 2)		300	**300**

Zusammenfassende Erfolgskontrolle zum 1. bis 11. Kapitel

		FM €	FF €	gesamt €
Einkünfte aus nichtselbst. Arbeit (§ 19)				
Einnahmen	38.195 €			
- Werbungskosten				
Fahrtkosten: 220 Tage x 22 km x 0,30 €	1.452 €			
typische Berufskleidung	150 €			
Gewerkschaftsbeiträge (16 € x 12)	192 €			
WK höher als WKP (§ 9a Nr. 1a)		36.401		36.401
Einkünfte aus Kapitalvermögen (§ 20)				
- Brutto-Dividende (5.595,50 € : 73,625 x 100)	7.600,00 €			
- Sparer-Pauschbetrag (§ 20 Abs. 9)	- 1.602,00 €			
= steuerpflichtige Einnahme	5.998,00 €			
- KapESt (25 % von 5.998 €)	- 1.499,50 €			
- SolZ (5,5 % von 1.499,50 €)	- 82,47 €			
	4.416,03 €			
Mit dem Abzug der KapESt und des SolZ sind die Kapitalerträge steuerlich abschließend abgegolten - evtl. Günstigerprüfung durchführen.			0	0
Einkünfte aus Vermietung und Verpachtung (§ 21)				
EFH des Ehemannes in Koblenz				
Für die selbstgenutzte Wohnung ergeben sich keine Einkünfte aus V + V.				0
ZFH der Eheleute in Neuwied				
Einnahmen (750 € x 3)	2.250 €			
- Werbungskosten (§ 9 Abs. 1):				
Schuldzinsen	- 6.750 €			
lineare Gebäude-AfA nach § 7 Abs. 4 Nr. 2a (2 % v. 248.500 €)	- 4.970 €			
Einkünfte Haus Neuwied	**- 9.470 €**			
EFH der Eheleute in Bonn				
Einnahmen (1.250 € x 12)	15.000 €			
- Werbungskosten (§ 9 Abs. 1):				
AfA (2 % v. 375.000 €/§ 7 Abs. 4 Nr. 2a)	- 7.500 €			
sonstige WK	- 1.000 €			
Einkünfte Haus Bonn	**+ 6.500 €**			
Verlust insgesamt (- 9.470 € + 6.500 €)		- 1.485	- 1.485	- 2.970
Übertrag:		34.916	- 1.485	33.431

			EM €	EF €	gesamt €
Übertrag:			34.916	- 1.485	33.431
sonstige Einkünfte i.S.d. § 22 i.V.m. § 23					
Veräußerungspreis		505.000 €			
- AK	500.000 €				
AfA nach § 7 Abs. 4					
2 % von 375.000 €					
2013 AfA für 4 Monate	2.500 €				
2014 für 12 Monate	7.500 €				
verbleiben		- 490.000 €			
- Veräußerungskosten (WK)		- 2.600 €			
= Gewinn aus pr. Veräußerungsg.		12.400 €	6.200	6.200	12.400
= **Summe der Einkünfte**					**45.831**

12 Summe der Einkünfte

FALL 1

		€
Einkünfte aus Gewerbebetrieb (§ 15)		20.000
Einkünfte aus selbständiger Arbeit (§ 18)		10.000
Einkünfte aus Vermietung und Verpachtung (§ 21)		
Einfamilienhaus	3.000 €	
Zweifamilienhaus	- 10.000 €	
Mietwohngrundstück	5.000 €	- 2.000
sonstige Einkünfte i.S.d. § 22		
Verluste aus privaten Veräußerungsgeschäften dürfen **nicht** mit positiven Einkünften **anderer** Einkunftsarten ausgeglichen werden (§ 23 Abs. 3 Satz 7)		
= **Summe der Einkünfte**		**28.000**

Der in 2014 nicht ausgeglichene Verlust von 5.000 € ist nach den Grundsätzen des § 10d einkunftsartspezifisch zurück- oder vorzutragen (§ 23 Abs. 3 Satz 8).

FALL 2

	Ehemann €	Ehefrau €	gesamt €
Einkünfte aus Gewerbebetrieb (§ 15)	75.000		75.000
Einkünfte aus selbständiger Arbeit (§ 18)		40.000	40.000
Einkünfte aus Vermietung und Verpachtung (§ 21)	- 150.000	12.500	-137.500
sonstige Einkünfte i. S. d. § 22		- 2.500	- 2.500
= **Summe der Einkünfte**			**0**

Der nicht **ausgeglichene Verlust** in Höhe von **25.000 €** kann unter den Voraussetzungen des § 10d EStG **zurückgetragen oder vorgetragen** werden.

Zusammenfassende Erfolgskontrolle zum 1. bis 12. Kapitel

			€
Einkünfte aus nichtselbst. Arbeit (§ 19)			
Arbeitslohn aus aktiver Tätigkeit (1.500 € x 10)		15.000 €	
Ruhegehalt (**kein** Versorgungsfreibetrag, vgl. Alter)		600 €	
		15.600 €	
- Arbeitnehmer-Pauschbetrag (§ 9a Nr. 1a)		- 1.000 €	14.600
Einkünfte aus Kapitalvermögen (§ 20)			
Einnahmen: 100 x 2,25 € (Brutto-Dividende) =		225,00 €	
- Sparer-Pauschbetrag (§ 20 Abs. 9) 801 €, höchstens		-225,00 €	
= steuerpflichtige Einnahme		0,00 €	0
Da der Sparer-Pauschbetrag noch nicht überschritten ist, wurde auch **keine Abgeltungsteuer** einbehalten.			
Einkünfte aus Vermietung und Verpachtung (§ 21)			
Bei der selbstgenutzten Eigentumswohnung liegen keine Einkünfte aus Vermietung und Verpachtung vor.			0
sonstige Einkünfte i. S. d. § 22 Nr. 1 und 3			
Jahresbetrag der Rente (2 x 900 €) =	1.800 €		
- Rentenfreibetrag (32 % von 1.800 €)	- 576 €		
steuerpflichtiger Teil der Rente (68 %)	1.224 €		
- Werbungskosten-Pauschbetrag (§ 9a) Nr. 3	- 102 €	1.122 €	
bestimmte Leistungen (§ 22 Nr. 3)	350 €		
- Werbungskosten	- 72 €	278 €	1.400
= **Summe der Einkünfte**			**16.000**

13 Gesamtbetrag der Einkünfte

13.1 Altersentlastungsbetrag (§ 24a EStG)

FALL 1

			€
	Einkünfte aus nichtselbständiger Arbeit (§ 19)		
	Versorgungsbezüge	19.200 €	
-	Versorgungsfreibetrag: 40 %* von 19.200 € = 7.680 €, höchstens 3.000 €	- 3.000 € *	
	Zuschlag zum Versorgungsfreibetrag	- 900 € *	
	steuerpflichtiger Teil der Versorgungsbezüge	15.300 €	
-	Werbungskosten-Pauschbetrag	- 102 €	15.198
	Einkünfte aus Vermietung und Verpachtung (§ 21)		6.000
=	Summe der Einkünfte		21.198
-	Altersentlastungsbetrag (§ 24a) 27,2 % von 6.000 € = 1.632 €, höchstens		- 1.292**
=	Gesamtbetrag der Einkünfte im VZ 2014		**19.906**

* Da das Jahr des Versorgungsbeginns vor 2006 liegt, gilt der Prozentsatz von 40 %, der Höchstbetrag von 3.000 € und der Zuschlag von 900 € (§ 19 Abs. 2 Satz 3 EStG).

** Der Prozentsatz (27,2 %) und der Höchstbetrag (**1.292 €**) bleiben beim Altersentlastungsbetrag auf Dauer **unverändert**. Allerdings wird - anders als bei den Renten und Versorgungsbezügen - kein lebenslanger Freibetrag festgeschrieben, weil in der Regel die Höhe der Einkünfte von Jahr zu Jahr schwankt.

13.2 Entlastungsbetrag für Alleinerziehende (§ 24b EStG)

FALL 2

Die Steuerpflichtige Horn erfüllt alle Voraussetzungen des § 24b Abs. 1 und Abs. 2, sodass sie im VZ 2014 den **Entlastungsbetrag für Alleinerziehende** in Höhe von **1.308 Euro** in Anspruch nehmen kann.

13.3 Freibetrag für Land- und Forstwirte (§ 13 Abs. 3 EStG)

FALL 3

		EM €	EF €	gesamt €
	Einkünfte aus L + F (§ 13)		25.000	25.000
	Einkünfte aus Gewerbebetrieb (§ 15) atyp. stiller G.	30.000		30.000
=	**Summe der Einkünfte**			55.000
-	Freibetrag für Land- und Forstwirte (§ 13 Abs. 3) (Summe der Einkünfte geringer als 61.400 €)			- 1.340
=	**Gesamtbetrag der Einkünfte**			**53.660**

Zusammenfassende Erfolgskontrolle zum 1. bis 13. Kapitel

				EM €	EF €	gesamt €
	Einkünfte aus Gewerbebetrieb (§ 15)					
	vorläufiger Gewinn		65.000 €			
-	lineare AfA Pkw					
	16 ⅔ % von 20.000 € für 6 Monate (6/12)		- 1.667 €			
+	Erlös Verkauf Pkw		+ 2.000 €			
-	Restbuchwert Pkw		- 1 €	65.332		65.332
	Einkünfte aus Kapitalvermögen (§ 20)					
		EM €	EF €			
	Zinsen Eheleute	750,00	750,00 *			
	Brutto-Dividende		1.200,00 *			
		750,00	1.950,00			
-	Sparer-Pauschbetrag	- 750,00	- 852,00			
	stpfl. Einnahme	0,00	1.098,00			
-	KapESt (25 % v. 1.098)		- 274,50			
-	SolZ (5,5 % v. 274,50)		- 15,10			
		0,00	808,40			
	Mit dem Abzug der KapESt und des SolZ sind die Kapitalerträge abgegolten.			0	0	0
	Einkünfte aus V + V (§ 21)					
	Einnahmen:					
	Miete (800 € x 2 x 12)		19.200 €			
	Umlagen (160 € x 2 x 12)		3.840 €			
			23.040 €			
-	Werbungskosten:					
	AfA (2 % von 250.000 €)		5.000 €			
	Schuldzinsen		1.800 €			
	Dachreparatur (EA)		5.950 €			
	Grundsteuer usw.		1.650 €			
	Schornsteinreinigung usw.		2.190 €			
			16.590 €	3.225	3.225	6.450
	Die **Rente** von der Berufsgenossenschaft ist nach § 3 Nr. 1a EStG **steuerfrei**.					
=	**Summe der Einkünfte**			68.557	3.225	71.782
-	Altersentlastungsbetrag (§ 24a)					
	EM: 40 % von 68.557 € = 27.423 €, höchstens					- 1.900
	EF: 40 % von 3.225 € = 1.290 €					- 1.290
=	**Gesamtbetrag der Einkünfte**					**68.592**

* 1.104,38 € : 73,625 x 100 = 1.500 € (750 € + 750 €)
883,50 € : 73,625 x 100 = 1.200 €

14 Einkommen

14.1 Verlustabzug nach §10d EStG

FALL 1

		€
2013:		
Gesamtbetrag der Einkünfte		1.700.000
2014:		
Einkünfte aus Gewerbebetrieb (§ 15)	- 1.200.000 €	
Einkünfte aus selbständiger Arbeit (§ 18)	0 €	
Gesamtbetrag der Einkünfte	- 1.200.000 €	
Der Verlust von 1.200.000 € kann nur bis zur Höhe von auf das Jahr 2013 zurückgetragen werden (§ 10d Abs. 1 Satz 1).		- 1.000.000
verbleibender Gesamtbetrag der Einkünfte 2014		700.000

Der nicht ausgeglichene Verlust von 200.000 € (1.200.000 € - 1.000.000 €) kann nach § 10d Abs. 2 EStG auf die folgenden Veranlagungszeiträume (VZ 2015 ff.) vorgetragen werden.

FALL 2

		€	€
	Verlustvortrag zum 31.12.2014	200.000	
	Gesamtbetrag der Einkünfte 2015		300.000
-	unbeschränkter Verlustabzug (**Verlustvortrag**)	200.000	-**200.000**
=	verbleibender Gesamtbetrag der Einkünfte 2015		100.000
	verbleibender Verlustvortrag	0	

Eibel kann seinen Verlust von 200.000 € im VZ 2015 unbeschränkt vortragen. Die Begrenzung von 1 Mio. Euro (+ 60 % des 1 Mio. Euro übersteigenden Betrags) ist nicht überschritten (§ 10d Abs. 2 EStG).

14.2 Sonderausgaben

FALL 1

	Kirchensteuer		
	gezahlt	800 €	
	gezahlt	1.950 €	
		2.750 €	
-	erstattet [H 10.1 (Abzugshöhe/...)]	- 370 €	2.380 €
=	abzugsfähige **Sonderausgaben** (§ 10 Abs. 1 Nr. 4)		**2.380 €**

FALL 2

zu a) Der Steuerpflichtige kann von den Unterhaltsaufwendungen **13.805 €** als Sonderausgaben abziehen. Der Höchstbetrag von 13.805 € (§ 10 Abs. 1 Nr.1) gilt auch dann, wenn Unterhaltsleistungen nur für einen Teil des Kalenderjahrs erbracht wurden.

zu b) **Einkünfte der Frau i. S. d. § 22 Nr. 1a:**

	Einnahmen 18.000 €, höchstens zu versteuern	13.805 €
-	Werbungskosten-Pauschbetrag (§ 9a Nr. 3)	- 102 €
=	steuerpflichtige sonstige Einkünfte i.S.d. § 22 Nr. 1a	**13.703 €**

FALL 3

Daniel Kühn kann die Unterhaltsleistungen an seine geschiedene Frau **nicht** als Sonderausgaben abziehen, weil seine Frau **nicht unbeschränkt** einkommensteuerpflichtig ist und ihren **Wohnsitz nicht** in einem **EU/EWR-Staat** hat (§ 1a Abs. 1 Nr. 1 EStG).

Allerdings sind die Aufwendungen im Rahmen des § 33a Abs. 1 EStG als außergewöhnliche Belastungen abziehbar.

FALL 4

Der **Sonderausgabenabzug** nach § 10 Abs. 1 Nr. 7 kommt **nicht** in Betracht.

Die Aufwendungen sind jedoch als **Werbungskosten** (§ 9 Abs. 1) in voller Höhe **abzugsfähig**, weil ein objektiver Zusammenhang mit dem **Beruf** besteht und die Aufwendungen subjektiv zur Förderung des Berufs getätigt werden.

FALL 5

Der **Sonderausgabenabzug** nach § 10 Abs. 1 Nr.7 kommt **nicht** in Betracht.

Der **Ehemann** kann als freiberuflich tätiger Arzt seine **Fortbildungsaufwendungen** in voller Höhe als **Betriebsausgaben** (§ 4 Abs. 4) abziehen.

Die **Ehefrau** kann als Angestellte ihre **Fortbildungsaufwendungen** in voller Höhe als **Werbungskosten** (§ 9 Abs. 1) geltend machen.

FALL 6

Die Eheleute können **1.400 €** (⅔ von 2.100 €) der Kinderbetreuungskosten als Sonderausgaben abziehen (§ 10 Abs. 1 Nr. 5).

FALL 7

Die abziehbaren Kinderbetreuungskosten als Sonderausgaben betragen **je** Elternteil **2.000 €** (⅔ von 6.500 €, höchstens 2.000 Euro).

FALL 8

Nein, weil mit der Zahlung eine **Gegenleistung** (Gewinnchance) verbunden ist.

FALL 9

Ja,weil die Zuwendung (Sachzuwendung) zur Förderung des **Sports** nach § 52 Abs. 2 **Nr. 21** AO steuerlich abzugsfähig ist.

Die **Mitgliedsbeiträge** können **nicht** abgezogen werden (§ 10b Abs. 1 **Satz 3** EStG).

FALL 10

Ja, weil alle Voraussetzungen des § 10b Abs. 1 EStG i.V.m. § 52 Abs. 2 **Nr. 7** AO vorliegen.

FALL 11

Ja, weil alle Voraussetzungen des § 10b Abs. 1 EStG i.V.m. § 52 Abs. 2 **Nr. 1** AO vorliegen.

FALL 12

Nach § 10b Abs. 1 Satz 1 EStG i.V.m. § 52 Abs. 2 **Nr. 5** AO und § 54 AO werden die abzugsfähigen Zuwendungen wie folgt berechnet:

Zuwendungen 3.500 € (2.000 € + 1.500 €) maximal abzugsfähig: 20 % von 20.000 € = 4.000 €, höchstens tatsächliche Zuwendungen	**3.500 €**

FALL 13

	§ 34g	§ 10b Abs. 2	
A	500 €	0 €	
B	800 €	0 €	
C	825 €	550 €	
D	825 €	1.650 €	(2.350 €, max. 1.650)
AA	1.000 €	0 €	
BB	1.250 €	0 €	
CC	1.650 €	0 €	
DD	1.650 €	3.300 €	(4.200 €, max. 3.300)

FALL 14

1. Die Steuer-/Tarifermäßigung nach § 34g beträgt 50 % von 1.500 € = **750 €**.
2. Die nach § 10b abzugsfähigen Zuwendungen betragen **0 €**, weil die Zuwendungen, für die eine Ermäßigung nach § 34g gewährt wird, nicht als Sonderausgaben abgezogen werden können (§ 10b Abs. 2 Satz 2 EStG).

FALL 15

1. Die Steuerermäßigung nach § 34g beträgt 50 % von höchstens 1.650 € = **825 €**.
2. Nur Berechnungsmethode 1 möglich:

Zuwendungen i.S.d. § 10b **Abs. 1** EStG **3.150 €** (1.750 € + 1.400 €) maximal abzugsfähig: 20 % von 30.000 € = 6.000 € höchstens tatsächliche Zuwendungen		3.150 €
Zuwendungen i.S.d. § 10b **Abs. 2** EStG Zuwendung an eine **politische Partei**	2.500 €	
abzüglich Zuwendung für Steuerermäßigung nach § 34g EStG, höchstens	- 1.650 €	
abzugsfähige tatsächliche Zuwendungen	850 €	850 €
abzugsfähige Zuwendungen nach § 10b Abs. 1 + 2 EStG		**4.000 €**

FALL 16

1. Die Steuerermäßigung nach § 34g beträgt 50 % von höchstens 1.650 € = 825 €.
2. Berechnungsmethode 1:

Nach § 10b Abs. 1 Satz 1 EStG i.V.m. § 52 Abs. 2 Nr. 1, 2, 5 und 22 AO werden die abzugsfähigen Zuwendungen wie folgt berechnet:

Zuwendungen i.S.d. § 10b **Abs. 1** Satz 1 EStG **3.250 €** (400 € + 250 € +1.500 € + 1.100 €) maximal abzugsfähig: 20 % von 40.000 € = 8.000 €, höchstens tatsächliche Zuwendungen		3.250 €

Nach § 10b **Abs. 2** EStG werden abzugsfähige Zuwendungen wie folgt berechnet:

Zuwendung an eine **politische Partei**	2.000 €	
abzüglich Zuwendung für Steuerermäßigung nach § 34g EStG, höchstens	- 1.650 €	
abzugsfähige Zuwendungen	350 €	350 €
abzugsfähige Zuwendungen nach § 10b Abs. 1 + 2 EStG		**3.600 €**

FALL 17

1. Die Steuerermäßigung nach § 34g beträgt 50 % von höchstens 1.600 € = **800 €**.
2. Berechnungsmethode 1:

Nach § 10b Abs. 1 Satz 1 EStG i.V.m. § 52 Abs. 2 Nr. 4 und 14 AO werden die abzugsfähigen Zuwendungen wie folgt berechnet:

Zuwendungen i.S.d. § 10b **Abs. 1** Satz 1 EStG **3.400 €** (2.500 € + 900 €) maximal abzugsfähig: 20 % von 50.000 € = 10.000 €, höchstens tatsächliche Zuwendungen		3.400 €

Nach § 10b **Abs. 2** EStG werden abzugsfähige Zuwendungen wie folgt berechnet:

Zuwendung an eine **politische Partei**	1.600 €	
abzüglich Zuwendung für Steuerermäßigung nach § 34g EStG	- 1.600 €	
abzugsfähige Zuwendungen	0 €	0 €
abzugsfähige Zuwendungen nach § 10b Abs. 1 + 2 EStG		**3.400 €**

Berechnungsmethode 2:

4 v.T. von 1.000.000 € = 4.000 €,
höchstens tatsächliche Zuwendungen **3.400 €**

Nach der Berechnungsmethode 2 können ebenfalls 3.400 € abgezogen werden.

FALL 18

1. Die Steuerermäßigung nach § 34g beträgt 50 % von höchstens 3.300 € = **1.650 €**.
2. Nur Berechnungsmethode 1 möglich:

Nach § 10b **Abs. 1** Satz 1 EStG i.V.m. § 52 Abs. 2 Nr. 1 AO werden die abzugsfähigen Zuwendungen wie folgt berechnet:

Zuwendungen i.S.d. § 10b **Abs. 1** Satz 1 EStG	**1.250 €**	
maximal abzugsfähig: 20 % von 50.000 € = 10.000 €, höchstens tatsächliche Zuwendungen		1.250 €

Nach § 10b **Abs. 2** EStG werden abzugsfähige Zuwendungen wie folgt berechnet:

Zuwendung an eine **politische Partei**	3.500 €	
abzüglich Zuwendung für Steuerermäßigung nach § 34g EStG, höchstens	- 3.300 €	
abzugsfähige Zuwendungen	200 €	200 €
abzugsfähige Zuwendungen nach § 10b Abs. 1 + 2 EStG		**1.450 €**

FALL 19

Zeile	**Altersvorsorgeaufwendungen i.S.d. § 10 Abs. 1 Nr. 2**	€	€
1	Arbeitnehmeranteil zur allgemeinen RV	3.000	
2	steuerfreier Arbeitgeberanteil zur allgemeinen RV	3.000	
3	Beiträge zu landwirtschaftlichen Altersklassen	0	
4	Beiträge zu berufsständischen Versorgungseinrichtungen	0	
5	Beiträge zur kapitalgedeckten Altersversorgung	2.000	
6	zu berücksichtigende Altersvorsorgeaufwendungen	8.000	
7	Höchstbetrag	20.000	
8	der niedrigere Betrag der Zeile 6 oder der Zeile 7 ist anzusetzen	8.000	
9	in 2014 sind **78 %** des niedrigeren Betrages anzusetzen (78 % von 8.000 €)		6.240
10	abzüglich steuerfreier Arbeitgeberanteil nach § 3 Nr. 62		- 3.000
11	**abzugsfähige Sonderausgaben nach § 10 Abs. 3 EStG**		**3.240**

FALL 20

Zeile	Altersvorsorgeaufwendungen i. S. d. §10 Abs.1 Nr.2	€	€
1	Arbeitnehmeranteil zur allgemeinen RV	6.084	
2	steuerfreier Arbeitgeberanteil zur allgemeinen RV	6.084	
3	Beiträge zu landwirtschaftlichen Altersklassen	0	
4	Beiträge zu berufsständischen Versorgungseinrichtungen	0	
5	Beiträge zur kapitalgedeckten Altersversorgung	4.200	
6	zu berücksichtigende Altersvorsorgeaufwendungen	16.368	
7	Höchstbetrag	40.000	
8	der niedrigere Betrag der Zeile 6 oder der Zeile 7 ist anzusetzen	16.368	
9	in 2014 sind **78 %** des niedrigeren Betrages anzusetzen (78 % von 16.368 €)		12.767
10	abzüglich steuerfreier Arbeitgeberanteil nach § 3 Nr. 62		- 6.084
11	**abzugsfähige Sonderausgaben nach §10 Abs.3 EStG**		**6.683**

FALL 21

Zeile	Altersvorsorgeaufwendungen i. S. d. §10 Abs.1 Nr.2	€	€
1	Arbeitnehmeranteil zur allgemeinen RV	0	
2	steuerfreier Arbeitgeberanteil zur allgemeinen RV	0	
3	Beiträge zu landwirtschaftlichen Altersklassen	0	
4	Beiträge zu berufsständischen Versorgungseinrichtungen	24.000	
5	Beiträge zur kapitalgedeckten Altersversorgung	12.000	
6	zu berücksichtigende Altersvorsorgeaufwendungen	36.000	
7	Höchstbetrag	40.000	
8	der niedrigere Betrag der Zeile 6 oder der Zeile 7 ist anzusetzen	36.000	
9	in 2014 sind **78 %** des niedrigeren Betrages anzusetzen (78 % von 36.000 €)		28.080
10	abzüglich steuerfreier Arbeitgeberanteil nach § 3 Nr. 62		- 0
11	**abzugsfähige Sonderausgaben nach §10 Abs.3 EStG**		**28.080**

FALL 22

Zeile	Altersvorsorgeaufwendungen i. S. d. §10 Abs.1 Nr.2	€	€
1	Beiträge zu privaten kapitalgedeckten Leibrentenversicherungen	2.000	
2	zu berücksichtigende Altersvorsorgeaufwendungen	2.000	
3	Höchstbetrag	20.000	
4	abzüglich fiktivem Gesamtrentenversicherungsbeitrag (18,9 % vom Bruttoarbeitslohn, höchstens Jahresbeitragsbemessungsgrenze (Ost) in der allgemeinen RV (max. 18,9 % von 60.000 €) 18,9 % von 30.151 € = 5.698 €, max. 11.340 €	- 5.698	
5	gekürzter Höchstbetrag	14.302	
6	der niedrigere Betrag der Zeile 2 oder der Zeile 5 ist anzusetzen	2.000	
7	in 2014 sind 78 % des niedrigeren Betrages anzusetzen (78 % von 2.000 €)		1.560
8	**abzugsfähige Sonderausgaben nach §10 Abs.3 EStG**		**1.560**

FALL 23

Zeile	**Altersvorsorgeaufwendungen i. S. d. §10 Abs.1 Nr.2**	€	€
1	Beiträge zu privaten kapitalgedeckten Leibrentenversicherungen	6.000	
2	zu berücksichtigende Altersvorsorgeaufwendungen	6.000	
3	Höchstbetrag	40.000	
4	abzüglich fiktivem Gesamtrentenversicherungsbeitrag (18,9 % vom Bruttoarbeitslohn, höchstens Jahresbeitragsbemessungs-grenze (Ost) in der allgemeinen RV (18,9 % von 60.000 €)	- 11.340	
5	gekürzter Höchstbetrag	28.660	
6	der niedrigere Betrag der Zeile 2 oder der Zeile 5 ist anzusetzen	6.000	
7	in 2014 sind 78 % des niedrigeren Betrages anzusetzen (78 % von 6.000 €)		4.680
8	**abzugsfähige Sonderausgaben nach §10 Abs.3 EStG**		**4.680**

FALL 24

Versicherungsbeiträge	Sonderausgaben
Beiträge zur gesetzlichen Krankenversicherung (100 % - 4 %)	Ja, § 10 Abs. 1 Nr. 3 Buchstabe a)
Beiträge zur freiwilligen Krankenversicherung	Ja, § 10 Abs. 1 Nr. 3 Buchstabe a)
Beiträge zur gesetzlichen Pflegeversicherung	Ja, § 10 Abs. 1 Nr. 3 Buchstabe a)
Beiträge zur Hundehaftpflichtversicherung	Ja, § 10 Abs. 1 Nr. 3a EStG
Beiträge zur Kfz-Haftpflichtversicherung	Ja, § 10 Abs. 1 Nr. 3a EStG
Beiträge zur Krankenhaustagegeldversicherung	Ja, § 10 Abs. 1 Nr. 3 Buchstabe a)
Beiträge zur Kfz-Kaskoversicherung	Nein, H 10.5 (Kaskovers.) EStH
Beiträge zur Rechtsschutzversicherung	Nein, H 10.5 (Rechtsschutzv.) EStH
Beiträge zur Krankentagegeldversicherung	Ja, H 10.5 (Krankentagegeldv.) EStH
Beiträge zur Hausratversicherung	Nein, H 10.5 (Hausratvers.) EStH
Beiträge gegen außerbetriebliche Unfälle	Ja, H 10.5 (Unfallversicherung) EStH

FALL 25

In 2014 kann Herr Barden folgende Versicherungsbeiträge als Sonderausgaben* abziehen:

1.		Beiträge für die gesetzliche Krankenversicherung	1.353 €
2.	-	4 % für den Anspruch auf Krankengeld (4 % von 1.353 €)	- 54 €
3.		verbleiben (96 % von 1.353 €)	1.299 €
4.		Beiträge zur Pflegeversicherung	202 €
5.		Summe (Basisabsicherung)	1.501 €
6.		Vorsorgeaufwendungen (1.353+202+247+45+450+88% x 1.200)	3.353 €
7.		Höchstbetrag	1.900 €
8.		mindestens abziehbar (1.299 + 202)	1.501 €
9.	=	abzugsfähige Sonderausgaben (§ 10 Abs. 4 EStG)	1.900 €

* Beträge sind gerundet.

FALL 26

In 2014 kann Frau Reuter folgende Versicherungsbeiträge als Sonderausgaben abziehen:

1	Krankenversicherungsbeiträge	3.034 €
2	Pflegeversicherungsbeiträge	470 €
3	weitere sonstige Vorsorgeaufwendungen (538 + 350)	888 €
4	Summe	4.392 €
5	Höchstbetrag (1.900 €)	1.900 €
6	mindestens abziehbar (3.034 € x 96 % = 2.913 € + 470 €)	3.383 €
7	der höhere Betrag der Zeile 5 oder 6 ist als SA abziehbar	**3.383 €**

FALL 27

In 2014 können die Eheleute Richter folgende Versicherungsbeiträge als Sonderausgaben abziehen:

1	Krankenversicherungsbeiträge	5.904 €
2	Pflegeversicherungsbeiträge	882 €
3	weitere sonstige Vorsorgeaufwendungen (1.080 + 550)	1.630 €
4	Summe	8.416 €
5	Höchstbetrag (EM: 1.900 € + EF: 1.900 €)	3.800 €
6	mindestens abziehbar (5.904 € x 96 % = 5.668 € + 882 €)	6.550 €
7	der höhere Betrag der Zeile 5 oder 6 ist als SA abziehbar	**6.550 €**

FALL 28

Sonderausgaben-Pauschbetrag **72 Euro** (§ 10c Satz 1 i.V.m. § 10c Satz 2 EStG)

Zusammenfassende Erfolgskontrolle

1. **Persönliche Steuerpflicht und Veranlagungsart**
   Heinrich und Helga Kurz sind **unbeschränkt einkommensteuerpflichtig**, weil sie im **Inland** einen **Wohnsitz** haben (§ 1 **Abs. 1**).
   Sie werden **zusammen veranlagt**, weil die Ehegatten unbeschränkt steuerpflichtig sind, nicht dauernd getrennt leben und beide die Zusammenveranlagung beantragt haben (§§ 26, 26b).

2. **Ermittlung des Gesamtbetrags der Einkünfte**

		EM €	EF €	gesamt €
Einkünfte aus Gewerbebetrieb (§ 15)				
Ehemann:				
a) vorläufiger Gewinn	67.451 €			
b) + Zuwendungen (Spenden)	900 €			
c) + Geschenk (nicht abz. BA)	238 €			
endgültiger Gewinn	68.589 €	68.589		
Ehefrau:				
Gewinnanteil KG			6.310	74.899
Einkünfte aus nichtselbständiger Arbeit (§ 19)				
Bruttoarbeitslohn	15.310 €			
- Werbungskosten				
Fahrtkosten	1.350 € *			
Kontoführungsgebühr	16 €			
Fachliteratur	220 €		13.724	13.724
Einkünfte aus Kapitalvermögen (§ 20)				
Brutto-Dividende (1.472,50 € : 73,625 x 100)	2.000,00 €			
- Sparer-Pauschbetrag	- 1.602,00 €			
= steuerpflichtige Einnahme	398,00 €			
- KapESt (25 % von 398 €)	- 99,50 €			
- SolZ (5,5 % von 99,50 €)	- 5,47 €			
	293,03 €			
Mit dem Abzug der KapESt und des SolZ sind die Kapitalerträge steuerlich abgegolten.		0		0
Übertrag:		68.589	20.034	88.623

* Fahrtkosten: 180 Tage x 25 km x 0,30 € = 1.350 €

			EM €	EF €	gesamt €
Übertrag:			68.589	20.034	88.623
Einkünfte aus V + V (§ 21)					
E: 3 x 11 x 400 € =		13.200 €			
Die von Kurz bewohnte Wohnung unterliegt nicht der Einkommensteuer.					
- Werbungskosten					
AfA: 2 % v. 205.500 € [(75 % v. 274.000 €) = 4.110 €, davon 11/12]	3.768 €				
Reparaturen, GrSt	3.000 €				
Disagio	5.000 €				
Zinsen + Notariatskosten	10.000 €				
	21.768 €				
davon entfallen ¾ auf die vermieteten Wohnungen		16.326 €			
= **Verlust**		**3.126 €**	- **3.126**		- **3.126**
= **Summe der Einkünfte**			65.463	20.034	85.497
- **Altersentlastungsbetrag** (§ 24a)					
EM: 25,6 % von 65.463 € = 17.759 €, höchstens					1.216
= **Gesamtbetrag der Einkünfte**					**84.281**
3. **Ermittlung der abzugsfähigen Sonderausgaben**					
- **Sonderausgaben**					
Sonderausgaben (**SA 1**)					
Zuwendungen zur Förderung des Tierschutzes (§ 10b Abs. 1 Satz 1 EStG i. V. m. § 52 Abs. 2 Nr. 2 AO)					
20 % von 84.205 € = 16.841 €, höchstens Aufwendungen					900
Übertrag: Sonderausgaben					900

Heinrich Kurz, geb. 01.01.1950, vollendete das 64. Lebensjahr mit Ablauf des 31.12.2013.

	gesamt €
Übertrag: Sonderausgaben	900

Sonderausgaben (**SA 2**)

Altersvorsorgeaufwendungen i. S. d. § 10 Abs. 1 **Nr. 2** EStG

Zeile		€	€	gesamt €
1	Arbeitnehmeranteil zur gesetzlichen RV	1.447		
2	steuerfreier Arbeitgeberanteil zur allgemeinen RV	1.447		
3	Beiträge zu landwirtschaftlichen Altersklassen	0		
4	Beiträge zu berufsständischen Versorgungseinrichtungen	0		
5	Beiträge zur kapitalgedeckten Altersversorgung	3.000		
6	zu berücksichtigende Altersvorsorgeaufwendungen	5.894		
7	Höchstbetrag (20.000 €/40.000 €)	40.000		
8	der niedrigere Betrag der Zeile 6 oder der Zeile 7 ist anzusetzen	5.894		
9	in 2014 sind **78 %** des niedrigeren Betrages anzusetzen (78 % von 5.894 €)		4.598	
10	abzüglich steuerfreier Arbeitgeberanteil nach § 3 Nr. 62		- 1.447	
11	**abzugsfähige Sonderausgaben nach § 10 Abs. 3 EStG**		**3.151**	3.151

sonstige Vorsorgeaufwendungen i. S. d. § 10 Abs. 1 **Nr. 3** u. 3a EStG

			gesamt €
1	Krankenversicherungsbeiträge (2.947 + 1.255)	4.202 €	
2	Pflegeversicherungsbeiträge (269 + 196)	465 €	
3	weitere sonstige Vorsorgeaufwendungen (230 + 430)	660 €	
4	Summe	5.327 €	
5	Höchstbetrag (EM: 2.800 + EF: 1.900)	4.700 €	
6	mindestens abziehbar (4.202 + 465)	4.667 €	
7	der höhere Betrag der Zeile 5 oder 6 ist als SA abziehbar	**4.700 €**	4.700

Die **abzugsfähigen Sonderausgaben** betragen insgesamt	**8.748**

14.3 Außergewöhnliche Belastungen

FALL 1

außergewöhnliche Belastung	3.000 €
- zumutbare Belastung (6 % von 40.000 €/§ 33 Abs. 3)	- 2.400 €
= abziehbare außergewöhnliche Belastung (§ 33 Abs. 1)	**600 €**

FALL 2

außergewöhnliche Belastung	4.000 €
- zumutbare Belastung (§ 33 Abs. 3) 5 % von 14.784 € [16.000 € - 1.216 € AEB (§ 24a)]*	- 739 €
= abziehbare außergewöhnliche Belastung (§ 33 Abs. 1)	**3.261 €**

*	Einkünfte aus nichtselbständiger Arbeit	**16.000 €**
=	Summe der Einkünfte	16.000 €
-	Altersentlastungsbetrag (§ 24a)	
	(25,6 % von **17.000 €**, höchstens)	- 1.216 €
=	Gesamtbetrag der Einkünfte	**14.784 €**

FALL 3

	außergewöhnliche Belastung	3.000 €
-	zumutbare Belastung (3 % von 40.000 €/§ 33 Abs. 3)	- 1.200 €
=	abziehbare außergewöhnliche Belastung (§ 33 Abs. 1)	**1.800 €**

FALL 4

		€	€	€
Ungekürzter **Höchstbetrag** (§ 33a Abs. 1 S. 1)				8.354
a) Ermittlung der Einkünfte des Großvaters				
Einkünfte aus nichtselbständiger Arbeit (§ 19 Abs. 2)				
Versorgungsbezüge (Jahresbetrag)		1.920		
- Versorgungsfreibetrag (35,2 % v. 1.920 €)		- 676		
- Zuschlag zum Versorgungsfreibetrag		- 792		
- Arbeitnehmer-Pauschbetrag (§ 9a Nr. 1b)		- 102	350	
Sonstige Einkünfte i. S. d. § 22 Nr. 1				
Rente	2.400 €			
davon Besteuerungsanteil (64 % von 2.400 €)		1.536		
- WKP (§ 9a Nr. 3)		- 102	1.434	
= Einkünfte des Großvaters			1.784	
b) Ermittlung der Bezüge des Großvaters § 33 a (1) S. 5				
Rentenfreibetrag (2.400 € - 1.536 €)		864		
+ Zuschuss zur KV		168		
+ Wohngeld (R. 33a Abs. 3 S. 4 EStR 2012)		769		
+ Versorgungsfreibetrag		676		
+ Zuschlag zum Versorgungsfreibetrag		792		
		3.269		
- Kostenpauschale (R 33a.1 Abs. 3 Satz 5 EStR 2012)		- 180		
= Bezüge des Großvaters			3.089	
Summe der Einkünfte und Bezüge des Großvaters			4.873	
c) Ermittlung der abziehbaren agB				
Die Einkünfte und Bezüge des Großvaters von			4.873	
übersteigen den Karenzbetrag von			- 624	
um (= anrechenbare Einkünfte und Bezüge)			4.249	
Die anrechenbare Einkünfte und Bezüge sind vom Höchstbetrag abzuziehen.				- 4.249
= gekürzter Höchstbetrag (§ 33a Abs. 1 S. 4)				4.105
Die tatsächlichen Aufwendungen von 6.000 € liegen über dem gekürzten Höchstbetrag von 4.105 €, sodass als agB der Betrag von abgezogen werden kann.				4.105

Hinweis: Alle Zahlen werden in vollen Euro-Beträgen angegeben.

FALL 5

	€	€	€
Ungekürzter **Höchstbetrag** für das Kalenderjahr			8.354
anteiliger Höchstbetrag (8/12 von 8.354 €) (§ 33a Abs. 3 Satz 1 EStG)			5.570
a) eigene Einkünfte der Mutter			
sonstige Einkünfte i. S. d. § 22 Nr. 1			
Bruttorente (12 x 175 €) 2.100 €			
Einnahme: Besteuerungsanteil (68 % von 2.100 €)	1.428		
WKP nach § 9a Nr. 3 EStG	- 102		
davon entfallen auf den Unterhaltszeitraum:	1.326		
8/12 von 1.326€ = 884 € [R 33a.3 Abs. 2 Nr. 1 EStR, H 33a.3 (Allgemeines) EStH]		884	
b) eigene Bezüge der Mutter			
Rentenfreibetrag (2.100 € - 1.428 €)	672		
Kostenpauschale (R 33a.1 Abs.3 Satz 5 EStR 2012)	- 180		
verbleibende Bezüge	492		
davon entfallen auf den Unterhaltszeitraum: 8/12 von 492 € = 328€ [R 33a.3 Abs. 2 Nr. 1 EStR/H 33a.3 (Allgemeines) EStH]		328	
Summe der eigenen Einkünfte und Bezüge		1.212	
c) Ermittlung der abziehbaren agB			
Die eigenen Einkünfte und Bezüge der Mutter im Unterhaltszeitraum von		1.212	
übersteigen den anrechnungsfreien Betrag (Karenzbetrag) von (8/12 von 624 €)		416	
um (= anrechenbare Einkünfte und Bezüge)		796	
Die anrechenbare Einkünfte und Bezüge sind von dem anteiligen Höchstbetrag abzuziehen.			- 796
= gekürzter Höchstbetrag			4.774
Die tatsächlichen Aufwendungen von 4.400 € (8 x 550 €) liegen unter dem gekürzten Höchstbetrag von 4.774 €, sodass als agB der Betrag von abgezogen werden kann (§ 33a Abs. 1 S. 1 bis 5 und Abs. 3 EStG).			**4.400**

FALL 6

		€	€	€
Ungekürzter **Höchstbetrag** (§ 33a Abs. 1 S. 1)				8.354
a) Ermittlung der Einkünfte des Vaters				
Einkünfte aus nichtselbständiger Arbeit (§ 19 Abs. 2)				
Versorgungsbezüge (Jahresbetrag)		2.520		
- Versorgungsfreibetrag (40 % von 2.520 €)		-1.008		
- Zuschlag zum Versorgungsfreibetrag		- 900		
- WKP (§ 9a Satz 1 Nr. 1a)		- 102	510	
Sonstige Einkünfte i. S. d. § 22 Nr. 1				
Brutto-Rente	1.440 €			
davon Besteuerungsanteil 50 % von 1.440 €		720		
- WKP (§ 9a Nr. 3)		- 102	618	
= Einkünfte des Vaters			1.128	
b) Ermittlung der Bezüge des Vaters				
Rentenfreibetrag (1.440 € - 720 €)		720		
+ Wohngeld		600		
+ Versorgungsfreibetrag + Zuschlag (§ 19 Abs. 2)		1.908		
		3.228		
- Kostenpauschale (R 33a.1 Abs. 3 Satz 5 EStR 2012)		- 180		
= Bezüge des Vaters			3.048	
Summe der Einkünfte und Bezüge des Vaters			4.176	
c) Ermittlung der abziehbaren agB				
Die Einkünfte und Bezüge des Großvaters von			4.176	
übersteigen den Karenzbetrag von			624	
um (= anrechenbare Einkünfte und Bezüge)			3.552	
Die anrechenbare Einkünfte und Bezüge sind vom Höchstbetrag abzuziehen.				- 3.552
= gekürzter Höchstbetrag (§ 33a Abs. 1 S. 4)				4.802

Die tatsächlichen Aufwendungen von 5.400 € liegen über dem gekürzten Höchstbetrag von 4.802 €, sodass als agB abgezogen werden können:

Uwe Neis ⅓ von 4.802 € (§ 33a Abs. 1 S. 7) =	**1.601 €**
Kurt Neis ⅔ von 4.802 € (§ 33a Abs. 1 S. 7) =	**3.201 €**

FALL 7

Der Steuerpflichtige kann für den VZ 2014 **keinen** Freibetrag (Ausbildungsfreibetrag) nach § 33a Abs. 2 EStG vom Gesamtbetrag der Einkünfte abziehen, weil die Voraussetzungen des § 33a Abs. 2 EStG **nicht** erfüllt sind. Die Tochter hat noch **nicht** das **18. Lebensjahr** vollendet und ist **nicht auswärtig** untergebracht.

FALL 8

Der Steuerpflichtige kann für den VZ 2014 **einen** Freibetrag (Ausbildungsfreibetrag) nach § 33a Abs. 2 EStG in Höhe von **924 €** vom Gesamtbetrag der Einkünfte abziehen, weil alle Voraussetzungen des § 33a Abs. 2 Satz 1 EStG erfüllt sind.

FALL 9

Den Eheleuten ist ein ungekürzter Ausbildungsfreibetrag in Höhe von **924 €** zu gewähren, weil alle Voraussetzungen des § 33a Abs. 2 Satz 1 erfüllt sind. Seit dem VZ 2012 werden eigene Einkünfte und Bezüge sowie öffentliche Hilfen nicht mehr angerechnet.

FALL 10

Der abziehbare Ausbildungsfreibetrag nach § 33a Abs. 2 für den VZ 2014 wird wie folgt berechnet:

$\frac{7}{12}$ von 924 € = **539 €**

Da Martina erst mit Ablauf des 15.06.2014 das 18. Lebensjahr vollendet hat, ist der Freibetrag von 924 € um $\frac{5}{12}$ zu kürzen (§ 33a Abs. 3 EStG).

FALL 11

Aufgrund des Studiums ist das Kind nach § 32 Abs. 4 Satz 1 Nr. 2a EStG zu berücksichtigen. Das Studium wird jedoch nach Abschluss einer erstmaligen Berufsausbildung durchgeführt, sodass das Kind nach § 32 Abs. 4 Satz 2 EStG nur berücksichtigt werden kann, wenn es keiner anspruchsschädlichen Erwerbstätigkeit nachgeht. Für die Monate August bis Dezember 2014 kann das Kind nicht berücksichtigt werden. Neben den Monaten Januar bis Juni kann das Kind auch im Juli berücksichtigt werden, da es wenigstens an einem Tag die Anspruchsvoraussetzung - keine anspruchsschädliche Erwerbstätigkeit - erfüllt (DA-FamEStG 63.4.4). Der gekürzte Ausbildungsfreibetrag beträgt **539 €** ($\frac{7}{12}$ x 924 €).

FALL 12

Den Eheleuten Michels ist ein gekürzter Ausbildungsfreibetrag von **770 €** ($\frac{10}{12}$ x 924 €) zu gewähren. Die Frage der Erwerbstätigkeit stellt sich nicht, weil die Erstausbildung noch nicht abgeschlossen ist.

FALL 13

Julia

Für Julia erhält Herr Dautzenberg **einen** Freibetrag (Ausbildungsfreibetrag) nach § 33a **Abs. 2** EStG in Höhe von **924 Euro** (Sonderbedarf), da sie das 18. Lebensjahr vollendet hat und auswärtig untergebracht war.

Außerdem wird für Julia ein Kinderfreibetrag von **4.368 Euro** und ein Freibetrag (Betreuungsfreibetrag) von **2.640 Euro** für den Betreuungs-, Erziehungs- oder Ausbildungsbedarf des Kindes nach § 32 **Abs. 6 S. 3** EStG gewährt bzw. Kindergeld. Im Rahmen der Einkommensteuererklärung wird von Amts wegen eine Günstigerprüfung durchgeführt.

Hinweis: Herr Dautzenberg kann für die schulische Ausbildung seiner Tochter Julia den Sonderausgabenabzug gem. § 10 Abs. 1 Nr. 9 in Anspruch nehmen (30 % v. 600 € = 180 € x 12 Monate = 2.160 €).

Martin

Herr Dautzenberg erhält **keine** Freibeträge (KFB und BEA) nach § 32 EStG, da **Martin** nach § 32 Abs. 4 Satz 2 EStG **kein zu berücksichtigendes Kind** ist, da Martin das 25. Lebensjahr überschritten hat und kein Verlängerungstatbestand des § 32 Abs. 5 vorliegt. Unterhaltsleistungen nach § 33a Abs. 1 können ebenfalls nicht geltend gemacht werden, da Martin **nicht** nur über ein geringes Vermögen (R. 33a.1 Abs. 2 Satz 3 EStR 2012) verfügt.

FALL 14

Der abziehbare Freibetrag (Ausbildungsfreibetrag) nach § 33a **Abs. 2** beträgt **924 Euro**. Italien gehört zur Ländergruppe I (BMF-Schreiben v. 18.11.2013, BStBl 2013, I S. 1462).

FALL 15

Die **Behinderten-Pauschbeträge** betragen nach § 33b Abs. 3 EStG:

für den Ehemann	570 €
für die Ehefrau	430 €
	1.000 €

FALL 16

agB nach **§ 33 EStG**:

außergewöhnliche Belastung	2.000 €
- zumutbare Belastung (6 % von 25.000 €)	- 1.500 €
= abziehbare agB nach § 33	**500 €**

agB nach **§ 33b Abs. 6 EStG**:

Der Steuerpflichtige kann ohne Nachweis der Kosten den **Pflege-Pauschbetrag** von geltend machen.	**924 €**

Da der **Pflege-Pauschbetrag** höher ist als die abziehbare agB nach **§ 33 EStG**, wird er den **Pflege-Pauschbetrag** von **924 Euro** vom Gesamtbetrag der Einkünfte abziehen (§ 33b Abs. 6 Satz 1).

FALL 17

		WK	SA	agB	KdL
a)	Beiträge zur privaten Hausratversicherung				x
b)	Unterstützung der vermögenslosen Mutter von Karl Fischer			x	
c)	Beiträge zur privaten Rechtschutzversicherung				x
d)	Aufwendungen für typische Berufskleidung	x			
e)	Fachliteratur für ausgeübten Beruf	x			
f)	Aufwendungen für das Erststudium, das nicht im Rahmen eines Ausbildungsdienstverhältnisses stattfindet		x		
g)	Beiträge zur Hundehaftpflichtversicherung		x		
h)	Beiträge zur Haftpflichtversicherung für das eigengenutzte Einfamilienhaus		x		
i)	Beerdigungskosten für die vermögenslose Mutter von Karl Fischer			x	
j)	Beiträge zur privaten Kfz-Vollkaskoversicherung				x
k)	Steuerberatungskosten für die Erbschaftsteuererklärung der Eheleute Fischer				x

FALL 18

					€
agB nach §33 EStG					
	außergewöhnliche Belastung		2.500 €		
-	zumutbare Belastung				
	Bemessungsgrundlage:				
	Summe der Einkünfte	43.155 €			
	- AEB (EM ab 2007)	- 1.748 €			
	- AEB (EF ab 2009)				
	33,6 % von 2.633 €	- 885 €			
	Gesamtbetrag der Einkünfte	40.522 €			
	3 % von 40.522 €		- 1.215 €		
=	abziehbare außergewöhnliche Belastung				1.285
agB nach §33a EStG					
	Unterhaltsaufwendungen (§ 33a **Abs. 1**)				
	a) Ermittlung der Einkünfte der Mutter				
	Rente	2.400 €			
	davon Besteuerungsanteil 50 %		1.200 €		
-	Werbungskosten-Pauschbetrag		- 102 €		
=	Einkünfte			1.098 €	
	Übertrag:			1.098 €	1.285

				€
	Übertrag:			1.285
	b) Ermittlung der Bezüge der Mutter			
	Einnahmen: Rentenanteil, der über den nicht um die WK gekürzten Besteuerungsanteil hinausgeht 2.400 € - 1.200 €	1.200 €		
	Zuschuss zur KV (14 € x 12) R. 33a. 1 Abs. 3 Nr. 8	168 €		
		1.368 €		
-	Kostenpauschale	- 180 €		
=	Bezüge		1.188 €	
	Einkünfte und Bezüge (a + b)		2.286 €	
	c) Ermittlung der agB			
	Die Einkünfte und Bezüge der Mutter übersteigen den Karenz-betrag von		2.286 € 624 €	
	um		1.662 €	
	Dieser Betrag ist vom gekürzten Höchstbetrag von abzuziehen		8.354 € - 1.662 €	
	sodass abgezogen werden könnten		6.692 €	
	höchstens jedoch die **tatsächlichen Aufwendungen**			2.400
	Freibetrag (Ausbildungsfreibetrag) **nach §33a Abs.2**			
	Tochter Inge			924
	Behinderten-Pauschbeträge (§ 33b)			
	für den Steuerpflichtigen (§ 33b Abs. 1 - 3)		310 €	
	für den blinden Sohn Peter (§ 33b Abs. 1 - 3, 5)		3.700 €	
	Pflege-Pauschbetrag (§ 33b Abs. 6)		924 €	4.934
=	**abziehbare außergewöhnliche Belastungen**			**9.543**

Zusammenfassende Erfolgskontrolle

			EM €	EF €
Einkünfte aus Gewerbebetrieb (§ 15)				
	Handelsbilanzgewinn der KG für 2013/2014 (§ 4a Abs. 2 Nr. 2)	107.750 €		
	davon 40 % x 107.750 €	43.100 €		
+	Gehalt	30.000 €		
+	Zinsen	3.000 €	76.100	
Einkünfte aus nichtselbständiger Arbeit (§ 19)				
	Bruttoarbeitslohn	14.820 €		
-	ANP (§ 9a Satz 1 Nr. 1a)	- 1.000 €		13.820
Einkünfte aus Kapitalvermögen (§ 20)				
	Brutto-Dividende (Zuflussprinzip gem. § 11) (368,13 € : 73,625 x 100)	500,00 €		
	Bausparzinsen (brutto)	190,00 €		
=	Einnahmen insgesamt	690,00 €		
-	Sparer-Pauschbetrag (§ 20 Abs. 9) 801 €/1.602 €, höchstens	- 690,00 €		
=	steuerpflichtige Einnahmen	0,00 €		0
Einkünfte aus V + V (§ 21)				
	Das selbst genutzte Einfamilienhaus wird steuerlich nicht berücksichtigt.			
Mietwohngrundstück				
	Einnahmen	14.442 €		
-	Werbungskosten	- 18.189 €		
	Verlust	3.747 €		
	davon ⅓	1.249 €	- 1.249	
Übertrag:			74.851	13.820

		EM €	EF €
Übertrag:		74.851	13.820
sonstige Einkünfte i.S.d. § 22			
Brutto-Rente (800 € x 12)	9.600 €		
- Rentenfreibetrag (78 % von 9.600 €)	- 7.488 €		
= stpfl. Teil der Rente (22 %)	2.112 €		
- WKP	- 102 €	2.010	
= **Summe der Einkünfte**		76.861 →	13.820
			76.861
			90.681
- Altersentlastungsbetrag EM (§ 24a) (25,6 % von 76.861 € = 19.676 €, höchstens)			1.216
= **Gesamtbetrag der Einkünfte**			89.465
- Sonderausgaben 1 (§ 10b Abs. 1 EStG)			
Zuwendungen 857 € (607 € + 250 €)	857 €		
(Der Höchstbetrag von 20 % von 89.465 € = 17.893 € wird nicht überschritten.) Die Spende an eine pol. Partei kann nicht als SA berücksichtigt werden, weil für sie eine Steuerermäßigung nach § 34g gewährt wird.	0 €		857
- Sonderausgaben 2			

Zeile	Altersvorsorgeaufwendungen i. S. d. §10 Abs.1 Nr.2	€
1	Arbeitnehmeranteil zur gesetzlichen RV	1.401
2	steuerfreier Arbeitgeberanteil zur gesetzlichen RV	1.401
3	Beiträge zu landwirtschaftlichen Altersklassen	0
4	Beiträge zu berufsständischen Versorgungseinrichtungen	0
5	Beiträge zur kapitalgedeckten Altersversorgung	2.400
6	zu berücksichtigende Altersvorsorgeaufwendungen	5.202
7	Höchstbetrag (20.000 €/40.000 €)	40.000
8	78 % der zu berücksichtigenden Altersvorsorgeaufwendungen (78 % von 5.202 €)	4.058
9	der niedrigere Betrag der Zeile 7 oder der Zeile 8 ist anzusetzen	4.058
10	abzüglich steuerfreier Arbeitgeberanteil nach § 3 Nr. 62	- 1.401
11	**abzugsfähige Sonderausgaben nach §10 Abs.3 EStG**	→ 2.657 (EF)

	EF €
Übertrag:	85.951

		€
Übertrag:		85.951

sonstige Vorsorgeaufwendungen i. S. d. §10 Abs. 1 Nr. 3 und 3a

1	Krankenversicherungsbeiträge (1.215 + 2.860)	4.075 €
2	Pflegeversicherungsbeiträge (152 + 279)	431 €
3	weitere sonstige Vorsorgeaufwendungen (222+60+480)	762 €
4	Summe	5.268 €
5	Höchstbetrag (EM: 2.800 + EF: 1.900)	4.700 €
6	mindestens abziehbar (1.215 x 96% + 2.860 + 431)	4.458 €
7	der höhere Betrag der Zeile 5 oder 6 ist als SA abziehbar	**4.700€**

4.700

außergewöhnliche Belastungen

nach § 33a Abs. 1 EStG
Unterhaltsaufwendungen*

a) Einkünfte des Vaters

Einkünfte aus nichtselbständiger Arbeit (§ 19)			
Versorgungsbezüge (230 € x 12)			2.760 €
- Versorgungsfreibetrag (40 % v. 2.760)			- 1.104 €
- Zuschlag zum Versorgungsfreibetrag			- 900 €
- Arbeitnehmer-Pauschbetrag			- 102 €
			654 €
sonstige Einkünfte im Sinne des § 22			
Rente (195 € x 12)	2.340 €		
Besteuerungsanteil: 30 % v. 2.340 € =		702 €	
- WKP		- 102 €	600 €
Einkünfte insgesamt			1.254 €

b) Bezüge des Vaters

Rentenfreibetrag (2.340 € - 702 €)	1.638 €	
+ Versorgungsfreibetrag + Zuschlag	+2.004 €	
- Kostenpauschale	- 180 €	3.462 €
Einkünfte und Bezüge		4.716 €
- Karenzbetrag		624 €
schädliche Einkünfte und Bezüge		4.092 €

c) abziehbare agB

Die schädlichen Einkünfte und Bezüge sind vom Höchstbetrag abzuziehen.

ungekürzter Höchstbetrag	8.354 €
schädliche Einkünfte und Bezüge	4.092 €
gekürzter Höchstbetrag	4.262 €

abziehbare agB, höchstens Aufwendungen (260 € x 12) 3.120

Übertrag: 78.131

	€
Übertrag:	78.131
Freibeträge (Ausbildungsfreibetrag) **nach §33a Abs.2 EStG** Sohn Stefan, 20 Jahre alt, befand sich vom 01.01. bis 30.06.2014 in Berufsausbildung und war auswärtig untergebracht (Köln) **abziehbare agB 1. Halbjahr 2014 (50 % von 924 €)**	462
Tochter **Andrea**, **16 Jahre alt**, befand sich vom 01.01. bis 31.12.2014 in Berufsausbildung. Die Eltern erhalten für Andrea keinen Freibetrag nach § 33a Abs. 2, weil sie **nicht auswärtig untergebracht und nicht volljährig** war.	0
= **Einkommen**	**77.669**

* Das kleine **Einfamilienhaus** des Vaters bleibt bei der Feststellung seines **Vermögens außer Betracht**, weil es als ein angemessenes Hausgrundstück gilt [R 33a.1 Abs. 2 Nr. 2 EStR 2012 und H 33a.1 (Geringes Vermögen) EStH]. Die Parteispende führt zu einer Steuerermäßigung in Höhe von 100 € (50 % x 200 €, § 34g).

15 Zu versteuerndes Einkommen

15.1 Freibeträge für Kinder

15.1.1 Kinderfreibetrag

FALL 1

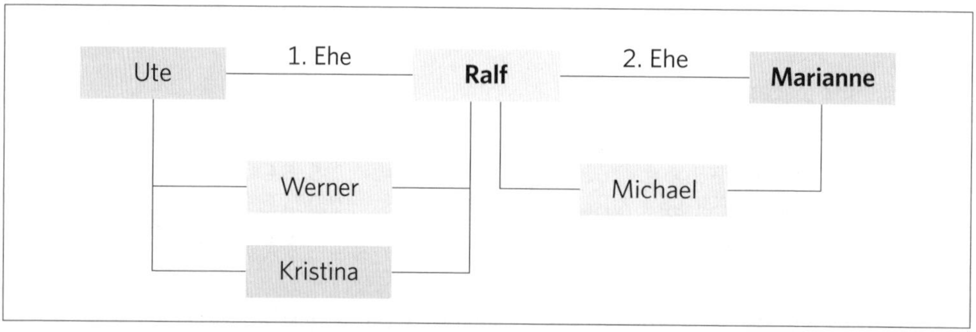

a) Michael ist ein Kind, das mit **Ralf und Marianne** Wild **im ersten Grad** verwandt ist.
Werner ist ein Kind, das mit **Ralf Wild im ersten Grad** verwandt ist.
Mit Marianne Wild besteht **kein** steuerliches Kindschaftsverhältnis.

Kristina ist ein Kind, das mit **Ralf Wild im ersten Grad verwandt** ist.
Mit Marianne Wild besteht **kein** steuerliches Kindschaftsverhältnis.

b) Alle drei Kinder sind **zu berücksichtigende Kinder** (§ 32 **Abs.3** und **Abs.4**).

FALL 2

a) Das Kind (§ 32 Abs. 1) ist 2014 für **sechs Monate** (von Januar bis einschl. Juni 2014) ein steuerlich **zu berücksichtigendes Kind**, weil es in dieser Zeit für einen Beruf ausgebildet wurde (§ 32 Abs. 4 Satz 1Nr. 2a).
Nach diesem Zeitraum wird Thomas in **2014 nicht** mehr berücksichtigt.

b) Wenn Thomas im Juli 2015 seine Ausbildung als Steuerfachangestellter beginnt, wird er von **Juli 2015 bis Dezember 2015** berücksichtigt, weil er sich dann wieder in der Berufsausbildung befindet (§ 32 Abs. 4 Satz 1 Nr. 2a).

FALL 3

Das Kind kann nur in folgenden Zeiträumen berücksichtigt werden:

- bis einschließlich April 2014 als Kind, das für einen Beruf ausgebildet wird (§ 32 Abs. 4 Satz 1 Nr. 2a EStG),
- von August 2014 bis Juli 2015 als Kind ohne Ausbildungsplatz (§ 32 Abs. 4 Satz 1 Nr. 2c EStG,
- ab August 2015 als Kind, das für einen Beruf ausgebildet wird (§ 32 Abs. 4 Satz 1 Nr. 2a).

FALL 4

Summe der Freibeträge für Kinder: **17.520 Euro** (§ 32 Abs. 6 S. 1–4)

Erläuterung:

Kind in **Deutschland**: 4.368 Euro
Kinder in **Griechenland**: 2 x 4.368 x ¾ Euro (**Ländergruppe 2, ¾-Ansatz**) = 6.552 €.

Der Steuerpflichtige kann neben den o. g. Kinderfreibeträgen auch die entsprechenden **Betreuungsfreibeträge** (1 x 2.640 € + 2 x 2.640 € x ¾ = 6.600 €) in Anspruch nehmen.

FALL 5

Eheleute Wild

	EM €	EF €
Michael	2.184	2.184
Werner	2.184	—
Kristina	2.184	—
	6.552	2.184

→ **8.736** ←

Die Steuerpflichtigen können neben den o. g. Kinderfreibeträgen auch die entsprechenden **Betreuungsfreibeträge** (4 x 1.320 € = 5.280 €) in Anspruch nehmen.

FALL 6

Walter und **Rainer** sind **zu berücksichtigende Kinder**. Der **Vater** erhält für **Walter** den **vollen** Kinderfreibetrag von 4.368 Euro (§ 32 Abs. 6 S. 1-3) sowie den Betreuungsfreibetrag in Höhe von 2.640 €, weil die Mutter während des ganzen Jahres **nicht unbeschränkt** einkommensteuerpflichtig gewesen ist.

Die **Großeltern** erhalten für **Rainer** den **vollen** Kinderfreibetrag von 4.368 Euro sowie den Betreuungsfreibetrag in Höhe von 2.640 €, weil zwischen ihnen und Rainer ein **Pflegschaftsverhältnis** besteht (§ 32 Abs. 1 Nr. 2 und Abs. 2 sowie Abs. 6 Satz 3 Nr. 2 EStG, R 32.2 Abs. 1 und Abs. 2 EStR 2012).

FALL 7

Frau Grimm und ihr geschiedener Mann erhalten, wenn Frau Grimm nichts unternimmt, **je** den **halben** Kinderfreibetrag von **2.184 Euro,** sowie den Betreuungsfreibetrag in Höhe von **1.320 €** (§ 32 Abs. 6 Satz 1).

Frau Grimm kann jedoch **beantragen**, den Kinderfreibetrag ihres geschiedenen Mannes auf sie zu **übertragen**. Die Übertragung ist **nicht** von der Zustimmung ihres geschiedenen Mannes abhängig (§ 32 Abs. 6 Satz 6).

15.1.3 Günstigerprüfung

FALL 8

Die **Vergleichsrechnung** zwischen Kindergeld und der Summe der Freibeträge nach § 32 Abs. 6 EStG wird wie folgt durchgeführt:

		€	€
	Einkommen	29.460	
=	zu versteuerndes Einkommen	29.460	
	darauf entfallende Einkommensteuer (Grundtabelle)		5.388
	Einkommen	29.460	
-	Freibeträge nach § 32 Abs. 6		
	Kinderfreibetrag	- 2.184	
	Betreuungs-, Erziehungs- u. Ausbildungsfreibetrag	- 1.320	
=	zu versteuerndes Einkommen (neu)	25.956	
	darauf entfallende Einkommensteuer (Grundtabelle)		4.320
=	Differenzbetrag		1.078
-	Kindergeld (92 € x 12)		- 1.104
=	**negative Steuerermäßigung**		- **36**

Im Rahmen der Veranlagung wird der **halbe** Kinderfreibetrag und der **halbe** Betreuungsfreibetrag **nicht** abgezogen, weil das Kindergeld um 36 € günstiger ist als die Freibeträge nach § 32 Abs. 6 EStG.

FALL 9

Die **Vergleichsrechnung** zwischen Kindergeld und der Summe der Freibeträge nach § 32 Abs. 6 EStG wird wie folgt durchgeführt:

		€	€
	Einkommen	80.000	
=	zu versteuerndes Einkommen	80.000	
	darauf entfallende Einkommensteuer (Splittingtabelle)		17.880
	Einkommen	80.000	
-	Freibeträge nach § 32 Abs. 6		
	Kinderfreibetrag	- 4.368	
	Betreuungs-, Erziehungs- u. Ausbildungsfreibetrag	- 2.640	
=	zu versteuerndes Einkommen (neu)	72.992	
	darauf entfallende Einkommensteuer (Splittingtabelle)		15.406
=	Differenzbetrag		2.474
-	Kindergeld (184 € x 12)		- 2.208
=	**zusätzliche Steuerermäßigung**		**266**

Im Rahmen der Veranlagung werden die Freibeträge nach § 32 Abs. 6 EStG abgezogen und das Kindergeld in Höhe von 2.208 € der tariflichen Einkommensteuer hinzugerechnet.
Bei der Ermittlung des zu versteuernden Einkommens wird für den Sohn der Kinderfreibetrag und der Betreuungsfreibetrag abgezogen.

15.2 Härteausgleich nach § 46 Abs. 3 EStG, § 70 EStDV

FALL 10

			€
	Einkünfte aus nichtselbständiger Arbeit (§ 19)		
	Einnahmen	34.500 €	
-	Arbeitnehmer-Pauschbetrag	- 1.000 €	33.500
	Einkünfte aus Vermietung und Verpachtung (§ 21)		**300**
=	**Summe der Einkünfte = Gesamtbetrag der Einkünfte**		33.800
-	Sonderausgaben (SA 1)		
	Sonderausgaben-Pauschbetrag (§ 10c Abs. 1)		36
-	Sonderausgaben (SA 2)		4.762
=	**Einkommen**		29.002
-	Härteausgleich nach § 46 Abs. 3		**300**
=	**zu versteuerndes Einkommen**		**28.702**

Hinweis: Die Eurobeträge sind teilweise gerundet.

FALL 11

		Ehemann €	Ehefrau €	gesamt €
	Einkünfte aus nichtselbständiger Arbeit (§ 19)			
	Bruttoarbeitslohn 34.680 €			
-	Arbeitnehmer-Pauschbetrag - 1.000 €	33.680		33.680
	Einkünfte aus Vermietung und Verpachtung (§ 21)	1.000		1.000
=	**Summe der Einkünfte = Gesamtbetrag der Einkünfte**			**34.680**
-	Altersentlastungsbetrag (EM, § 24a)			
	25,6 % von 35.680€ (34.680 € + 1.000 €), höchstens Die EF erfüllt nicht die altersmäßigen Voraussetzungen und hat auch keine Einkünfte.			1.216
=	**Gesamtbetrag der Einkünfte**			33.464
	Sonderausgaben (SA 1)			
-	Sonderausgaben-Pauschbetrag (§ 10c Abs. 1)			72
-	Sonderausgaben (SA 2) Vorsorgepauschale			5.305
=	**Einkommen**			28.087
-	Härteausgleich nach § 46 Abs. 3			
	1.000 € - AEB bei Einkünften aus nichtselbständiger Arbeit verbraucht 820 € - 1.000 €			**0**
=	**zu versteuerndes Einkommen**			**28.087**

Hinweis: Die Eurobeträge sind teilweise gerundet.

Zusammenfassende Erfolgskontrolle zum 1. bis 15. Kapitel

				€
Einkünfte aus nichtselbständiger Arbeit (§ 19)				
	Arbeitslohn aus aktiver Tätigkeit (2.500 € x 10)		25.000 €	
	Ruhegehalt (kein Versorgungsfreibetrag) (340 € x 2)		680 €	
			25.680 €	
-	Arbeitnehmer-Pauschbetrag		- 1.000 €	24.680
Einkünfte aus Kapitalvermögen (§ 20)				
	Brutto-Dividende (100 x 2,30 €)		230,00 €	
-	Sparer-Pauschbetrag 801 Euro, höchstens		230,00 €	
	steuerpflichtige Einnahme Da die Grenze der Kapitalerträge von 801 Euro nicht überschritten ist, wird auch keine Abgeltungsteuer einbehalten. Tatsächliche WK bleiben unberücksichtigt.		0,00 €	0
Einkünfte aus Vermietung und Verpachtung (§ 21)				
	Einnahmen (1.500 € x 7)	10.500 €		
-	Werbungskosten*	-14.644 €		**- 4.144**
sonstige Einkünfte im Sinne des § 22				
	Leibrente (2 x 900 €) =	1.800 €		
	Besteuerungsanteil: 68 % v. 1.800 € =	1.224 €		
-	Werbungskosten-Pauschbetrag	- 102 €	1.122 €	
	bestimmte Leistungen (> 256 €)	395 €		
-	Werbungskosten	- 73 €	322 €	1.444
=	**Summe der Einkünfte = Gesamtbetrag der Einkünfte**			21.980
-	Sonderausgaben (SA 1)			
	Zuwendungen AWO (20 % v. GdE, max. 333 €)		333 €	
	Mitgliedsbeiträge politische Parteien 750 € (§ 34g) Steuerabzugsbetrag 375 €**		0 €	333
	Übertrag:			21.647

Hinweis: Die Eurobeträge sind teilweise gerundet.

	€
Übertrag:	21.647
- Sonderausgaben (SA 2)	

Zeile	Altersvorsorgeaufwendungen i. S. d. §10 Abs.1 Nr.2	€
1	Arbeitnehmeranteil zur gesetzlichen RV	2.399
2	steuerfreier Arbeitgeberanteil zur gesetzlichen RV	2.399
3	Beiträge zu landwirtschaftlichen Altersklassen	0
4	Beiträge zu berufsständischen Versorgungseinrichtungen	0
5	Beiträge zur kapitalgedeckten Altersversorgung	682
6	zu berücksichtigende Altersvorsorgeaufwendungen	5.480
7	Höchstbetrag (20.000 €/40.000 €)	20.000
8	78 % der zu berücksichtigenden Altersvorsorgeaufwendungen (78 % von 5.480 €)	4.275
9	der niedrigere Betrag der Zeile 7 oder der Zeile 8 ist anzusetzen	4.275
10	abzüglich steuerfreier Arbeitgeberanteil nach § 3 Nr. 62	- 2.399
11	**abzugsfähige Sonderausgaben nach §10 Abs.3 EStG**	

Abzugsfähige Sonderausgaben: 1.876

sonstige Vorsorgeaufwendungen i. S. d. §10 Abs.1 Nr.3 und 3a

1	Krankenversicherungsbeiträge	2.081 €
2	Pflegeversicherungsbeiträge	324 €
3	weitere sonstige Vorsorgeaufwendungen	381 €
4	Summe	2.786 €
5	Höchstbetrag	1.900 €
6	mindestens abziehbar (96 % x 2.081 = 1.998 + 324)	2.322 €
7	der höhere Betrag der Zeile 5 oder 6 ist als SA abziehbar	**2.322 €**

Als SA abziehbar: 2.322

- **außergewöhnliche Belastungen** (§ 33a Abs. 1)

	€	€	€
Ungekürzter **Höchstbetrag**			8.354
a) Einkünfte der Mutter			
§ 19			
Versorgungsbezüge (12 x 150 €)	1.800		
- Versorgungsfreibetrag (40 %)	- 720		
- Zuschuss zum Versorgungsfr.	- 900		
- Arbeitnehmer-Pauschbetrag	- 102		
= Einkünfte aus nichtselbst. Arbeit		78	
§ 22			
Leibrente 2.750 €			
davon Besteuerungsanteil 18 %	495		
Werbungskosten-Pauschbetrag	- 102		
= sonstige Einkünfte i.S. des § 22		393	
Einkünfte der Mutter		471	8.354

Zwischensumme: 17.449

		€	€	€
Übertrag		471	8.354	17.449
b) Bezüge der Mutter				
Rentenfreibetrag (2.750 € - 495 €)	2.255 €			
+ Versorgungsfreibetrag + Zuschlag	1.620 €			
- Kostenpauschale	- 180 €			
= Bezüge der Mutter		3.695		
Summe der Einkünfte und Bezüge		4.166		
c) Ermittlung der abziehbaren agB				
Die Einkünfte und Bezüge der Mutter von		4.166		
übersteigen den Karenzbetrag von		624		
um (= anrechenbare Einkünfte und Bezüge)		3.542		
Die anrechenbaren Einkünfte und Bezüge sind vom ungekürzten Höchstbetrag abzuziehen			3.542	
= gekürzter Höchstbetrag			4.812	
Von dem Betrag von 4.812 € entfallen auf Kaufmann ⅓ von 4.462 € =				1.604
= **Einkommen = zu versteuerndes Einkommen**				**15.845**

*

	Kaufpreis	+ ANK	=	AK
Grund und Boden	50.120 €	3.104 €	=	53.224 €
Gebäude	200.480 €	12.420 €	=	**212.900 €**
	250.600 €	15.524 €	=	266.124 €

Werbungskosten:

AfA: (2 % von 212.900 € für 9 Monate)	3.194€
Schuldzinsen einschließlich Geldbeschaffungskosten (6.600 € + 1.190 € + 110 €)	7.900 €
Damnum	3.000 €
Sonstige Werbungskosten (400 € + 150 €)	550 €
insgesamt	**14.644€**

	€
Kaufpreis	250.600,00 €
+ Grunderwerbsteuer (5 %)	12.530,00 €
+ Notar und Gebühr	2.994,00 €
= gesamte AK	266.124,00 €

** Die Spenden an eine politische Partei führen zu einem Steuerabzugsbetrag in Höhe von 375 € (50 % x 750 €).

16 Ermittlung der Einkommensteuerschuld

FALL 1

Die tarifliche **Einkommensteuer** beträgt 2014 nach der Grundtabelle (§ 32a Abs. 1 Nr. 4) **16.971 €** (60.024 € x 42 % = 25.210 € - 8.239 € = 16.971 €; siehe auch Einkommensteuer-Grundtabelle 2014).

FALL 2

Der **Grundtarif** (die **Grundtabelle**) ist anzuwenden.

FALL 3

Die **tarifliche** Einkommensteuer beträgt 2014 nach der **Splittingtabelle** (§ 32a Abs. 1 Nr. 4 i. V. m. Abs. 5) **33.042 €** (117.908 € : 2 = 58.954 € x 42 % = 24.760,68 € - 8.239 € = 16.521€ x 2 = 33.042 €; siehe auch Einkommensteuer-Splittingtabelle 2014).

Die **festzusetzende** Einkommensteuer beträgt 2014 **35.250 €** (33.042 € + 2.208 €).

FALL 4

zu a)

Zeile			€
1		tatsächlich zu versteuerndes Einkommen	13.008
2	+	Arbeitslosengeld (§ 32b Abs. 1 Nr. 1 EStG)	5.976
3	=	fiktives zu versteuerndes Einkommen	18.984
4		**ESt** nach der Grundtabelle für 18.984 € =	**2.362**
5		Ermittlung des **besonderen Steuersatzes** nach § 32b EStG 2.362€ x 100 = 236.200 € : 18.984 € = **12,4420%**	
6		**ESt** unter Anwendung des **besonderen Steuersatzes** 12,4420 % von 13.008 € =	**1.618**

zu b)

Ohne den Progressionsvorbehalt hätte die **ESt** nach der Grundtabelle für 13.008 € = **862 €** betragen.

FALL 5

	Einkünfte aus Gewerbetrieb (§ 15)	41.000 €
	Einkünfte aus Vermietung und Verpachtung (§ 21)	- 36.000 €
	Summe der Einkünfte = Gesamtbetrag der Einkünfte	5.000 €
-	Sonderausgaben 7.500 €, höchstens	- 5.000 €
	zu versteuerndes Einkommen	0 €
	tarifliche ESt lt. Grundtabelle	0 €

Die **Steuerermäßigung** beträgt **0€**, weil die tarifliche ESt 0 € beträgt.

FALL 6

Einkünfte aus Gewerbetrieb (§ 15)	- **20.020 €**
Einkünfte aus nichtselbständiger Arbeit (§ 19)	45.004 €
Summe der Einkünfte = Gesamtbetrag der Einkünfte	24.984 €
- Sonderausgaben	- 6.000 €
zu versteuerndes Einkommen	18.984 €
tarifliche ESt lt. Grundtabelle	2.362 €
festzusetzende ESt	2.362 €

Die **Steuerermäßigung** beträgt **0 €**, weil von der tariflichen ESt in Höhe von 2.362 € nichts auf die „im zu versteuernden Einkommen enthaltenen **gewerblichen Einkünfte** entfällt" (§ 35 Abs. 1 EStG).

FALL 7

tarifliche ESt lt. Splittingtabelle für 100.033 € =	25.572 €
- Steuerermäßigung nach § 35 Abs. 1 Nr. 2 EStG [**3,8** x 6.000 € x 50 % (Anteil Becker)] =	- 11.400 €
= **festzusetzende** Einkommensteuer	14.172 €

FALL 8

Die Steuerermäßigung nach § 35a **Abs. 1** beträgt **510 €** [20 % von 4.119,84 € (300 € x 12 = 3.600 € + 14,44 % von 3.600 € = 519,84 €) = 823,97 €, höchstens 510 €].

FALL 9

Die Steuerermäßigung nach § 35a **Abs. 2** beträgt **1.500 €** (20 % von 7.500 €).
Der Höchstbetrag von 4.000 Euro wird nicht überschritten.

FALL 10

Die Steuerermäßigung nach § 35a **Abs. 3** beträgt **357 €** (20 % von 1.785 €*).

* Arbeitskosten 1.500 € + 285 € USt (19 %) = 1.785 €)

FALL 11

a)	tarifliche ESt nach der Splittingtabelle	11.116 €
	- anzurechnende Lohnsteuer	- 6.000 €
b)	= Abschlusszahlung (§ 36 Abs. 4 S. 1/1 Monat nach Bekanntgabe)	**5.116 €**

18 Lohnsteuer

FALL 1

1. Werbungskosten

	Fahrten Wohnung/Arbeitsstätte (§ 9 Abs. 1 Nr. 4)		
	200 Tage x 30 km x 0,30 €	1.800 €	
	Gewerkschaftsbeitrag (§ 9 Abs. 1 Nr. 3)	272 €	
		2.072 €	
-	Arbeitnehmer-Pauschbetrag (§ 9a Nr. 1a)	-1.000 €	1.072 €

2. Sonderausgaben (SA 1)

	Kirchensteuer (§ 10 Abs. 1 Nr. 4)	261 €	
-	Sonderausgaben-Pauschbetrag (§ 10c Abs. 1)	36 €	225 €

3. **Jahresfreibetrag** (§ 39a Abs. 1 + 2) 1.297 €
   Monatsfreibetrag (Juni bis Dezember = 1.297 € : 7) **185€**

Für gesetzliche Sozialversicherungsbeiträge (SA 2) ist kein Ansatz möglich.

FALL 2

Der AG hat 2014 **jährlich** die LSt anzumelden und abzuführen, weil die auf einen Jahresbetrag umgerechnete LSt **900€ (**75 € x 12) beträgt (§ 41a Abs. 2 S. 2 + 3).

FALL 3

Die monatliche Pauschalabgabe an die Minijob-Zentrale (§ 40a Abs. 6) beträgt **30 %** (15 % Rentenversicherung, 13 % Krankenversicherung und 2 % Pauschsteuer) von 350 € = **105** € + Umlage U und Insolvenzgeldumlage (0,99 **%** von 350 € = **3,47** €) = **108,47€**.

FALL 4

a) Die Entfernungspauschale beträgt **132€** (220 Arbeitstage x 2 km x 0,30 €).
b) Ja, der Arbeitnehmer kann die tatsächlichen Aufwendungen für Fahrten mit öffentlichen Verkehrsmitteln zur Arbeitsstätte absetzen (siehe Lehrbuch S. 146 ff.).

FALL 5

	Einkünfte aus nichtselbständiger Arbeit (§ 19)		
	Bruttoarbeitslohn	23.056 €	
-	WK-Pauschbetrag	- 1.000 €	22.056 €
=	Summe der Einkünfte		22.056 €
-	Sonderausgaben		- 2.800 €
=	**Einkommen**		**19.256€**

Der Steuerpflichtige wird 2014 **nicht veranlagt**, weil die Voraussetzungen des § 46 Abs. 2 EStG nicht erfüllt sind.

FALL 6

a) **Nein**, weil die Einkünfte nach § 46 Abs. 2 EStG nicht mehr als 410 € (1.960 € - 1.660 € = 300 €) betragen.
b) **Ja**, und zwar nach § 46 Abs. 2 Nr. 8 EStG.

Prüfungsfälle Einkommensteuer

Prüfungsfall 1:

1. Persönliche Steuerpflicht

Dieter, Helga, Eva und Maria Müller sind unbeschränkt einkommensteuerpflichtig, weil sie im Inland einen Wohnsitz haben (§ 1 Abs. 1).

2. Alter der Steuerpflichtigen

Mit Ablauf des 31.12.2013 hat Dieter Müller das 64. Lebensjahr vollendet. Helga Müller vollendet mit Ablauf des 09.10.2014 das 57. Lebensjahr. Dieter Müller erfüllt die altersmäßigen Voraussetzungen für die Gewährung des **Altersentlastungsbetrags** (§ 24a).

3. Zu berücksichtigende Kinder

Die Töchter **Eva und Maria** sind **zu berücksichtigende Kinder**. **Eva, 22 Jahre alt**, weil sie für einen **Beruf ausgebildet** wird und **Maria**, weil sie **behindert** ist (§ 32 Abs. 4 **Nr. 2a** und **Nr. 3**). Die Eltern haben Anspruch auf zwei volle Kinderfreibeträge und zwei volle Betreuungsfreibeträge (§ 32 Abs. 6). Für Maria können zwei Drittel der Aufwendungen max. 4.000 € für die Kinderbetreuung als **Sonderausgaben** berücksichtigt werden (§ 10 Abs. 1 Nr. 5).

4. Veranlagungsart

Die Eheleute werden **zusammen** zur Einkommensteuer **veranlagt**, weil kein Ehegatte die Einzelveranlagung von Ehegatten beantragt hat (§ 26 Abs. 2).

5. Steuertarif

Ihr Einkommen wird nach dem **Splittingtarif** versteuert, weil sie zusammen veranlagt werden (§ 32a Abs. 5).

6. Ermittlung des zu versteuernden Einkommens

			Ehemann €	Ehefrau €	gesamt €
	Einkünfte aus Gewerbebetrieb (§ 15)				
	Tz. 1.2.1				
	vorläufiger Gewinn	41.995 €			
+	Kopiergerät (§ 6 Abs. 2a)	+ 420 €			
-	AfA (20 % von 420 €)	- 84 €			
+	Werbegeschenke (§ 4 Abs. 7)*	+ 100 €			
			42.431		42.431
	* Aufzeichnungspflicht verletzt (§ 4 Abs. 7)				
	Übertrag:		42.431		42.431

				Ehemann €	Ehefrau €	gesamt €
	Übertrag:			42.431		42.431
	Einkünfte aus nichtselbständiger Arbeit (§ 19)					
	Tz. 1.2.1					
	Einnahmen		10.136 €			
-	Arbeitnehmer-Pauschbetrag (§ 9a Nr. 1a)		- 1.000 €		9.136	9.136
	Einkünfte aus Kapitalvermögen (§ 20)					
	Tz. 1.2.2 und 1.2.3	EM €	EF €			
	Zinsen Eheleute (2.724,13 € : 73,625 x 100 : 2)	1.850	1.850			
	Brutto-Dividenden EF (441,75 € : 73,625 x 100)		600			
	Einnahmen insgesamt	1.850	2.450			
-	Sparer-Pauschbetrag	- 801	- 801			
=	steuerpflichtige Einnahmen	1.049	1.649			
	Die stpfl. Einnahmen unterlagen bereits der KapESt und dem SolZ und sind damit abgegolten.			0	0	0
	Einkünfte aus V + V (§ 21)					
	Tz. 1.2.4 für die Zeit vom 01.04. bis 30.06.					
	Einnahmen: 3 x 800 €		2.400 €			
	Werbungskosten:					
	Erbbauzinsen		- 100 €			
	Hypothekenzinsen		- 300 €			
	Eintragungsgebühr Hypothek		- 250 €			
	Damnum		- 1.000 €			
	Grundsteuer		- 12 €			
	AfA nach § 7 Abs. 4 (2 % von 87.000 € für 3 Monate)		- 435 €			
			303 €	151	152	303
	für die Zeit vom 01.07. bis 31.12.					
	Für diesen Zeitraum sind keine Einkünfte aus V + V anzusetzen, weil das EFH selbst genutzt wird.					
	Tz. 1.2.5					
	Die **Rente** aus der Berufsgenossenschaft ist nach § 3 Nr.1a **steuerfrei**.					
=	**Summe der Einkünfte**			42.582	9.288	51.870

				gesamt €
Übertrag:				51.870
- Altersentlastungsbetrag (§ 24a)				
EM: 25,6 % von 42.582 €, höchstens				1.216
EF: erfüllt nicht die altersmäßigen Voraussetzungen				
= **Gesamtbetrag der Einkünfte**				50.654
- Sonderausgaben 1 (SA 1)				
Zuwendung politische Partei (§ 34g)*			0 €	
SA-Pauschbetrag (§ 10c)			72 €	72
- Sonderausgaben 2 (SA 2)				
Kinderbetreuungskosten (⅔ von 3.600 €)				2.400
Altersvorsorgeaufwendungen (§ 10 Abs. 1 Nr. 2)				
78 % von 1.916 € (958 € + 958 €) = 1.495 € - 958 € =				537
sonstige Vorsorgeaufwendungen i.S.d. §10 Abs.1 Nr.3 und 3a				

1	Krankenversicherungsbeiträge (831,15 + 1.112) gerundet	1.944 €
2	Pflegeversicherungsbeiträge (103,89 + 88,00) gerundet	192 €
3	weitere sonstige Vorsorgeaufwendungen (152 + 4.300**+ 93)	4.545 €
4	Summe	6.681 €
5	Höchstbetrag (EM: 2.800 + EF: 1.900)	4.700 €
6	mindestens abziehbar(831 x 96 % + 1.112 + 103,89 + 88)	2.103 €
7	der höhere Betrag der Zeile 5 oder 6 ist als SA abziehbar	**4.700 €**

				4.700
- **außergewöhnliche Belastungen**				
a) nach § 33				
Aufwendungen i.S.d. § 33		2.500 €		
- zumutbare Belastung (3 % von 50.654 €)		1.519 €		
= abziehbare agB			981 €	
b) nach § 33a				
1. Unterhaltsaufwendungen (33a **Abs.1**)				
a) Ermittlung der Einkünfte der Mutter				
Rente	2.400 €			
Besteuerungsanteil 50 %	1.200 €			
- WKP	- 102 €			
= Einkünfte		1.098 €		
b) Ermittlung der Bezüge der Mutter				
Rentenfreib. (2.400 € - 1.200 €)	1.200 €			
+ Zuschuss zur KV	168 €			
	1.368 €			
- Kostenpauschale	- 180 €			
= Bezüge		1.188 €		
Einkünfte und Bezüge (a + b)		2.286 €		
Übertrag:		2.286 €	981 €	**42.945**

			gesamt €
Übertrag:	2.286 €	981 €	42.945
c) Ermittlung der abziehbaren agB			
Die Einkünfte und Bezüge der Mutter	2.286 €		
übersteigen den Karenzbetrag von	624 €		
um	1.662 €		
Es könnten maximal 8.354 € - 1.662 € = 6.692 € abgezogen werden, **höchstens** können jedoch die tatsächlichen **Aufwendungen** abgezogen werden		1.200 €	
2. Ausbildungsfreibetrag nach § 33a **Abs.2**			
Freibetrag für Tochter Eva		924 €	
c) nach § 33b			
Pauschbeträge für Körperbehinderte			
Tochter Maria	3.700 €		
Herr Müller	310 €	4.010 €	
Pflege-Pauschbetrag (§ 33b Abs. 6)		924 €	8.039
= **Einkommen**			34.906
Kindergeld ist günstiger*** als die Freibeträge nach § 32 Abs. 6 EStG			0
= **zu versteuerndes Einkommen**			**34.906**

c) Die **Steuerermäßigung** nach § 35 EStG beträgt **2.280 €** (3,8 x 600 €).

* Für die **Zuwendung** und den Mitgliedsbeitrag an eine **politische Partei** wird den Steuerpflichtigen eine Steuerermäßigung nach **§ 34g** in Höhe von 495 € (= die Hälfte von 990 €) gewährt. Die Zuwendung und der Beitrag können deshalb **nicht** als **Sonderausgaben** berücksichtigt werden.

** (88 % von 4.886 € = 4.300 €)

*** Die Günstigerprüfung ist von Amts wegen durchzuführen.

Prüfungsfall 2:

a) **1. Persönliche Steuerpflicht**

Die Eheleute und ihre Kinder sind **unbeschränkt einkommensteuerpflichtig**, weil sie im **Inland** einen **Wohnsitz** haben (§ 1 Abs. I).

2. Alter der Steuerpflichtigen

Mit Beginn des VZ 2014 haben Christoph und Lotte Schneider das **51. Lebensjahr vollendet**. Sie erfüllen **nicht** die altersmäßigen Voraussetzungen für die Gewährung des Altersentlastungsbetrags (§ 24a).

3. Zu berücksichtigende Kinder

Es sind **drei zu berücksichtigende Kinder**. **Annette**, **22 Jahre alt**, befand sich in 2014 in der Berufsausbildung (§ 32 Abs. 4 Nr. 2a). **Heinrich**, **16 Jahre alt**, und **Pia**, **14 Jahre alt**, werden ohne weitere Voraussetzungen berücksichtigt (§ 32 Abs. 3).
Die Eltern haben für die drei Kinder Anspruch auf **drei volle Freibeträge nach § 32 Abs. 6** (Kinderfreibeträge und Betreuungsfreibeträge).

4. Veranlagungsart

Die Eheleute werden **zusammen** zur Einkommensteuer **veranlagt**, weil keiner die Einzelveranlagung von Ehegatten beantragt hat (§ 26 Abs. 2).

5. Steuertarif

Splittingtarif, weil sie zusammen veranlagt werden (§ 32a Abs. 5).

b) **6. Ermittlung des zu versteuernden Einkommens**

			Ehemann €	Ehefrau €	gesamt €
	Einkünfte aus Gewerbebetrieb (§ 15 Abs. 1 Nr. 2)				
	Tz. 1.2.3				
	Beteiligung KG (§ 4a Abs. 2 Nr. 2)			4.000	4.000
	Einkünfte aus selbst. Arbeit (§ 18 Abs. 1 Nr. 1)				
	Tz. 1.2.1				
	Betriebseinnahmen	129.510 €			
	vorl. Betriebsausgaben	- 60.594 €			
	vorläufiger Gewinn	68.916 €			
+	Gerät (kein GWG)	+ 1.200 €			
-	AfA: 20 % von 1.200 €				
+	für 1 Monat (§ 7 Abs. 1)	- 20 €			
-	Sonder-AfA (§ 7g Abs. 5)				
	(20 % von 1.200 €)	- 240 €			
	Aktenvernichter = GWG				
	(netto < 410 €) Keine Korrektur	0 €			
=	Gewinn Artzpraxis	69.856 €			
	Tz. 1.2.2				
	Gewinn aus schriftstellerischer Tätigkeit	19.992 €	89.848		89.848
	Übertrag:		89.848	4.000	93.848

			Ehemann €	Ehefrau €	gesamt €
	Übertrag:		89.848	4.000	93.848
	Einkünfte aus Kapitalvermögen (§ 20)				
	Tz. 1.2.3 (§ 20 Abs. 1 Nr. 1)				
	Brutto-Dividende (625,81 € : 73,625 x 100)	850,00 €			
	Tz. 1.2.4 (§ 20 Abs. 1 Nr. 7)				
	Zinsen (2.769,04 € : 73,625 x 100)	3.761,00 €			
	Einnahmen insgesamt	4.611,00 €			
-	Sparer-Pauschbetrag	- 1.602,00 €			
=	steuerpflichtige Einnahmen	3.009,00 €			
-	KapESt (25 % von 3.009 €)	- 752,25 €			
-	SolZ (5,5 % von 752,25 €)	- 41,37 €			
		2.215,35 €			
	Mit dem Abzug der KapESt und des SolZ sind die Kapitalerträge bereits steuerlich abgegolten.		0	0	0
	Einkünfte aus V + V (§ 21 Abs. 1 Nr. 1)				
	Tz. 1.2.5				
	Einnahmen (§ 8 Abs. 1): Miete EG (120 x 9 x 10 €)	10.800 €			
-	Werbungskosten (§ 9 Abs. 1):				
	Schuldzinsen (4.000 € : 2)	2.000 €			
	Damnum 2 % von 80.000 € = 1.600 € : 2 =	800 €			
	Haushaftpflichtversicherung (200 € : 2)	100 €			
	Brandversicherung (100 € : 2)	50 €			
	AfA nach § 7 Abs. 4 Nr. 2 a 2 % von 250.000 € = 5.000 € : 2 =	2.500 €	2.675	2.675	5.350
=	**Summe der Einkünfte**		92.523	6.675	99.198
=	**Gesamtbetrag der Einkünfte**				99.198
	Sonderausgaben 1 (SA 1)				
	Zuwendungen (§ 10b Abs. 1) **8.500 €** (1.000 € + 7.500 €) maximal abzugsfähig: 20 % von 99.198 = 19.840 €, höchstens Zuwendungen				8.500
	Übertrag:				90.698

	€
Übertrag:	90.968
Die Zuwendungen an **politische Parteien** können als SA nicht berücksichtigt werden, weil für sie eine Steuerermäßigung (§ 34g Abs. 1 Satz 2) von 350 € gewährt wird.	0
- Sonderausgaben 2 (SA 2)	
Altersvorsorgeaufwendungen (§ 10 Abs. 1 Nr. 2) 78 % von 13.200 € max. 40.000 € (Versorgungskasse der Ärzte) =	10.296
sonstige Vorsorgeaufwendungen (§ 10 Abs. 1 Nr. 3)	

1, 2	Kranken- und Pflegeversicherung	4.320 €
3	weitere sonstige Vorsorgeaufwendungen (100* + 160 + 124 + 540)	924 €
4	Summe	5.244 €
5	Höchstbetrag (2 x 2.800 €)	5.600 €
6	mindestens abziehbar	4.320 €
7	der höhere Betrag der Zeile 5 oder 6 max. Zeile 4 als SA	**5.244 €**

		€
		5.244
- außergewöhnliche Belastungen		
a) nach § 33a **Abs. 2**		
Ausbildungsfreibetrag Tochter Annette. Für Heinrich und Pia wird kein Ausbildungsfreibetrag gewährt, weil sie unter 18 Jahre alt sind und nicht auswärtig untergebracht sind.	924 €	
b) nach **§ 33b** Abs. 3 + Abs. 5		
Behinderten-Pauschbetrag Tochter Pia	890 €	1.814
= **Einkommen**		73.614
= **zu versteuerndes Einkommen (ohne Freibeträge für Kinder)****		**73.614**

Die **tarifliche Einkommensteuer** beträgt (ohne Freibeträge für Kinder) laut Splittingtabelle **15.620 €*****.

* 50 % von 200 € = 100 € der Gebäudehaftpflichtversicherung

** Die Günstigerprüfung ergibt, dass für ein Kind der Ansatz der Freibeträge für Kinder günstiger ist als das Kindergeld. Unter Berücksichtigung der Freibeträge für das erste Kind ergibt sich ein zu versteuerndes Einkommen in Höhe von (73.614 € - 7.008 € =) 66.606 € und damit eine tarifliche Einkommensteuer in Höhe von 13.250 €. Die Steuerersparnis beträgt 2.370 €, während das Kindergeld bei 2.208 € liegt und damit um 162 € ungünstiger ist. Unter Berücksichtigung des zweiten Kindes ergibt sich ein zu versteuerndes Einkommen in Höhe von 59.598 €. Dies führt zu einer tariflichen Einkommensteuer in Höhe von 10.990 €. Dies führt zu einer Steuerersparnis in Höhe von 2.260 € und ist damit um 52 € günstiger als das Kindergeld. Für das dritte Kind ist das Kindergeld günstiger als die Freibeträge für Kinder.

*** Bundesfinanzministerium.de; Service; Lohn- und Einkommensteuerrechner

Prüfungsfall 3:

	Position	Betrag	Ehemann €	Ehefrau €	gesamt €
	Einkünfte aus nichtselbständiger Arbeit (§ 19)				
	Brutto-Arbeitslohn (lt. Lohnsteuerb.)	38.359 €			
	- Werbungskosten (§ 9 Abs. 1 + 2)				
	Fahrtkosten*	4.416 €			
	Fachliteratur	115 €			
	Gewerkschaftsbeitrag	180 €			
	Kontoführungsgebühren	16 €	33.632		33.632
	Einkünfte aus Vermietung und Verpachtung (§ 21)			1.750	1.750
	Summe der Einkünfte		33.632	1.750	35.382
	Gesamtbetrag der Einkünfte				35.382
-	Sonderausgaben 1 (SA 1)				
	Spenden für gemeinnützige Zwecke (§ 10b Abs. 1)				125
	Spende politische Partei (§ 34g) kein Spendenrest				0
-	Sonderausgaben 1 (SA 2)				
	Altersvorsorgeaufwendungen (§ 10 Abs. 1 Nr. 2)				
	78 % von 7.250 € (3.625 € + 3.625 €) = 5.655 € - 3.625 € =				2.030
	sonstige Vorsorgeaufwendungen (§ 10 Abs. 1 Nr. 3 und 3a)				

	Position	Betrag	gesamt €
1	Krankenversicherungsbeiträge 3.145,44 gerundet	3.146 €	
2	Pflegeversicherungsbeiträge	394 €	
3	weitere sonstige Vorsorgeaufwendungen (575 + 3.045** + 100 + 150)	3.870 €	
4	Summe	7.410 €	
5	Höchstbetrag (EM: 1.900 + EF: 1.900)	3.800 €	
6	mindestens abziehbar (3.145,44 x 96 % + 394)	3.414€	
7	der höhere Betrag der Zeile 5 oder 6 ist als SA abziehbar	**3.800 €**	3.800

	Position	Betrag	gesamt €
-	**außergewöhnliche Belastungen**		
	nach § 33		
	Aufwendungen (§ 33 Abs. 1 + 2)***	4.850 €	
-	zumutbare Belastung (§ 33 Abs. 3) (3 % von 35.382 €)	- 1.061 €	3.789
	nach § 33a Abs. 2:		
	Freibetrag älter als 18 Jahre u. auswärtig untergebracht		924
	nach § 33a Abs. 3 EStG a.F.:		
	Hilfe im Haushalt****		0
	nach § 33b Abs. 3:		
	Pauschbetrag für Behinderte (GdB: 50)		570
	Einkommen = zu versteuerndes Einkommen		**24.144**

* Ohne Einzelnachweis der tatsächlichen Aufwendungen können die Fahrtkosten nach den Regeln der R 9.5 Abs. 1 Satz 5 LStR 2011/2013 bei einer Pkw-Benutzung mit **0,30 € je Fahrtkilometer** angesetzt werden (siehe Lehrbuch Seite 147 f.) (64 km x 0,30 € x 230 Tage = 4.416 €).

** 88 % von 3.460 € = 3.045 €

*** (750 + 2.250 + 3.100 - 1.250) = 4.850

**** Der Abzug einer Hilfe im Haushalt war bisher in § 33a Abs. 3 geregelt. Seit VZ 2009 erhält der Stpfl. beim Vorliegen der Voraussetzungen eine **Steuerermäßigung** nach § 35a Abs. 2 EStG von **300 €** (20 % von 1.500 €).

2. Berechnung der Einkommensteuererstattung

	tarifliche Einkommensteuer von 24.144 € lt. Splittingtabelle	1.310 €
-	Tarifermäßigung nach § 34g Satz 2 EStG (50 % Spende an politische Parteien von 250 €)	- 125 €
-	Steuerermäßigung nach § 35a EStG	- 300 €
=	**festzusetzende** Einkommensteuer	885 €
-	einbehaltene Lohnsteuer (§ 36 Abs. 2 Nr. 2)	- 3.150 €
=	**Einkommensteuererstattung** (§ 36 Abs. 4 S. 2)	**2.265 €**

Prüfungsfall 4:

Zu 1.

			€
	Einkünfte aus selbst. Arbeit (§ 18)		
	BE	30.027 €	
-	BA	- 3.181 €	26.848
=	**Summe der Einkünfte**		26.848
-	**Entlastungsbetrag für Alleinerziehende** (§ 24b)		1.308
=	**Gesamtbetrag der Einkünfte**		25.538
-	**Sonderausgaben 2** (SA 2)		
	Kinderbetreuung ⅔ x 3.600 = 2.400, max. 4.000 (§ 10 Abs. 1 Nr. 5)		2.400

1	Kranken- und Pflegeversicherungsbeiträge	5.500 €
2	freiwilligePflegeversicherungsbeiträge	150 €
3	weitere sonstige Vorsorgeaufwendungen	0 €
4	Summe	5.650 €
5	Höchstbetrag	2.800 €
6	mindestens abziehbar (5.500 + 150)	5.650 €
7	der höhere Betrag der Zeile 5 oder 6 ist als SA abziehbar	**5.650 €**

			€
	(SA, Zeile 7)		5.650
-	**außergewöhnliche Belastungen**		
	a) nach § 33		
	Aufwand	2.780 €	
	zumutbare Belastung 1 % von 25.538 € =	- 255 €	2.525
	Übertrag:		14.963

	€
Übertrag:	14.963
b) nach § 33a Abs. 2	
Ausbildungsfreibetrag Sylvia 7/12 von 924 €	539
Ausbildungsfreibetrag Thomas nicht auswärtig untergebracht	0
c) nach § 33b Abs. 3	
Behinderten-Pauschbetrag Evelyn Herbst	430
Einkommen (= zu versteuerndes Einkommen)	**13.994**

Zu 1.1 **Einzelveranlagung** (§ 25)

Zu 1.2 **Grundtabelle**

Zu 1.3	Sylvia: 4.368 € + 2.640 € =	7.008 €
	Thomas: 4.368 € + 2.640 € =	7.008 €
	Christian: 4.368 € + 2.640 € =	7.008 €
	(§ 32 Abs. 6 S. 1 + 2 sowie **S. 3 Nr. 1**)	

Zu 2.	Bruttoarbeitlohn (§ 19 Abs. 1 Nr. 1)		11.144 €	
	Rabatt (6.600 € - 5.000 €)	1.600 €		
	- 4 % von 6.600 € (§ 8 Abs. 3 S.1)	- 264 €		
	- Rabattfreibetrag (§ 8 Abs. 3 S. 2)	- 1.080 €		
		256 €	256 €	
	Einnahmen aus nichtselbständiger Arbeit			11.400 €
-	Werbungskoten (§ 9)			
	Fahrtkosten (50 km x 0,30 € x 150 Tage)		2.250 €	
	Berufsbekleidung		250 €	
	Kontoführungsgebühren		16 €	- 2.516 €
	Summe der Einkünfte/Gesamtbetrag der Einkünfte			**8.884 €**

Nach Abzug der Sonderausgaben (Vorsorgeaufwendungen und Ausbildungskosten) liegt das zu versteuernde Einkommen unter dem Grundfreibetrag von 8.354 €. In diesem Fall erhält Wiebke Seemann die Lohnsteuer in vollem Umfang erstattet.

Zu 2.1. Antragsveranlagung (§ 46 Abs. 2 Nr. 8 EStG, Antrag bis 31.12.2017)

Zu 2.2 Ja, sie befindet sich in Ausbildung und hat das 25. Lebensjahr noch nicht vollendet. Die Einkünfte und Bezüge spielen ab 2014 keine Rolle mehr.

Zu 3.

		€
Einkünfte aus Gewerbebetrieb (§ 15)		3.150
Einkünfte aus nichtselbständiger Arbeit (§ 19)		
Betriebsrente (§ 19 Abs. 2)	3.600 €	
- Versorgungsfreibetrag (§ 19 Abs. 2) 40 % x 3.600 =	- 1.440 €	
- Zuschlag zum VFB (§ 19 Abs. 2)	- 900 €	
- ANP (§ 9a Nr. 1b)	- 102 €	1.158
sonstige Einkünfte i.S.d. § 22		
Rente/Besteuerungsanteil		
9.600 € x 50 % =	4.800 €	
+ 3.000 € x 100 % (Rentenerhöhungsbetrag)	3.000 €	
- WKP (§ 9 a Nr. 3)	- 102 €	7.698
Summe der Einkünfte		12.006
AEB (40 % von 3.150 €, max. 1.900 €)		1.260
Gesamtbetrag der Einkünfte		**10.746**

Zu 4.

Zu 4.1

Brutto-Dividende (1000 x 4 €)	4.000 €
- Kapitalertragsteuer (25 % von 4.000 €)	- 1.000 €
- Solidaritätszuschlag (5,5 % von 1.000 €)	- 55 €
Gutschrift (Netto-Dividende)	**2.945 €**

Zu 4.2 Mit dem Abzug der KapESt und des SolZ sind die Kapitalerträge abschließend abgegolten, sodass Herr Müller für die Kapitalerträge keine Einkommensteuererklärung an das Finanzamt abgeben muss.

Liegt sein individueller Steuersatz unter 25 %, sollte Herr Müller die große Veranlagungsoption wählen. Da Herr Müller keinen Freistellungsauftrag erteilt hatte, ist zu prüfen, ob die kleine Veranlagungsoption sinnvoll ist. Die kleine Veranlagungsoption ist immer dann sinnvoll, wenn ungenutztes Freistellungsvolumen zu einer nachträglichen Minderung/Erstattung der KapESt führt.

Zu 4.3

Brutto-Dividende	4.000,00 €
- Kapitalertragsteuer (4.000 € : 4,08)	- 980,39 €
- Kirchensteuer (8 % von 980,39 €)	- 78,43 €
- Soli (5,5 % von 980,39 €)	- 53,92 €
= Netto-Dividende	**2.887,26 €**

Zu 4.4	Brutto-Dividende	4.000 €	4.000,00 €
	- Freistellungsauftrag	- 801 €	
	= BMG Abzugsteuer	3.199 €	
	Kapitalertragsteuer (25 % von 3.199 €)		799,75 €
	- Soli (5,5 % von 799,75 €)		- 43,98 €
	= Netto-Dividende		**3.156,27 €**

B. Körperschaftsteuer

1 Einführung in die Körperschaftsteuer

FALL 1

Der Gewinn unterliegt **nicht** der **Körperschaftsteuer**, weil der Gewinn **nicht** von einer **juristischen** Person erzielt worden ist (§ 1 KStG greift hier nicht).
Der Gewinn unterliegt der **Einkommensteuer** (§ 15 Abs. 1 Nr. 1 EStG).

FALL 2

zu a)

Der Gewinn unterliegt **nicht** der **Körperschaftsteuer**, weil der Gewinn **nicht** von einer **juristischen** Person erzielt worden ist (§ 1 KStG greift hier nicht). Die KG ist eine Personengesellschaft, die weder der Körperschaftsteuer noch der Einkommensteuer unterliegt.

zu b)

Der Gewinnanteil des B unterliegt nicht der Körperschaftsteuer, sondern der **Einkommensteuer** (§ 15 Abs. 1 Nr. 2 EStG).

FALL 3

zu a)

Der Gewinn der GmbH unterliegt der **Körperschaftsteuer**, weil die GmbH eine **juristische Person** ist (§ 1 Abs. 1 Nr. 1 KStG).

zu b)

Wird der Gewinn (oder Teile des Gewinns) ausgeschüttet, so unterliegt der Gewinnanteil bei C **nicht** der Körperschaftsteuer, da C eine natürliche Person ist. Der Gewinnanteil stellt Einkünfte aus Kapitalvermögen (§ 20 Abs. 1 Nr. 1 EStG) dar.
Seit 01.01.2009 wird für private Kapitalerträge grundsätzlich eine Abgeltungsteuer von 25 % (zuzüglich Solidaritätszuschlag und ggf. Kirchensteuer) erhoben.

FALL 4

zu a)

Der Gewinn der AG unterliegt der **Körperschaftsteuer**, weil die AG eine **juristische Person** ist (§ 1 Abs. 1 Nr. 1 KStG).

zu b)

Die Aufsichtsratsvergütung des D unterliegt nicht der Körperschaftsteuer, da D eine natürliche Person ist. Diese Einnahmen unterliegen somit der **Einkommensteuer** (§ 18 Abs. 1 Nr. 3 EStG). Siehe Lehrbuch Steuerlehre 2, Seite 53.

2 Körperschaftsteuerpflicht

FALL 1

Unbeschränkte Körperschaftsteuerpflicht:

OSCAR GmbH, Köln	**Ja**, § 1 Abs. 1 Nr. 1 KStG
Heinrich Zengler GmbH & Co. KG, Hamburg	& Co.KG, **Nein**, Personengesellschaft GmbH, **Ja**, Kapitalgesellschaft
Wasserwerk der Stadt Bad Neuenahr-Ahrweiler	**Ja**, § 1 Abs. 1 Nr. 6 KStG
Volksbank Lahnstein eG, Lahnstein (Rhein)	**Ja**, § 1 Abs. 1 Nr. 2 KStG
Post-Sportverein Koblenz e.V., Koblenz	**Ja**, § 1 Abs. 1 Nr. 4 KStG
Reinhold Harsch KG, Stuttgart	**Nein**, KG keine juristische Person
Grimm GmbH, Ingolstadt	**Ja**, § 1 Abs. 1 Nr. 1 KStG

FALL 2

Die Austria AG ist **beschränkt** körperschaftsteuerpflichtig mit ihren **inländischen** Einkünften (§ 2 KStG).

FALL 3

zu a)

Die GmbH ist **unbeschränkt** körperschaftsteuerpflichtig, weil sie ihren Sitz/Geschäftsleitung im Inland hat (§ 1 Abs. 1 Nr. 1 KStG).

zu b)

Die unbeschränkte Körperschaftsteuerpflicht hat zur **Folge**, dass **sämtliche** (in- und ausländische) **Einkünfte** der **Körperschaftsteuer unterliegen** (§ 1 Abs. 2 KStG i. V. m. § 49 EStG).

zu c)

Für die Körperschaftsteuer der GmbH ist das **Geschäftsleitungsfinanzamt** in **Dortmund** örtlich zuständig, weil die GmbH im Bezirk des Finanzamtes Dortmund ihre Geschäftsleitung hat (§ 20 Abs. 1 AO).

3 Steuerbefreiungen

FALL 1

Unbeschränkte Steuerbefreiung:

Steuerberater Akademie Rheinland-Pfalz, Stiftung des bürgerlichen Rechts, Mainz	**Ja**, § 5 Abs. 1 Nr. 9 KStG
Sterbegeldkasse des steuerberatenden Berufs, VVaG, Sitz Bonn	**Ja**, § 5 Abs. 1 Nr. 3 KStG
Volksbank Köln eG, Köln	**Nein**
Vereinigte Wasserwerke Mittelrhein GmbH, Koblenz	**Nein**

FALL 2

Der Verein ist 2014 von der Körperschaftsteuer **befreit**, weil die Einnahmen aus dem wirtschaftlichen Geschäftsbetrieb i.H.v. 10.000 € den Betrag von **35.000 Euro** nicht übersteigen (§ 5 Abs. 1 Nr. 9 **Satz 2** KStG i.V.m. § 64 Abs. 3 AO).
Die Einnahmen aus dem ideellen Bereich sind steuerlich ohne Bedeutung. Die 6.000 € sind nach § 5 Abs. 1 Nr. 9 **Satz 1** KStG von der KSt befreit.

4 Ermittlung des körperschaftsteuerlichen Einkommens

FALL 1

Zehn Kunden erhalten Geschenke im Wert von jeweils 50 € (25 € Wein + 25 € weiteres Geschenk). Die Betragsgrenze von 35 Euro des **§ 4 Abs. 5 Nr. 1** EStG wird bei diesen Personen überschritten, sodass die nicht abzugsfähigen Betriebsausgaben **500 €** (10 x 50 €) betragen.
Im Rahmen der **steuerlichen Korrekturen** sind die nicht abzugsfähigen Betriebsausgaben dem **handelsrechtlichen Jahresüberschuss** für Zwecke der Ermittlung des körperschaftsteuerlichen zu versteuernden Einkommens **hinzuzurechnen**. Die für die nicht abzugsfähigen Betriebsausgaben ebenfalls nicht abzugsfähigen Vorsteuerbeträge müssen ebenfalls hinzugerechnet werden (§ 10 Nr. 2 KStG).

Die Geschenke im Wert von 25 € für die 90 übrigen Kunden sind abzugsfähige Betriebsausgaben, da die Betragsgrenze von 35 Euro pro Person nicht überschritten wird.

FALL 2

		€
=	Einkommen **nach** Abzug der Zuwendungen	150.000
+	sämtliche Zuwendungen (15.000 € + 10.000 € + 5.000 €)	30.000
=	**Summe der Einkünfte** (Einkommen **vor** Abzug der Zuwendungen)	180.000
-	abzugsfähige Zuwendungen Zuwendungen **25.000 €** (15.000 € + 10.000 €) maximal abziehbar: **20 %** von 180.000 € = 36.000 €, höchstens aber die tatsächlich gezahlten Zuwendungen* **oder** **4 ‰** von 7.500.000 € = 30.000 € höchstens Zuwendungen = 25.000 € Bei beiden Methoden liegt der maximale Abzugsbetrag über den tatsächlich geleisteten Zahlungen.	- 25.000
=	**Gesamtbetrag der Einkünfte** (= Einkommen)	**155.000**

* Zuwendungen an politische Parteien sind nicht abzugsfähig.

FALL 3

		€
	vorläufiger Jahresüberschuss lt. Handelsbilanz = Gewinn lt. Steuerbilanz	325.000
+	nichtabziehbare Aufwendungen	
	KSt-Vorauszahlungen (§ 10 Nr. 2 KStG)	180.000
	Solidaritätszuschlag (§ 10 Nr. 2 KStG)	9.900
	Aufsichtsratvergütung (50 % von 40.000 €) (§ 10 Nr. 4 KStG)	20.000
=	**steuerlicher Gewinn = Einkommen = zu versteuerndes Einkommen**	**534.900**

5 Körperschaftsteuertarif

FALL 1

Gewinn **vor** Ertragsteuern	500.000 €
- Gewerbesteuer	- 78.750 €
- Körperschaftsteuer (15 % von 500.000 €)	- 75.000 €
- Solidaritätszuschlag (5,5 % von 75.000 €)	- 4.125 €
= **maximale Ausschüttung**	**342.125 €**

FALL 2

maximaler Ausschüttungsbetrag der Hausmann-AG (vgl. Fall 1)	342.125,00 €
- KapESt (25 % von 342.125 €)	- 85.531,25 €
- SolZ (5,5 % von 85.531,25 €)	- 4.704,22 €
= **Auszahlung**	**251.889,53 €**

FALL 3

vorläufiger handelsrechtlicher Jahresüberschuss	40.000,00 €
+ KSt-Vorauszahlungen (§ 10 Nr. 2 KStG)	5.000,00 €
+ SolZ-Vorauszahlungen (§ 10 Nr. 2 KStG)	275,00 €
+ GewSt-Vorauszahlungen (§ 4 Abs. 5b EStG)	4.000,00 €
+ Geldbuße (§ 4 Abs. 5 Nr. 8 EStG)	500,00 €
+ 50 % Aufsichtsratsvergütungen (50 % von 4.300 €) (§ 10 Nr. 4 KStG)	2.150,00 €
+ Gesamtbetrag der Zuwendungen (R 29 Abs. 1 Ziff. 7; § 9 Abs. 1 Nr. 2 KStG)	5.000,00 €
+ verdeckte Gewinnausschüttung (6 % von 30.000 €) (§ 8 Abs. 3 KStG)	1.800,00 €
= **steuerlicher Gewinn (Summe der Einkünfte)**	58.725,00 €
- Zuwendungen für gemeinnützige Zwecke (§ 9 Abs. 1 Nr. 2 KStG) (20 % von 58.725 €, höchstens tatsächlich geleistete Zuwendungen)	- 5.000,00 €
= **Gesamtbetrag der Einkünfte = Einkommen = zu versteuerndes Einkommen**	53.725,00 €
x **15 %** (§ 23 Abs. 1 KStG)	
= **Körperschaftsteuer** (abgerundet auf volle € gem. § 31 Abs. 1 S. 3 KStG)	**8.058,00 €**

FALL 4

tarifliche KSt: 15% von 250.000 € = 37.500 € und SolZ: 5,5% von 37.500 € = 2.062,50 €
KSt-RS: 37.500 € - 35.000 € = 2.500 € und Solz-RS: 2.062,50 € - 1.925 € = 137,50 €
endgültiger handelsrechtlicher JÜ = 150.000 € - 2.500 € - 137,50 € = **147.362,50 €**

Prüfungsfälle Körperschaftsteuer

PRÜFUNGSFALL 1

			€
	=	**vorläufiger** JÜ lt. Handelsbilanz = Gewinn lt. Steuerbilanz	253.630
	+	nichtabziehbare Aufwendungen	
		Beiratsvergütungen (50 % von 12.000 €) (§ 10 Nr. 4 KStG)	+ 6.000
		Körperschaftsteuer-Vorauszahlungen (§ 10 Nr. 2 KStG)	+ 25.000
		Solidaritätszuschlag (§ 10 Nr. 4 KStG)	+ 1.375
		Geschenke über 35 € (§ 4 Abs. 5 Nr. 1 EStG)	+ 980
	+	**sämtliche** Zuwendungen (2.850 € + 3.775 €) (R 29 Abs. 1 Ziff. 7 KStR; § 9 Abs. 1 Nr. 2 KStG)	+ 6.625
	=	**steuerlicher Gewinn = SdE**	293.610
	-	**abziehbare** Zuwendungen (gemeinnützige Zwecke) max. **20%** von 293.610 €, höchstens geleistete Zuwendungen	- 2.850
a)	=	**GdE = Einkommen = zu versteuerndes Einkommen**	**290.760**

b)		KSt (15 % von 290.760 €)	43.614
	-	Vorauszahlungen	- 25.000
	=	**KSt-Rückstellung**	**18.614**
		SolZ (5,5 % von 43.614 €)	2.398,77
	-	Vorauszahlungen	- 1.375,00
	=	**SolZ-Rückstellung**	**1.023,77**
c)		Vorläufiger Jahresüberschuss lt. Handelsbilanz	253.630,00
	-	Zuführung KSt-Rückstellung	- 18.614,00
	-	Zuführung SolZ-Rückstellung	- 1.023,77
	=	**endgültiger handelsrechtlicher Jahresüberschuss**	**233.992,23**

PRÜFUNGSFALL 2

a)	Gewinn vor Steuern	1.300.000 €
	- GewSt	- 222.950 €
	- KSt (15 % von 1.300.000 €)	- 195.000 €
	- SolZ (5,5 % von 195.000 €)	- 10.725 €
	= **maximale Ausschüttung (Brutto-Dividende)**	**871.325 €**

b) **Nein**, da die BMG für die KSt das zvE ist (§ 7 Abs. 1 KStG). Auf dieses haben Ausschüttungen keinen Einfluss, die KSt-Belastung bleibt somit gleich (15%).

c)	maximale Ausschüttung (Brutto-Dividende)	871.325,00 €
	- Kapitalertragsteuer (25 % von 871.325 €)	- 217.831,25 €
	- Solidaritätszuschlag (5,5 % von 217.831,25 €)	- 11.980,72 €
	= Auszahlung an die Anteilseigner (Netto-Dividende)	**641.513,03 €**

PRÜFUNGSFALL 3

zu a)

		€
=	**vorläufiger handelsrechtlicher Jahresüberschuss**	**24.200**
=	**Gewinn lt. Steuerbilanz**	**24.200**
+	nicht abzugsfähige Betriebsausgaben (§ 4 Abs. 5 Nr. 1 EStG)	+ 775
+	nicht abzugsfähige Bewirtungskosten (30 % von 750 €) (§ 4 Abs. 5 Nr. 2 EStG); die VoSt ist zu 100 % abzugsfähig (§ 15 Abs. 1a UStG); somit muss hierfür keine Korrektur erfolgen)	+ 225
+	Körperschaftsteuer-Vorauszahlungen 2014 (§ 10 Nr. 2 KStG)	+ 10.000
+	Solidaritätszuschlag 2014 (§ 10 Nr. 2 KStG)	+ 550
=	**steuerlicher Gewinn = SdE = GdE = Einkommen = zvE**	**35.750**

zu b)

Die tarifliche **Körperschaftsteuer** beträgt 2014 nach § 23 Abs. 1 KStG **15 % von 35.750 € = 5.362 €** (abgerundet auf volle € gem. § 31 Abs. 1 S. 3 KStG).

zu c)

Es ist **keine Körperschaftsteuer** mehr zu zahlen, da die Vorauszahlungen die tarifliche Körperschaftsteuer **übersteigen**. Deshalb ist eine **Forderung gegenüber dem Finanzamt** i. H. v. 5.362 € -10.000 € = -4.638 € zu aktivieren.

PRÜFUNGSFALL 4

zu a)

		€
	vorläufiger handelsrechtlicher Jahresüberschuss	**625.000**
=	**Gewinn lt. Steuerbilanz**	**625.000**
+	GewSt-Vorauszahlungen für 2014 (§ 4 Abs. 5b EStG)	+ 4.000
+	KSt-Vorauszahlungen für 2014 (§ 10 Nr. 2 KStG)	+ 71.000
+	SolZ-Vorauszahlungen für 2014 (§ 10 Nr. 2 KStG)	+ 3.905
+	Beiratsvergütungen (50 % von 3.000 €) (§ 10 Nr. 4 KStG)	+ 1.500
+	**sämtliche** Zuwendungen (2.000 € + 1.000 €) (R 29 Abs. 1 Ziff. 7 KStR)	+ 3.000
=	**steuerlicher Gewinn = Summe der Einkünfte**	708.405
-	**abziehbare** Zuwendungen (gemeinn. Zwecke) (§ 9 Abs. 1 Nr. 2 KStG) maximal **20 %** von 708.405 €, höchstens geleistete Zuwendungen	- 2.000
=	**Gesamtbetrag der Einkünfte = Einkommen = zvE**	**706.405**

zu b)

Die tarifliche Körperschaftsteuer beträgt 105.960 € (15 % von 706.405 €, abgerundet auf volle €). Der SolZ hierfür beträgt 5.827,80 € (5,5 % von 105.960 €).
Die KSt-Rückstellung beträgt 34.960 € (= 105.960 € - 71.000 €) und die SolZ-Rückstellung beträgt 1.922,80 € (= 5.827,80 € - 3.905 €).

PRÜFUNGSFALL 5

		€
	vorläufiger handelsrechtlicher Jahresüberschuss	60.800
=	Gewinn lt. Steuerbilanz	60.800
+	nicht abzugsfähige Bewirtungskosten (30 % von 3.000 €) (§ 4 Abs. 5 Nr. 2 EStG)	+ 900
+	GewSt-Rückstellung (§ 4 Abs. 5b EStG)	+ 6.000
+	sämtliche Zuwendungen (12.000 € + 1.700 €) (R 29 Abs. 1 Ziff. 7 KStR; § 9 Abs. 1 Nr. 2 KStG)	+ 13.700
+	KSt-Vorauszahlungen 2014 (§ 10 Nr. 2 KStG)	+ 20.000
+	Säumniszuschläge (KSt) (§ 10 Nr. 2 KStG)	+ 300
+	SolZ-Vorauszahlungen 2014 (§ 10 Nr. 2 KStG)	+ 1.100
=	**steuerlicher Gewinn = Summe der Einkünfte**	102.800
-	abziehbare Zuwendungen (gemeinn. Zwecke) (§ 9 Abs. 1 Nr. 2 KStG) **20%** von 102.500 €, höchstens geleistete Zuwendungen*	- 12.000
=	**Gesamtbetrag der Einkünfte**	90.800
-	Verlustabzug (§ 10d EStG)	- 20.000
=	**Einkommen = zu versteuerndes Einkommen**	70.800

* Zuwendungen an politische Parteien sind nicht abzugsfähig.

PRÜFUNGSFALL 6

zu a)

		€
	vorläufiger handelsrechtlicher Jahresüberschuss	638.925
=	Gewinn lt. Steuerbilanz	638.925
+	GewSt-Vorauszahlungen 2014 (§ 4 Abs. 5b EStG)	+ 8.250
	Keine Korrektur der GewSt-Nachzahlung aus 2007, da diese 2007 noch abzugsfähig war (§ 52 Abs. 12 S. 7 EStG).	
-	steuerfreie Investitionszulage (R 29 Abs. 1 Ziff. 9 KStR)	- 15.750
-	Erstattung für KSt und SolZ 2013 (analog zu § 10 Nr. 2 KStG)	- 2.625
+	KSt-Vorauszahlungen 2014 (§ 10 Nr. 2 KStG)	+ 90.000
+	SolZ-Vorauszahlungen 2014 (§ 10 Nr. 2 KStG)	+ 4.950
	Keine Korrektur der Säumniszuschäge für USt, da diese nicht unter § 10 KStG fallen.	
+	Spende an das Bayrische Rote Kreuz (R 29 Abs. 1 Ziff. 7 KStR)	+ 3.750
=	steuerlicher Gewinn = Summe der Einkünfte	727.500
-	abziehbare Zuwendungen (gemeinn. Zwecke) (§ 9 Abs. 1 Nr. 2 KStG) 20 % von 727.500 €, höchstens geleistete Zuwendungen	- 3.750
=	**GdE = Einkommen = zu versteuerndes Einkommen**	723.750

zu b)

KSt (15 % von 723.750 €; abgerundet auf volle € (§ 31 Abs. 1 S. 3 KStG))	108.562,00 €
+ SolZ (5,5 % von 108.562,00 €)	+ 5.970,91 €
- Vorauszahlungen 2014 (90.000 € + 4.950 €)	- 94.950,00 €
= **Körperschaftsteuerabschlusszahlung** (Nachzahlung)	**19.582,91 €**

C. Gewerbesteuer

1 Einführung in die Gewerbesteuer

FALL 1

		€
	Gewinn aus Gewebebetrieb	35.000
+	Hinzurechnungen	16.000
		51.000
-	Kürzungen	15.000
=	**maßgebender** Gewerbeertrag (ist bereits abgerundet)	36.000
-	Freibetrag (natürliche Person)	24.500
=	**endgültiger** Gewerbeertrag	11.500
x	Steuermesszahl 3,5 %	
=	Steuermessbetrag (3,5 % von 11.500 €), abrunden R 14.1 S. 3 GewStR	402
x	Hebesatz 490 %	
=	**Gewerbesteuer** (490 % von 402 €)	**1.969**

FALL 2

		€
	maßgebender Gewerbeertrag (ist bereits abgerundet)	36.000
-	Freibetrag (Kapitalgesellschaft)	0
=	**endgültiger** Gewerbeertrag	36.000
x	Steuermesszahl 3,5 %	
=	Steuermessbetrag (3,5 % von 36.000 €)	1.260
x	Hebesatz 475 %	
=	**Gewerbesteuer** (475 % von 1.260 €)	**5.985**

2 Steuerpflicht und Steuerbefreiungen

FALL 1

a) **Ja**, kraft Rechtsform (§ 2 Abs. 2 GewStG)
b) **Nein**, selbständiger Arbeit (§ 18 EStG)] H 2.1 Abs. 1 (Begriffsmerkmale) GewStH
c) **Nein**, Land- und Forstwirtschaft (§ 13 EStG)]
d) **Ja**, kraft gewerblicher Betätigung (§ 2 Abs. 1 GewStG)
e) **Ja**, kraft gewerblicher Betätigung (§ 2 Abs. 1 GewStG)
f) **Ja**, Gewerbebetrieb kraft wirtschaftlichen Geschäftsbetriebs (§ 2 Abs. 3 GewStG)

FALL 2

Die Gewerbesteuerpflicht des Rodener beginnt am **04.01.2014**. Das Mieten der gewerblichen Räume und der Warenkauf sind nur Vorbereitungshandlungen, die noch keine Gewerbesteuerpflicht begründen.

3 Steuermessbetrag

FALL 1

	BV 31.12.2014	118.900 €
	BV 31.12.2013	125.300 €
	Unterschiedsbetrag	- 6.400 €
+	Entnahmen	+ 50.700 €
-	Einlagen	- 1.300 €
	Gewinn aus Gewerbebetrieb 2014	**43.000 €**

FALL 2

Der **Gewinn aus Gewerbebetrieb** beträgt im EZ 2014 **104.000 €** (98.000 € + 6.000 €).

Die Gewerbesteuer ist seit 2008 keine Betriebsausgabe mehr und darf den Gewinn aus Gewerbebetrieb nicht mehr mindern (§ 4 Abs. 5b EStG).

FALL 3

Der **Finanzierungsanteil** i.S.d. § 8 Nr. 1d GewStG beträgt im EZ 2014 **14.280 €** (20 % von 71.400 €).

FALL 4

Der **Finanzierungsanteil** i.S.d. § 8 Nr. 1e GewStG beträgt im EZ 2014 **2.400 €** (50 % von 4.800 €).

FALL 5

			€
1.	100 % der Entgelte für Schulden		
	1.1 Zinsaufwendungen für langfristige Kredite	30.000 €	
	1.2 Zinsaufwendungen für kurzfristige Kredite	9.000 €	39.000,00
2.	100 % der Gewinnanteile des stillen Gesellschafters		10.000,00
3.	20 % für Mietaufwendungen (20 % von 10.000 €)		2.000,00
4.	50 % der Pachtaufwendungen (50 % von 58.500 €)		29.250,00
5.	25 % der Aufwendungen für die zeitlich befriste Überlassung von Rechten (25 % von 120.000 €)		30.000,00
=	Summe der Finanzierungsanteile		110.250,00
-	Freibetrag		- 100.000,00
=	verbleibender Betrag		10.250,00
x	25 % (= **Hinzurechnungsbetrag** nach § 8 **Nr. 1** GewStG)		**2.562,50**

FALL 6

Die Kürzung für den Grundbesitz beträgt 1,2 % vom 1,4-fachen des Einheitswerts des Betriebsgrundstücks = **840 €**.

FALL 7

Die Kürzung beträgt 80 % von 840 € = **672€**

FALL 8

Die Kürzung für den Grundbesitz beträgt:

in 2014: 1,2 % von 140 % von 80.000 € = **1.344€**

in 2015: 1,2 % von 140 % von 90.000 € = **1.512€**

FALL 9

Zuwendungen **4.400€** (1.400 € + 3.000 €)
maximal abziehbar:
20% von 50.000 € = 10.000 €,
höchstens Zuwendungen **4.400€**

Die Zuwendungen an **politische Parteien** (§ 10b **Abs. 2 EStG**) sind **nicht** abzugsfähig.

FALL 10

Zuwendungen **4.400€** (1.400 € + 3.000 €)
maximal abziehbar:
20% von 50.000 € = 10.000 €,
höchstens Zuwendungen **4.400€**

Die Zuwendungen an **politische Parteien** sind seit dem 01.01.1994 für Kapitalgesellschaften nicht mehr abzugsfähig (§ 9 Abs. 1 Nr. 2 KStG).

FALL 11

2014:

		€	€
	Verlust aus Vorjahren (EZ 2012 und 2013)	2.500.000	
	positiver maßgebender Gewerbeertrag im EZ 2015		2.000.000
-	uneingeschränkter Verlustabzug	1.000.000	- 1.000.000
=	verbleibender positiver maßgebender Gewerbeertrag	600.000	1.000.000
-	eingeschränkter Verlustabzug (60 % v. 1.000.000 €)		- 600.000
=	**vorläufiger** Gewerbeertrag im EZ 2014		**400.000**
	Verlustvortrag für die EZ 2015 ff.	900.000	

2015:

	Verlust aus Vorjahren (EZ 2012 und 2013)	900.000	
	positiver maßgebender Gewerbeertrag im EZ 2015		1.000.000
-	uneingeschränkter Verlustabzug	900.000	- 900.000
=	verbleibender positiver maßgebender Gewerbeertrag		100.000
-	eingeschränkter Verlustabzug (60 % v. 0 €)		- 0
=	**vorläufiger** Gewerbeertrag im EZ 2015		**100.000**

FALL 12

		€
	vorläufiger Gewerbeertrag	105.215,00
	Abrundung auf volle hundert Euro	105.200,00
-	Freibetrag (natürliche Person)	- 24.500,00
=	**endgültiger** Gewerbeertrag	80.700,00
x	Steuermesszahl 3,5 %	
=	Steuermessbetrag (3,5 % von 80.700 €), abrunden R. 14.1 S. 3 GewStR	**2.824,00**

FALL 13

		€
	vorläufiger Gewerbeertrag	14.315,00
	Abrundung auf volle hundert Euro	14.300,00
-	Freibetrag (Kapitalgesellschaft)	0,00
=	**endgültiger** Gewerbeertrag	14.300,00
x	Steuermesszahl 3,5 %	
=	Steuermessbetrag (3,5 % von 14.300 €), abrunden R.14.1 S. 3 GewStR	**500,00**

FALL 14

		€
	vorläufiger Gewerbeertrag (01.09. bis 31.12.)	40.000,00
	kein Freibetrag, da Kapitalgesellschaft	0,00
=	**endgültiger** Gewerbeertrag	40.000,00
x	Steuermesszahl 3,5 %	
=	Steuermessbetrag (3,5 % von 40.000 €)	**1.400,00**

FALL 15

			€
	Gewinn aus Gewerbebetrieb (Tz. 1)		21.000,00
+	Hinzurechnungen nach § 8		
	100 % der Zinsaufwendungen für Hypothek	2.786 €	
	20 % Miete für Registrierkasse (20 % von 1.625 €)	325 €	
	= Summe der Finanzierungsanteile	3.111 €	
	- Freibetrag 100.000 Euro, höchstens	- 3.111 €	
	= verbleibender Betrag	0 €	0,00
			21.000,00
-	Kürzungen nach § 9		
	Grundbesitzkürzung		
	1,2 % von 35.000 € (Tz. 3)		420,00
	Gewinnanteil OHG (Tz. 4)		4.750,00
=	**vorläufiger** Gewerbeertrag		15.830,00
	Abrundung auf volle hundert Euro		15.800,00
-	Freibetrag 24.500 €, höchstens		- 15.800,00
=	**endgültiger** Gewerbeertrag		0,00
x	Steuermesszahl 3,5 %		
=	Steuermessbetrag (3,5 % von 0 €)		**0,00**

FALL 16

			€
	Gewinn aus Gewerbebetrieb (Tz. 1)		74.581,00
+	Hinzurechnungen nach § 8		
	1. 100 % der Entgelte für Schulden	35.000 €	
	2. 100 % der Gewinnanteile des st. Gesellschafters	15.000 €	
	3. 20 % der Miete für Computer (20 % von 12.000 €)	2.400 €	
	4. 50 % der Pacht für Grundstück (50 % von 78.000 €)	39.000 €	
	5. 25 % der Aufwendungen für die Überlassung von Rechten (25 % von 120.000 €)	30.000 €	
	= Summe der Finanzierungsanteile	121.400 €	
	- Freibetrag	- 100.000 €	
	= verbleibender Betrag	21.400 €	
	x 25 % (= Hinzurechnungsbetrag nach § 8 Nr. 1)		5.350,00
			79.931,00
-	Kürzungen nach § 9		
	Grundbesitzkürzung		
	1,2 % von 42.280 € (Tz. 4)		508,00
=	**vorläufiger** Gewerbeertrag		79.423,00
	Abrundung auf volle hundert Euro		79.400,00
-	Freibetrag		- 24.500,00
=	**endgültiger** Gewerbeertrag		54.900,00
x	Steuermesszahl 3,5 %		
=	Steuermessbetrag (3,5 % von 54.900 €), abrunden R. 14.1. S. 3 GewStR		**1.921,00**

4 Festsetzung und Erhebung der Gewerbesteuer

FALL 1

			€
	Gewinn aus Gewerbebetrieb (Tz. 1)		84.695,00
+	Hinzurechnungen nach § 8		
	100 % der Zinsaufwendungen	2.250 €	
	20 % der Miete für Kühlanlage (20 % von 3.000 €)	600 €	
	20 % der Miete für Computer (20 % von 24.000 €)	4.800 €	
	50 % der Miete für Lagerhalle (50 % von 23.400 €)	11.700 €	
	= Summe der Finanzierungsanteile	19.350 €	
	- Freibetrag 100.000 Euro, höchstens	- 19.350 €	
	= verbleibender Betrag	0 €	0,00
	Verlustanteil aus der KG-Beteiligung (Tz. 2)		12.125,00
			96.820,00
-	Kürzungen nach § 9		
	Grundbesitzkürzung (Tz. 14)		
	1,2 % von 70.000 € (50.000 € x 1,4)		840,00
	Zuwendungen für wissenschaftliche Zwecke		4.800,00
=	**vorläufiger** Gewerbeertrag		91.180,00
	Abrundung auf volle hundert Euro		91.100,00
-	Freibetrag		- 24.500,00
=	**endgültiger** Gewerbeertrag		66.600,00
x	Steuermesszahl 3,5 %		
=	Steuermessbetrag (3,5 % von 66.600 €)		2.331,00
x	Hebesatz 410 %		
=	**Gewerbesteuer** (410 % von 2.331 €), abrunden R. 14.1 S. 3 GewStR		**9.557,00**

FALL 2

	Betriebsvermögen am 31.12.2014	118.900 €
	Betriebsvermögen am 31.12.2013	125.300 €
	Unterschiedsbetrag	- 6.400 €
+	Entnahme	50.700 €
-	Einlage	- 1.300 €
	Gewinn aus Gewerbebetrieb	**43.000€**

			€
	Gewinn aus Gewerbebetrieb	→	**43.000,00**
+	Hinzurechnungen nach § 8		
	100 % der Darlehenszinsen	2.100 €	
	20 % der Miete für Einrichtungen (20 % von 1.200 €)	240 €	
	= Summe der Finanzierungsanteile	2.340 €	
	- Freibetrag 100.000 Euro, höchstens	- 2.340 €	0,00
	Übertrag:		43.000,00

		€
	Übertrag:	43.000,00
	Verlustanteil OHG	1.500,00
		44.500,00
-	Kürzungen nach § 9	
	Grundbesitzkürzung	
	1,2 % von 112.000 € (80.000 € x 1,4)	-1.344,00
=	**vorläufiger** Gewerbeertrag	43.156,00
	Abrundung auf volle hundert Euro	43.100,00
-	Freibetrag	- 24.500,00
=	endgültiger Gewerbeertrag	18.600,00
x	Steuermesszahl 3,5 %	
=	Steuermessbetrag (3,5 % von 18.600 €)	651,00
x	Hebesatz 420 %	
=	**Gewerbesteuer** (420 % von 651 €), abrunden R. 14.1 S. 3 GewStR	**2.734,00**

5 Zerlegung

FALL 1

		Zerlegungsanteil
Gemeinde A	60 % von 24.000 €	**14.400€**
Gemeinde B	30 % von 24.000 €	**7.200€**
Gemeinde C	10 % von 24.000 €	**2.400€**
		24.000 €

FALL 2

Betriebsstätten	Zerlegungsanteile		Hebesätze		Gewerbesteuer
Gemeinde A	14.400 €	x	445 %	=	**64.080€**
Gemeinde B	7.200 €	x	490 %	=	**35.280€**
Gemeinde C	2.400 €	x	390 %	=	**9.360€**
	24.000 €				108.720 €

6 Gewerbesteuerrückstellung

FALL 1

		€
	Gewinn aus Gewerbebetrieb	89.300
+	Hinzurechnungen (§ 8 GewStG)	+ 9.700
		99.000
-	Kürzungen (§ 9 GewStG)	- 1.000
=	maßgebender Gewerbeertrag (§ 10 GewStG)	98.000
	Abrundung auf volle 100 Euro (ist bereits abgerundet)	98.000
-	Freibetrag (§ 11 Abs. 1 GewStG)	- 24.500
=	(endgültiger) Gewerbeertrag	73.500
x	(einheitliche) Steuermesszahl 3,5 %	
=	Steuermessbetrag (3,5 % von 73.500 €)	2.573
x	Hebesatz 380 %	
=	Gewerbesteuer (380 % von 2.573 €)	9.777
-	**Gewerbesteuervorauszahlungen für 2014**	- 4.500
=	Gewerbesteuerrückstellung 2014	5.277

FALL 2

			€
Gewinn aus Gewerbebetrieb			84.695
+ **Gewerbesteuervorauszahlungen für 2014**			+ 3.000
Gewerbeertrag (§ 7 Abs. 1 GewStG)			87.695
Hinzurechnungen (§ 8 GewStG)			
100 % der Entgelte für Schulden	2.250 €		
20 % der Miete von 24.000 €	4.800 €		
20 % der Miete von 3.000 € =	600 €		
50 % der Miete von 23.400 € =	11.700 €		
= Summe der Finanzierungsanteile	19.350 €		
- Freibetrag 100.000 Euro, höchstens	- 19.350 €		
= verbleibender Betrag	0 €		
x 25 % (= Hinzurechnungsbetrag)		0 €	
Verlustanteil KG		12.125 €	12.125
			99.820
- Kürzungen (§ 9 GewStG)			
Grundbesitzkürzung			
1,2 % von 70.000 € (50.000 € x 1,4)		840 €	
Zuwendung für wissenschaftliche Zwecke		4.800 €	5.640
= maßgebender Gewerbeertrag (§ 10 GewStG)			94.180
Abrundung auf volle 100 Euro			94.100
- Freibetrag (§ 11 Abs. 1 GewStG)			-24.500
= (endgültiger) Gewerbeertrag			69.600
x (einheitliche) Steuermesszahl 3,5 %			
= Steuermessbetrag (3,5 % von 69.600 €)			2.436
x Hebesatz 410 %			
= Gewerbesteuer (410 % von 2.436 €)			9.988
- **Gewerbesteuervorauszahlungen für 2014**			- 3.000
= Gewerbesteuerrückstellung 2014			6.988

Prüfungsfälle Gewerbesteuer

PRÜFUNGSFALL 1

				€
	Gewinn aus Gewerbebetrieb			64.444,00
+	Zuwendungen für gemeinnützige Zwecke und politische Partei*			+ 2.000,00
=	Gewinn lt. EStG			66.444,00
+	Hinzurechnungen nach § 8			
	100 % der Entgelte für Schulden (Darlehenszinsen 6 % von 80.000 € = 4.800 € für 3 Monate)	1.200 €		
	100 % des Damnums (4 % von 80.000 € = 3.200 € : 10 Jahre = 320 € für 3 Monate)	80 €		
	100 % der Kontokorrentzinsen	256 €		
	20 % der Leasingraten (20 % von 13.200 €)	2.640 €		
	100 % der Gewinnanteile des st. Gesellschafters	10.000 €		
	= Summe der Finanzierungsanteile	14.176 €		
	- Freibetrag 100.000 Euro, höchstens	- 14.176 €		
	= verbleibender Betrag	0 €	0 €	
	Verlustanteil OHG		8.500 €	8.500,00
				74.944,00
-	Kürzungen nach § 9			
	Grundbesitzkürzung 1,2 % von 95.200 € (85 % von 80.000 € x 140 %)		1.142 €	
	Betriebsgrundstück neu		0 €	
	Zuwendung für gemeinnützige Zwecke		1.500 €	2.642,00
=	**maßgebender** Gewerbeertrag			72.302,00
	Abrundung auf volle 100 Euro			72.300,00
-	Freibetrag			- 24.500,00
=	**endgültiger** Gewerbeertrag			47.800,00
x	Steuermesszahl 3,5 %			
=	Steuermessbetrag (3,5 % von 47.800 €)			1.673,00
x	Hebesatz 400 %			
=	**Gewerbesteuer** (400 % von 1.673 €)			**6.692,00**

* Die Zuwendungen haben den (handelsrechtlichen) Gewinn aus Gewerbebetrieb des Einzelunternehmers gemindert, obwohl dies nicht zulässig ist. Deshalb werden die Zuwendungen dem Gewinn wieder hinzugerechnet (siehe auch Lehrbuch S. 415).

PRÜFUNGSFALL 2

Zu 1.

Hinzurechnungen:

§ 8 Nr. 1 GewStG: 12.000 € Darlehnszinsen (Freibetrag max. 100.000 €) 0 €

Kürzungen:

§ 9 Nr. 1 GewStG: 1,2 % von 100.000 € = 1.200 € x 140 % = 1.680 €

Zu 2.

	Gewerbeertrag	30.000 €
-	Freibetrag (Kapitalgesellschaft)	0 €
x	Steuermesszahl 3,5 %	
=	Steuermessbetrag (3,5 % von 30.000 €)	1.050 €
x	Hebesatz (480 %)	
=	**Gewerbesteuer** (480 % von 1.050 €)	**5.040 €**

PRÜFUNGSFALL 3

1.			€
	vorläufiger handelsrechtlicher Gewinn (Tz. 1)		107.850
+	Geschäftsführergehalt (Tz. 4)		28.800
+	Gewerbesteuervorauszahlungen (Tz. 8)		10.000
=	Gewerbeertrag (steuerrechtlicher Gewinn)		146.650
+	Hinzurechnungen nach § 8		
	Entgelte für Schulden:		
	• 100 % der Kontokorrentzinsen (Tz. 7)	1.925 €	
	• 100 % der Darlehenszinsen (Tz. 3) =	4.125 €	
	• 100 % des Damnums (Tz. 3) 3.000 € : 5 x 11/12 =	550 €	
	• 100 % der Gewinnanteile des echten st. Gesellschafters	2.600 €	
	• 20 % der Mietaufwendungen Nähmaschine	1.200 €	
	• 50 % Miete für Grundbesitz (Tz. 10)	3.120 €	
	= Summe der Finanzierungsanteile	13.520 €	
	- Freibetrag 100.000 Euro, höchstens	- 13.520 €	0
			146.650
-	Kürzungen nach § 9		
	1,2 % von 105.000 € (75.000 € x 140 %) (Tz. 2)		1.260
	Gewinnanteil Tuch KG (Tz. 6)		2.500
	vorläufiger Gewerbeertrag		142.890
	Abrundung auf volle 100 Euro		142.800
-	Freibetrag		- 24.500
=	endgültiger Gewerbeertrag		118.300
x	Steuermesszahl 3,5 %		
=	Steuermessbetrag (3,5 % von 118.300 €)		4.141
x	Hebesatz (480 %)		
=	Gewerbesteuer (480 % von 4.141 €)		19.877
-	Gewerbesteuervorauszahlungen		- 10.000
=	**Gewerbesteuer-Rückstellung**		**9.877**

2. vorläufiger handelsrechtlicher Gewinn 107.850 € - 9.877 € =
endgültiger handelsrechtlicher Gewinn **97.973 €**

D. Bewertungsgesetz

2 Wirtschaftliche Einheit

FALL 1

a) Mietwohngrundstück,
b) Geschäftsgrundstück,
c) gemischt genutztes Grundstück,
d) Geschäftsgrundstück,
e) Einfamilienhaus,
f) Geschäftsgrundstück,
g) Zweifamilienhaus,
h) Geschäftsgrundstück,
i) sonstiges bebautes Grundstück.

FALL 2

a) Das Lagefinanzamt **München** ist für die Feststellung des Einheitswertes zuständig (§ 18 Abs. 1 Nr. 1 AO).

b) Das Grundstück ist ein **gemischt genutztes Grundstück**, weil es teils eigenen gewerblichen Zwecken, teils Wohnzwecken dient und weder ein Geschäftsgrundstück (die gewerbliche Nutzung ist nicht größer als 80 %) noch ein Mietwohngrundstück ist (die Nutzung zu Wohnzwecken ist nicht größer als 80 %).

c) Das Grundstück gehört zum zu 75 % zum **Betriebsvermögen** und zu 25 % zum **Grundvermögen**.

FALL 3

Betriebsgrundstück	Geschäftsgrundstück
1. Betriebsvermögen	Grundvermögen
2. Grundstück dient zu 75 % dem eigenen gewerblichen Betrieb	Grundstück dient zu mehr als 80 % gewerblichen Zwecken

FALL 4

a) Grundvermögen,
b) Betriebsvermögen,
c) Betriebsvermögen,
d) Betriebsvermögen,
e) Betriebsvermögen,
f) Betriebsvermögen.

4 Begriff und Bedeutung des Einheitswerts

FALL 1

zu 1.

	Jahresrohmiete (185 qm x 10 € x 12 Monate)	22.200 €
x	Vervielfältiger lt. Anlage 7 zum BewG	x 12,5
=	Grundstückswert (22.200 € x 12,5)	277.500 €
	abgerundeter Einheitswert	**277.500 €**

zu 2.

277.500 € x 3,1 v.T. = **860,25 €**

zu 3.

860,25 € x 360 % = **3.096,90 €**

FALL 2

zu 1.

	Bodenwert (898 qm x 12 DM)	10.776 DM
+	Gesamtgebäudewert (980 cbm x 173 DM)	169.540 DM
+	Gesamtwert Außenanlagen (4 % von 169.540 DM)	6.782 DM
=	Ausgangswert	187.098 DM
	Grundstückswert (Wertzahl 75 %) (75 % von 187.098 DM)	140.324 DM
	abgerundeter Einheitswert in DM	140.300 DM
	Umrechnung in Euro (140.300 DM : 1,95583)	71.734,25 €
	abgerundeter Einheitswert in Euro	**71.734,00 €**

zu 2.

71.734 € x 3,1 v.T. = **222,38 €**

zu 3.

222,38 € x 360 % = **800,57 €**

5 Feststellungsarten

FALL 1

	a)	b)	c)	d)	e)
letzter EW in DM	1.100.000	900.000	60.000	44.200	30.000
neuer Wert in DM	1.205.000	995.000	54.000	40.600	34.000
Wertabweichung	+ 105.000	+ 95.000	- 6.000	- 3.600	+ 4.000
Festgrenze überschritten	ja	nein	ja	nein	nein
Bruchteilsgrenze überschritten		ja		nein	ja
und Mindestgrenze erreicht		ja			nein
Wertfortschreibung	**ja**	**ja**	**ja**	**nein**	**nein**

FALL 2

1. Zum 01.01.2014 erfolgt eine **Zurechnungsfortschreibung** wegen Eigentümerwechsels.
2. Zum 01.01.2015 erfolgt eine **Artfortschreibung**, weil aus dem gemischt genutzten Grundstück ein Geschäftsgrundstück geworden ist.
3. Ebenfalls zum 01.01.2015 ist **möglicherweise** eine **Wertfortschreibung** vorzunehmen. Dies ist der Fall, wenn der neue Wert (= Einheitswert) den bisherigen um 1/10, mindestens um 5.000 DM überschreitet.

FALL 3

1. Auf den **01.01.2007** ist eine **Zurechnungsfortschreibung** vorzunehmen, weil sich die Eigentumsverhältnisse geändert haben.
2. Auf den **01.01.2014** ist eine **Art- und Wertfortschreibung** vorzunehmen.
   Durch den Ausbau des Dachgeschosses wurde aus dem Zweifamilienhaus ein Mietwohngrundstück. Durch den Ausbau hat sich der Wert um 27.700 DM, d.h. um 22,99 % (= mehr als 1/10 und mindestens 5.000 DM) erhöht.

6 Bedarfsbewertung des Grundvermögens für Zwecke der Erbschaft- und Schenkungsteuer

FALL 1

			€
	Bodenwert:		
	Grundstücksfläche x Bodenrichtwert (1.440 qm x 400 €/qm)		576.000
	Gebäudeertragswert:		
	Rohertrag (übliche Miete)	73.440 €	
-	Bewirtschaftungskosten lt. Anlage 23 (73.440 € x 21 %)	- 15.422 €	
=	Reinertrag des Grundstücks	58.018 €	
-	Bodenwertverzinsung (§ 188 Abs. 2 Nr. 1 BewG) (5 % von 576.000 €)	- 28.800 €	
=	Gebäudereinertrag	29.218 €	
x	Vervielfältiger lt. Anlagen 21 und 22 BewG (29.218 € x 19,37 bei einer RND von 71 Jahren)		565.953
=	**Ertragswert**		**1.141.953**

FALL 2

			€
	Bodenwert:		
	Grundstücksfläche x Bodenrichtwert (2.250 qm x 700 €/qm)		1.575.000
	Gebäudeertragswert:		
	Regelherstellungskosten x Bruttogrundfläche Gebäude [1.110 €/qm lt. Anlage 24 (1.13) BewG x 500 qm]		
=	Gebäudeherstellungswert	555.000 €	
-	Alterswertminderung lt. Anlagen 21 und 22 BewG [555.000 € x 26,25 % (21 Jahre RND/80 Jahre GND)]	- 145.688 €	
=	Gebäudesachwert		409.312
=	vorläufiger Sachwert		1.984.312
x	Wertzahl lt. Anlage 25 I. BewG (0,9)		
=	**Sachwert**		**1.785.881**

E. Erbschaftsteuer

3 Bereicherung des Erwerbers

FALL

zu 1.

Der Vorgang unterliegt gem. § 1 Abs. 1 Nr. 1 i.V.m. § 3 Nr. 1 ErbStG als **Erwerb von Todes wegen** (Erbanfall) der Erbschaftsteuer.
Die Söhne sind **unbeschränkt** steuerpflichtig i.S.d. § 2 Abs. 1 Nr. 1, da der Erblasser (Hans Alt) zum Zeitpunkt seines Todes Inländer gewesen ist.

zu 2.

Die beiden Söhne haben für Zwecke der Erbschaftsteuer die **Steuerklasse I**.

zu 3.

Die Söhne können **keine sachlichen Steuerbefreiungen** in Anspruch nehmen, vor allem nicht für Hausrat oder andere bewegliche Gegenstände.

zu 4.

Die **Bemessungsgrundlage** ermittelt sich wie folgt:

	Steuerwert des Nachlasses:	
	Anteile an der Altbräu AG, Kurswert	10.000.000 €
	Barvermögen	150.000 €
	Nachlassverbindlichkeiten:	
-	Erbfallverbindlichkeit (Auto):	- 15.000 €
-	Pauschbetrag für Erbfallkosten ohne Nachweis:	- 10.300 €
=	Bereicherung des Erwerbers:	**10.124.700 €**

4 Steuerberechnung

FALL

zu 1.

	Wert der Bereicherung (50 %)	3.000.000 €
-	persönlicher Freibetrag gem. §16 ErbStG	- 500.000 €
-	besonderer Versorgungsfreibetrag gem. §17 ErbStG	- 256.000 €
=	steuerpflichtiger Erwerb	2.244.000 €

Bei Steuerklasse I ist der relevante Erbschaftsteuertarif 19 %. Daraus ergibt sich eine Steuer in Höhe von **426.360 €** (19 % von 2.244.000 €).

zu 2.

	Wert der Bereicherung je Sohn (10 %)	600.000 €
-	persönlicher Freibetrag gem. §16 ErbStG	- 400.000 €
=	steuerpflichtiger Erwerb	200.000 €

Es ist kein besonderer Versorgungsfreibetrag gem. § 17 ErbStG zu gewähren, da beide Söhne das 27. Lebensjahr bereits vollendet haben.

In der Steuerklasse I ist der relevante Erbschaftsteuertarif 11 %. Daraus ergibt sich eine Steuer in Höhe von **22.000 €** (11 % von 200.000 €) für jeden Sohn.

zu 3.

	Wert der Bereicherung je Enkel (2,5 %)	150.000 €
-	persönlicher Freibetrag gem. §16 ErbStG 200.000 €, höchstens	-150.000 €
=	steuerpflichtiger Erwerb	0 €

Es ist kein besonderer Versorgungsfreibetrag gem. § 17 ErbStG zu gewähren, da die Enkel keine Kinder des Erblassers sind.

Steuer fällt keine an.

zu 4.

	Wert der Bereicherung des Cousins (2,5 %)	150.000 €
-	persönlicher Freibetrag gem. § 16 ErbStG	- 20.000 €
=	steuerpflichtiger Erwerb	130.000 €

Es ist kein besonderer Versorgungsfreibetrag gem. § 17 ErbStG zu gewähren, da der Cousin kein Kind des Erblassers ist.

In der Steuerklasse III ist der relevante Erbschaftsteuertarif 30 %. Daraus ergibt sich eine Steuer in Höhe von **39.000 €** (30 % von 130.000 €).

zu 5.

	Wert der Bereicherung der Geliebten (17,5 %)	1.050.000 €
-	persönlicher Freibetrag gem. §16 ErbStG	- 20.000 €
=	steuerpflichtiger Erwerb	1.030.000 €

Es ist kein besonderer Versorgungsfreibetrag gem. § 17 ErbStG zu gewähren, da die Geliebte keine Ehefrau des Erblassers ist.

In der Steuerklasse III ist der relevante Erbschaftsteuertarif 30 %. Daraus ergibt sich eine Steuer in Höhe von **309.000 €** (30 % von 1.030.000 €).

Teil 2: Zusätzliche Fälle und Lösungen

A. Einkommensteuer

FALL

Der Steuerberater Leonard Groß, Berlin, will 50 % der Kosten eines Abonnements einer überregionalen Zeitung, die er neben der regionalen Tageszeitung bezieht, als Betriebsausgaben abziehen, weil die überregionale Zeitung umfassend auch über die steuerrechtliche Entwicklung informiert.

Kann Herr Groß die Kosten der überregionalen Zeitung als Betriebsausgaben abziehen?

Lösung:

Die Kosten sind insgesamt **nicht** als Betriebsausgaben **abziehbar**. Die betrieblichen und privaten Veranlassungsbeiträge greifen so ineinander, dass eine Trennung nicht möglich ist. Es fehlt an einer Möglichkeit zur Aufteilung nach objektiven Kriterien (BMF-Schreiben vom 06.07.2010, BStBl 2010 I S. 616 Rn. 17).

FALL

Der Steuerpflichtige Werner Klein, Bonn, nimmt während seiner 14-tägigen Urlaubsreise an einem eintägigen Fachseminar teil.

Kann Herr Klein die Kosten des Fachseminars als Betriebsausgaben/Werbungskosten abziehen?

Lösung:

Die Aufwendungen für die Urlaubsreise sind nicht abziehbar. Die Aufwendungen, die unmittelbar mit dem **Fachseminar** zusammenhängen (Seminargebühren, Fahrtkosten vom Urlaubsort zum Tagungsort, ggf. Pauschbetrag für Verpflegungsmehraufwendungen), sind als Betriebsausgaben/Werbungskosten abziehbar (BMF-Schreiben vom 06.07.2010, BStBl 2010 I S. 616 Rn. 11).

FALL

Der Internist Dr. Fabel, Mainz, besucht einen Fachkongress in London. Er reist Samstagsfrüh an. Die Veranstaltung findet ganztägig von Dienstag bis Donnerstag statt. Am Sonntagabend reist er nach Mainz zurück.

Kann Herr Dr. Fabel die Kosten für den Fachkongress als Betriebsausgaben abziehen?

Lösung:

Die Kosten für **zwei Übernachtungen** (von Dienstag bis Donnerstag) sowie die **Kongressgebühren** sind vollständig als Betriebsausgaben **abziehbar**. Die **Flugkosten** sind **gemischt veranlasst** und entsprechend den Veranlassungsbeiträgen aufzuteilen. **3/9 der Flugkosten** sind **betrieblich** veranlasst und daher **abziehbar**.

FALL

Der vorsteuerabzugsberechtigte Einzelgewerbetreibende Karsten Huber, München, der seinen Gewinn nach § 5 EStG ermittelt, plant 2014 die Anschaffung eines Bürogeräts für 2017. Die Voraussetzungen des § 7g Abs. 1 EStG sind erfüllt. Nach vorliegendem Angebot wird der voraussichtliche Kaufpreis des Geräts brutto 285,60 € betragen. In 2014 nimmt Herr Huber, der bisher noch keine Investitionsabzugsbeträge gewinnmindernd abgezogen hat, den maximal möglichen Investitionsabzugsbetrag für dieses Gerät in Anspruch.
In 2017 erwirbt Herr Huber das Gerät für brutto 285,60 €. Die betriebsgewöhnliche Nutzungsdauer des Bürogeräts beträgt 7 Jahre.

1. Wie hoch ist der Investitionsabzugsbetrag in 2014?
2. Wie wird der Investitionsabzugsbetrag in 2014 berücksichtigt?
3. Wie wird der Investitionsabzugsbetrag im Jahr der Anschaffung (in 2017) berücksichtigt?
4. Wie hoch ist die Bemessungsgrundlage für die AfA nach § 7 Abs. 1 EStG zum 31.12.2017?
5. Wie ist das Gerät in 2017 steuerrechtlich zu behandeln?

Lösung:

zu 1.
Der **Investitionsabzugsbetrag** beträgt nach § 7g Abs. 1 Satz 1 EStG in 2014 **96 €**
[40 % von 240 € (285,60 € : 1,19) = 96 €].

zu 2.
Der **Investitionsabzugsbetrag** ist in 2014 **außerbilanziell gewinnmindernd abzuziehen** (§ 7g Abs. 1 Satz 1 EStG).

zu 3.
Der **Investitionsabzugsbetrag** ist im Jahr der Anschaffung (in 2017) **gewinnerhöhend** außerhalb der Bilanz **hinzuzurechnen** (§ 7g Abs. 2 Satz 1 EStG).

zu 4.
Die Bemessungsgrundlage für die AfA nach § 7 Abs. 1 EStG beträgt **144 €**, wie die folgende Berechnung gemäß § 7g Abs. 2 Satz 2 EStG zeigt:

Kaufpreis (285,60 € brutto : 1,19) =	240 € netto
- Investitionsabzugsbetrag (40 % von 240 €)	- 96 €
= Bemessungsgrundlage für die AfA zum 31.12.2017	**144 €**

zu 5.
Herr Huber kann Aufwendungen bis 410 Euro in 2017 **in voller Höhe** nach § 6 Abs. 2 EStG als Betriebsausgaben **abziehen** (BMF-Schreiben vom 30.09.2010, BStBl 2010 I Seite 755 Rn. 2).
Alternativ zur Sofortabschreibung kann sich Herr Huber auch für die **Aktivierung** und **Abschreibung über** die betriebsgewöhnliche **Nutzungsdauer** von sieben Jahren entscheiden (BMF-Schreiben vom 30.09.2010, BStBl 2010 I Seite 755 Rn. 1).

FALL

Der vorsteuerabzugsberechtigte Einzelgewerbetreibende Fritz Baden, Stuttgart, der seinen Gewinn nach § 5 EStG ermittelt, plant 2014 die Anschaffung eines Computers für 2017. Die Voraussetzungen des § 7g Abs. 1 EStG sind erfüllt. Nach vorliegendem Angebot wird der voraussichtliche Kaufpreis des Computers brutto 1.428 € betragen. In 2014 nimmt Herr Baden, der bisher noch keine Investitionsabzugsbeträge gewinnmindernd abgezogen hat, den maximal möglichen Investitionsabzugsbetrag für den Computer in Anspruch. Er möchte nicht die Sonderabschreibung nach § 7g Abs. 5 EStG geltend machen.
In 2017 erwirbt Herr Baden den Computer für brutto 1.428 €. Die betriebsgewöhnliche Nutzungsdauer des Computers beträgt 3 Jahre.

1. Wie hoch ist der Investitionsabzugsbetrag in 2014?
2. Wie wird der Investitionsabzugsbetrag in 2014 berücksichtigt?
3. Wie wird der Investitionsabzugsbetrag im Jahr der Anschaffung (in 2017) berücksichtigt?
4. Wie hoch ist die Bemessungsgrundlage für die AfA nach § 7 Abs. 1 EStG zum 31.12.2017?
5. Wie ist der Computer in 2017 steuerrechtlich zu behandeln?

Lösung:

zu 1.
Der **Investitionsabzugsbetrag** beträgt nach § 7g Abs. 1 Satz 1 EStG in 2014 **480 €**
[40 % von 1.200 € (1.428 € : 1,19) = 480 €].

zu 2.
Der **Investitionsabzugsbetrag** ist in 2014 **außerbilanziell gewinnmindernd abzuziehen** (§ 7g Abs. 1 Satz 1 EStG).

zu 3.
Der **Investitionsabzugsbetrag** ist im Jahr der Anschaffung (in 2017) **gewinnerhöhend** außerhalb der Bilanz **hinzuzurechnen** (§ 7g Abs. 2 Satz 1 EStG).

zu 4.
Die Bemessungsgrundlage für die AfA beträgt **720 €**, wie die folgende Berechnung gemäß § 7g Abs. 2 Satz 2 EStG zeigt:

Kaufpreis (1.428 € brutto : 1,19) =	1.200 € netto
- Investitionsabzugsbetrag	- 480 €
= Bemessungsgrundlage für die AfA zum 31.12.2017	720 €

zu 5.
Der **Computer** kann über die ND (3 Jahre) abgeschrieben werden (**AfA**: 720 € : 3 = **240 €**). **Alternativ** kann er in einen **Sammelposten eingestellt und über fünf Jahre abgeschrieben** werden (**AfA**: 20 % von 720 € = **144 €**). Das Wahlrecht des § 6 Abs. 2a Satz 1 EStG ist **für jedes Wirtschaftsjahr einheitlich auszuüben**.

FALL

Rüdiger Lorenz, Wuppertal, betreibt unter der Firma Bauunternehmung Rüdiger Lorenz e. K. ein Baugeschäft. Die (vereinfachte) Bilanz zum 31.12.2014 weist folgende Werte aus:

A	(vereinfachte) Bilanz zum 31. Dezember 2014		P
Anlagevermögen	800.000,00 €	Eigenkapital	180.000,00
Umlaufvermögen	50.000,00 €	Fremdkapital	670.000,00
	850.000,00 €		850.000,00

Herr Lorenz plant für das Jahr 2015 u. a. die folgenden Anschaffungen:

Nr.	Art des Wirtschaftsguts	voraussichtliche Anschaffungskosten
1.	neue Rüttelplatte (ND 11 Jahre)	14.000 €
2.	gebrauchter Lkw (ND 8 Jahre)	90.000 €
3.	Thermsteine, Zement etc.	320.000 €
4.	Lagerplatz	60.000 €
5.	Lagerhalle	160.000 €

Die voraussichtlichen Anschaffungskosten kann Herr Lorenz dem Grunde nach glaubhaft darlegen und der Höhe nach mit Hilfe von Angeboten und Preislisten belegen.
Herr Lorenz, der bisher § 7g EStG noch nicht in Anspruch genommen hat, möchte bei der steuerlichen Gewinnermittlung 2014 den maximal möglichen Investitionsabzugsbetrag geltend machen. Der Gewinn 2014 beträgt ohne Berücksichtigung des Investitionsabzugsbetrages 240.000 €.

a) Kann Herr Lorenz für den Veranlagungszeitraum 2014 überhaupt einen Investitionsabzugsbetrag in Anspruch nehmen? Begründen Sie Ihre Antwort mit Hilfe des Gesetzes.

b) Unterstellen Sie, dass Herr Lorenz die Voraussetzungen des § 7g EStG für die Inanspruchnahme des Investitionsabzugsbetrages erfüllt. Ermitteln Sie den maximal möglichen Investitionsabzugsbetrag für das Jahr 2014. Begründen Sie Ihre Antwort mit Hilfe des Gesetzes.

c) Fortsetzung Aufgabe b). Auf welche Art und Weise und mit welcher Wirkung wird der Investitionsabzugsbetrag in 2014 berücksichtigt?

d) Fortsetzung Aufgabe a) + b). Herr Lorenz schafft die o. g. Wirtschaftsgüter (Nr. 1 bis 5) im Januar 2015 zu den in 2014 geplanten Kaufpreisen an.
Auf welche Art und Weise muss Herr Lorenz diese Anschaffungen nach § 7 + § 7g EStG bei seiner steuerlichen Gewinnermittlung 2014 berücksichtigen, wenn er einen möglichst geringen steuerlichen Gewinn ausweisen möchte?

e) Welche Folgen ergeben sich, wenn Herr Lorenz in 2015 alle Wirtschaftsgüter außer der Rüttelplatte (Nr. 2 bis 5) anschafft?

Lösung:

zu a)
Nach § 7g Abs. 1 Satz 2 EStG kann Herr Lorenz den Investitionsabzugsbetrag im Jahr 2014 grundsätzlich in Anspruch nehmen, da er:

- das Größenmerkmal des § 7g Abs. 1 Satz 2 Nr. 1 Buchst. a EStG nicht überschreitet (das Betriebsvermögen beträgt nur 180.000 €, vgl. Bilanz 2014) und
- die Anschaffung für 2015 plant (§ 7g Abs. 1 Satz 2 Nr. 2 Buchst. a EStG) und
- die Verbleibensvoraussetzungen des § 7g Abs. 1 Satz 2 Nr. 2 Buchst. b EStG voraussichtlich erfüllen wird.

zu b)
Bei der geplanten Anschaffung muss es sich nach § 7g Abs. 1 Satz 1 EStG um ein **abnutzbares bewegliches Wirtschaftsgut des Anlagevermögens** handeln. § 7g Abs. 1 Satz 1 EStG schreibt **nicht** vor, dass es sich um ein **neues** Wirtschaftsgut handeln muss, d. h. es wird **auch** die Anschaffung **gebrauchter** Gegenstände gefördert. Herr Lorenz kann die folgenden maximalen Investitionsabzugsbeträge in Anspruch nehmen:

Nr.	Art des Wirtschaftsguts	voraussichtliche AK	Vermögensart	max. IAB
1.	neue Rüttelplatte	14.000 €	abn. bew. AV	**5.600 €**
2.	gebrauchter Lkw	90.000 €	abn. bew. AV	**36.000 €**
3.	Thermsteine, Zement etc.	320.000 €	UV	**0 €**
4.	Lagerplatz	60.000 €	nabn. unbew. AV	**0 €**
5.	Lagerhalle	160.000 €	abn. unbew. AV	**0 €**
	Summe			**41.600 €**

zu c)
Der Investitionsabzugsbetrag wird **außerbilanziell gewinnmindernd** berücksichtigt. Der Gewinn wird außerhalb der Buchführung/Bilanz wie folgt ermittelt:

Gewinn vor Berücksichtigung der Investitionsabzugsbeträge	240.000 €
- Summe der Investitionsabzugsbeträge	41.600 €
= steuerlicher Gewinn 2014	**198.400 €**

zu d)
Der in 2014 in Anspruch genommene Investitionsabzugsbetrag wird in 2015 nach § 7g Abs. 2 Satz 1 EStG **außerbilanziell gewinnerhöhend** berücksichtigt, d. h., der Gewinn laut Finanzbuchhaltung 2015 ist um 41.600 € zu erhöhen (keine Ertragsbuchung).
[Hinweis: Der Hinzurechnungsbetrag beträgt 40 % der **tatsächlichen** Anschaffungs- bzw. Herstellungskosten und **darf** den Betrag des **Investitionsabzugsbetrages nicht übersteigen**.]

Außerdem sind die **Anschaffungskosten** nach § 7g Abs. 2 Satz 2 EStG um die jeweils in Anspruch genommenen Investitionsabzugsbeträge durch **Aufwandsbuchung** bilanziell in der Finanzbuchhaltung zu **kürzen**, d. h., es tritt eine gewinnmindernde Wirkung ein.

Wirtschaftsgut	Anschaffungskosten	40 %-Kürzung	reduzierte AK
neue Rüttelplatte gebrauchter Lkw	14.000 € 90.000 €	5.600 € 36.000 €	**8.400 €** **54.000 €**

[Hinweis: Die 40 %-**Kürzung** darf den **Hinzurechnungsbetrag** des Jahres **nicht übersteigen**.]

Darüber hinaus kann Herr Lorenz nach § 7g Abs. 5 i. V. m. Abs. 6 EStG für die neue Rüttelplatte und den gebrauchten Lkw jeweils bis zu **20 % Sonderabschreibung** in Anspruch nehmen, da er das **Größenmerkmal „Betriebsvermögen 2014 = 235.000 Euro" erfüllt** (Betriebsvermögen 2014 lt. Sachverhalt 180.000 €).
Die Sonderabschreibung kann direkt in voller Höhe im Jahr der Anschaffung (VZ 2015) in Anspruch genommen werden. Herr Lorenz hat aber auch die Option, die 20 % Sonderabschreibung auf das Jahr der Anschaffung und die vier Folgejahre (VZ 2015 - 2019) zu verteilen. Die prozentuale Aufteilung des Gesamtbetrages von 20 % bestimmt Herr Lorenz selbst.
Die **reduzierten Anschaffungskosten** stellen die **Bemessungsgrundlage** für die **Sonderabschreibung** sowie für die **lineare Abschreibung** dar (§ 7g Abs. 2 Satz 2 EStG). Die zukünftige lineare AfA fällt somit geringer aus (§ 7 Abs. 1 Satz 1 EStG).
Da Herr Lorenz einen möglichst geringen Gewinnausweis anstrebt, wird er im VZ 2015 die folgenden Abschreibungen vornehmen:

Wirtschaftsgut	reduzierte AK	Sonder-AfA (20 %)	lineare AfA
neue Rüttelplatte (ND 11 Jahre) gebrauchter Lkw (ND 8 Jahre)	8.400 € 54.000 €	**1.680 €** **10.800 €**	**764 €** **6.750 €**

zu e)
Wenn Herr Lorenz die Rüttelplatte innerhalb des Investitionszeitraums des § 7g Abs. 1 Satz 2 Nr. 2 Buchst. b EStG (d. h. bis spätestens 2017) **nicht** anschafft, wird die Inanspruchnahme des Investitionsabzugsbetrages 2014 rückwirkend versagt, d. h., es kommt zu einer **Gewinnkorrektur des Jahres 2014** („Rückgängigmachung" nach § 7g Abs. 3 Satz 1 EStG). Der Gewinn 2014 wird um den in 2014 abgezogenen Investitionsabzugsbetrag wie folgt erhöht:

Gewinn nach Berücksichtigung der Investitionsabzugsbeträge	198.400 €
+ Investitionsabzugsbetrag Rüttelplatte	+ 5.600 €
= rückwirkend korrigierter steuerlicher Gewinn 2014	204.000 €

Der **Steuerbescheid 2014** ist insoweit **zu ändern**. Es kommt zu einer Nachversteuerung der 5.600 € sowie i. d. R. zu einer Verzinsung nach § 233a AO (siehe BMF-Schreiben vom 15.08.2014).

FALL

Einzelhändler Rolf Neuser, Bonn, ermittelt seinen Gewinn durch Betriebsvermögensvergleich. Er erfüllt im VZ 2014 die Voraussetzungen des § 7g Abs. 1 EStG. Herr Neuser plant im Dezember 2014 u. a. die Anschaffung eines neuen Tischkopiergerätes für das Jahr 2015. Das Gerät soll laut Angebot eines Elektrohändlers brutto 571,20 € kosten. Im März 2015 kauft Herr Neuser dieses Kopiergerät zum angebotenen Preis. Die betriebsgewöhnliche Nutzungsdauer beträgt 7 Jahre. Herr Neuser möchte in den Jahren 2014 und 2015 jeweils einen möglichst geringen steuerlichen Gewinn ausweisen.

Erläutern Sie die Auswirkung des Kopiergerätekaufs auf die steuerlichen Gewinne der Jahre 2014 und 2015. Begründen Sie Ihre Antwort mit Hilfe des Gesetzes.

Lösung:

Gewinnauswirkung im VZ 2014

Da Herr Neuser die Voraussetzungen des § 7g Abs. 1 EStG erfüllt, kann er für die geplante Anschaffung des Kopiergerätes einen **Investitionsabzugsbetrag** in Höhe von 40 % der voraussichtlichen Anschaffungskosten (40 % von 480 € = **192 €**) in Anspruch nehmen. Der **steuerliche Gewinn** wird **außerbilanziell** um **192 € reduziert**.

Gewinnauswirkung im VZ 2015

Herr Neuser muss im Jahr der Anschaffung den **Gewinn** um **192 € außerbilanziell erhöhen** (§ 7g Abs. 2 Satz 1 EStG). Außerdem kann er die **Anschaffungskosten** des Kopiergerätes mittels Aufwandsbuchung **bilanziell** um **192 € reduzieren** (§ 7g Abs. 2 Satz 2 EStG).

Anschaffungskosten	480 €
- Kürzung in Höhe des Investitionsabzugsbetrags	- 192 €
= reduzierte Anschaffungskosten	**288 €**

Die Anschaffungskosten haben sich durch die Kürzung gem. § 7g Abs. 2 Satz 2 EStG von 480 € auf 288 € reduziert, d. h. der Tischkopierer verändert hierdurch steuerrechtlich seine Eigenschaft wie folgt:

Wandel vom Sammelposten i. S. d. § 6 Abs. 2a EStG (Anschaffungskosten > 410 Euro, jedoch ≤ 1.000 Euro), der über 5 Jahre abzuschreiben ist (wäre günstiger als AfA über ND von 7 Jahren), **zu einem sofort voll abschreibungsfähigen GWG i. S. d. § 6 Abs. 2 EStG** (Anschaffungskosten ≤ 410 Euro).

Es kommt zu einer maximalen gewinnmindernden Wirkung in Höhe der ursprünglichen Anschaffungskosten (480 €). Außerdem entfällt der verwaltungstechnische Aufwand der Poolbildung/Pool-AfA.

FALL

Einzelhändler Rolf Neuser, Bonn, ermittelt seinen Gewinn durch Betriebsvermögensvergleich. Er erfüllt im VZ 2014 die Voraussetzungen des § 7g Abs. 1 EStG. Im März 2015 erwirbt Herr Neuser eine neue Registrierkasse für netto 3.600 €. Die betriebsgewöhnliche Nutzungsdauer beträgt 6 Jahre. Herr Neuser hat für dieses Investitionsobjekt in den Vorjahren keine Vergünstigung durch § 7g EStG in Anspruch genommen. Herr Neuser möchte im VZ 2015 einen möglichst geringen steuerlichen Gewinn ausweisen.

Erläutern Sie die Auswirkung des Registrierkassenkaufs auf den steuerlichen Gewinn des Jahres 2015. Begründen Sie Ihre Antwort mit Hilfe des Gesetzes.

Lösung:

Da Herr Neuser die Voraussetzungen des § 7g Abs. 6 EStG erfüllt, kann er im Jahr der Anschaffung der Registrierkasse eine **Sonderabschreibung** in Höhe von 20 % der Anschaffungskosten gem. § 7g Abs. 5 EStG vornehmen (20 % von 3.600 € = **720€**).

Die Inanspruchnahme der Sonderabschreibung ist nicht von der Inanspruchnahme eines Investitionsabzugsbetrages in 2014 abhängig. Die beiden Fördermechanismen „**Investitionsabzugsbetrag und Sonderabschreibung" sind voneinander unabhängig**.

Außerdem kann Herr Neuser die **zeitanteilige lineare AfA** nach § 7 Abs. 1 Satz 1 EStG in Anspruch nehmen (3.600 € x 16 ⅔ % x 10/12 = **500€**).

Die **Sonderabschreibung** und die **zeitanteilige AfA** sind **bilanziell** vorzunehmen.

Die **außerbilanzielle** Hinzurechnung sowie die Kürzung der Anschaffungskosten sind aufgrund des fehlenden Investitionsabzugsbetrages **nicht** vorzunehmen (§ 7g Abs. 2 EStG).

FALL

Einzelhändler Alois Theis, München, ermittelt seinen Gewinn durch Betriebsvermögensvergleich. Er erfüllt im VZ 2014 die Voraussetzungen des § 7g Abs. 1 EStG. Herr Theis plant im Dezember 2014 u.a. die Anschaffung einer neuen Registrierkasse für das Jahr 2015. Die Kasse soll laut Angebot eines Händlers netto 4.000 € kosten. Im Januar 2015 kauft Herr Theis die Kasse zum Preis von netto 3.600 €. Die betriebsgewöhnliche Nutzungsdauer beträgt 6 Jahre. Herr Theis möchte in den Jahren 2014 und 2015 jeweils einen möglichst geringen steuerlichen Gewinn ausweisen.

Erläutern Sie die Auswirkung des Registrierkassenkaufs auf den steuerlichen Gewinn der Jahre 2014 und 2015. Begründen Sie Ihre Antwort mit Hilfe des Gesetzes.

Lösung:

Gewinnauswirkung im VZ 2014

Da Herr Theis die Voraussetzungen des § 7g Abs. 1 EStG erfüllt, kann er für die geplante Anschaffung einen **Investitionsabzugsbetrag** in Höhe von 40 % der voraussichtlichen Anschaffungskosten (40 % von 4.000 € = **1.600 €**) in Anspruch nehmen. Der steuerliche **Gewinn** wird **außerbilanziell** um **1.600 € reduziert**.

Gewinnauswirkung im VZ 2015

Herr Theis muss im Jahr der Anschaffung den **Gewinn um 40 % der tatsächlich angefallenen Anschaffungskosten (40 % von 3.600 € = 1.440 €) außerbilanziell erhöhen** (§ 7g Abs. 2 Satz 1 EStG). Außerdem kann er die **Anschaffungskosten** der Registrierkasse mittels Aufwandsbuchung **bilanziell** um **1.440 € reduzieren** (§ 7g Abs. 2 Satz 2 EStG).

Anschaffungskosten	3.600 €
- Kürzung (40 % von 3.600 €)	- 1.440 €
= reduzierte Anschaffungskosten	**2.160 €**

Herr Theis kann zusätzlich gem. § 7g Abs. 5 + 6 EStG eine **Sonderabschreibung** in Höhe von 20 % der reduzierten Anschaffungskosten vornehmen (20 % von 2.160 € = **432 €**).

Außerdem kann Herr Theis die **lineare AfA** nach § 7 Abs. 1 Satz 1 EStG in Anspruch nehmen (2.160 € x 16 ⅔ % = **360 €**).

Zusätzliche Gewinnauswirkung im VZ 2014

Da die geplanten Anschaffungskosten **über** den tatsächlichen Anschaffungskosten liegen, hat Herr Theis im VZ 2014 einen zu hohen Investitionsabzugsbetrag in Anspruch genommen. Es kommt zu einer **rückwirkenden Korrektur (Kürzung) des Investitionsabzugsbetrages 2014** (40 % von 400 € = 160 €). Der Gewinn 2014 steigt um 160 € (§ 7g Abs. 3 Satz 1 EStG).

FALL

Einzelhändler Alois Theis, München, ermittelt seinen Gewinn durch Betriebsvermögensvergleich. Er erfüllt im VZ 2014 die Voraussetzungen des § 7g Abs. 1 EStG. Herr Theis plant im Dezember 2013 u. a. die Anschaffung einer neuen Registrierkasse für das Jahr 2015. Die Kasse soll laut Angebot eines Händlers netto 3.600 € kosten. Im Januar 2015 kauft Herr Theis die Kasse zum Preis von netto 4.000 €. Die betriebsgewöhnliche Nutzungsdauer beträgt 6 Jahre. Herr Theis möchte in den Jahren 2014 und 2015 jeweils einen möglichst geringen steuerlichen Gewinn ausweisen.

Erläutern Sie die Auswirkung des Registrierkassenkaufs auf den steuerlichen Gewinn der Jahre 2014 und 2015. Begründen Sie Ihre Antwort mit Hilfe des Gesetzes.

Lösung:

Gewinnauswirkung im VZ 2014

Da Herr Theis die Voraussetzungen des § 7g Abs. 1 EStG erfüllt, kann er für die geplante Anschaffung einen **Investitionsabzugsbetrag** in Höhe von 40 % der voraussichtlichen Anschaffungskosten (40 % von 3.600 € = **1.440 €**) in Anspruch nehmen. Der steuerliche **Gewinn** wird **außerbilanziell** um **1.440 € reduziert**.

Gewinnauswirkung im VZ 2015

Herr Theis muss im Jahr der Anschaffung den **Gewinn um 40 %** der tatsächlich angefallenen Anschaffungskosten, jedoch höchstens um den in Anspruch genommenen **Investitionsabzugsbetrag (40 % von 3.600 € = 1.440 €) außerbilanziell erhöhen** (§ 7g Abs. 2 Satz 1 EStG).

Außerdem muss er die **Anschaffungskosten** der Registrierkasse in Höhe des Hinzurechnungsbetrages mittels Aufwandsbuchung **bilanziell** um **1.440 € reduzieren** (§ 7g Abs. 2 Satz 2 EStG).

Anschaffungskosten	4.000 €
- Kürzung (40 % von 3.600 €)	- 1.440 €
= reduzierte Anschaffungskosten	**2.560 €**

Herr Theis kann zusätzlich gem. § 7g Abs. 5 und 6 EStG eine **Sonderabschreibung** in Höhe von 20 % der reduzierten Anschaffungskosten vornehmen (20 % von 2.560 € = **512,00 €**).

Außerdem kann Herr Theis die **lineare AfA** nach § 7 Abs. 1 Satz 1 EStG in Anspruch nehmen (2.560 € x 16 ⅔ % = **427 €**).

FALL

Schreinermeister Hermann Wirtz, Köln, ermittelt seinen Gewinn nach § 4 Abs. 3 EStG. Im Veranlagungszeitraum 2014 haben seine aufgezeichneten Betriebseinnahmen 99.975 € und seine aufgezeichneten Betriebsausgaben 40.060 € betragen. Wirtz versteuert seine Umsätze nach vereinnahmten Entgelten und ist zum Vorsteuerabzug berechtigt.

Prüfen Sie die folgenden Sachverhalte und ermitteln Sie den berichtigten Gewinn nach § 4 Abs. 3 EStG. Wahlrechte sind so auszuüben, dass die geringste steuerliche Belastung entsteht.

1. Wirtz hat am 18.10.2014 Waren zum Nettoeinkaufspreis (Teilwert) von 500 € entnommen. Beim Erwerb der Ware wurde der Vorsteuerabzug in Anspruch genommen. Wirtz hat 500 € als Betriebseinnahme angesetzt.
2. Wirtz hat am 19.10.2014 einem Geschäftsfreund einen Blumenstrauß geschenkt. Die Rechnung über 32,10 € (einschl. 7 % USt) hat er bar bezahlt, jedoch nicht als Betriebsausgabe abgesetzt.
3. Im Veranlagungszeitraum 2014 sind Forderungsausfälle in Höhe von 1.190 € (inkl. 19 % USt) eingetreten. Wirtz hat 1.190 € als Betriebsausgabe abgesetzt.
4. Wirtz hat am 31.12.2014 seiner Bank den Auftrag erteilt, eine Fachbuchrechnung über 141,65 € zu überweisen. Die Bank führt am 02.01.2015 den Auftrag aus. Wirtz hat 141,65 € als Betriebsausgabe in 2014 abgesetzt.
5. Wirtz hat am 10.01.2014 ein Grundstück, das ausschließlich betrieblich genutzt wird, für 20.000 € erworben. Da er den Kaufpreis im Jahre 2014 bar gezahlt hat, hat er 20.000 € als Betriebsausgabe abgesetzt.
6. Zum 01.01.2014 hat Wirtz ein Darlehen in Höhe von 20.000 € zur Finanzierung des Grundstücks aufgenommen. Die Bank hat 1.000 € Bearbeitungsgebühren (Disagio) einbehalten. Wirtz hat 19.000 € als Betriebseinnahme angesetzt. Das Disagio ist als marktüblich anzusehen.
7. Wirtz zahlt für das Darlehen pro Monat 100 € Zinsen. Für 2014 wurden bisher 1.200 € überwiesen und als Betriebsausgaben erfasst. Die Zinsen für den Monat Januar 2015 wurden bereits am 28.12.2014 überwiesen. Diese hat Wirtz bisher noch nicht berücksichtigt.
8. Wirtz erhält am 19.08.2014 von einem Kunden eine am 12.08.2014 ausgelieferte Warensendung zurück. Der Rechnungsbetrag lautet über 3.570 € (3.000 € + 570 € USt). Weder die Lieferung noch die Rücksendung sind bisher erfasst worden.

Lösung:

Nr.	Vorgänge	Betriebseinnahmen + €	Betriebseinnahmen ./. €	Betriebsausgaben + €	Betriebsausgaben ./. €
	Ausgangswerte	99.975,00		40.060,00	
1.	Sachentnahme wurde richtig als BE angesetzt. Die USt auf die unentg. L. ist noch nicht berücksichtigt. 19 % von 500 € = 95 €	95,00			
2.	Wirtz kann 32,10 € als BA absetzen (§ 4 Abs. 5 Nr. 1).			32,10	
3.	Forderungsausfälle sind keine BA; Der Einkauf der Ware, dem kein entsprechender Erlös beim Verkauf gegenübersteht, hat sich gewinnmindernd ausgewirkt.				1.190,00
4.	Er kann die Fachbuchrechnung 2014 als BA absetzen [H 11 (Überweisung) EStH].				
5.	Ausgaben für die Anschaffung von WG des nicht abnutzbaren AV können erst im Zeitpunkt ihrer Veräußerung oder Entnahme als BA abgesetzt werden.				20.000,00
6.	Darlehnsaufnahme stellt keine BE dar. Bearbeitungsgebühren sind BA.		19.000,00	1.000,00	
7.	Bezahlte Zinsen sind als regelmäßig wiederkehrende BA richtig berücksichtigt (§ 11).				
8.	Lieferung und Rücksendung wurden richtig behandelt.				
		100.070,00	19.000,00	41.092,10	21.190,00
	./.	19.000,00		21.190,00	
	Betriebseinnahmen	81.070,00		19.902,10	
	- Betriebsausgaben	19.902,10			
	= **berichtigter Gewinn**	**61.167,90**			

FALL

Erstellen Sie für die Blumenhändlerin Helga Huber aus Passau die Einnahmenüberschussrechnung nach § 4 Abs. 3 EStG für 2014. Es ergeben sich bisher Betriebseinnahmen in Höhe von 101.108,48 € und Betriebsausgaben von 85.455,30 €. Die Voraussetzungen des § 7g EStG sind erfüllt. Die Steuerpflichtige versteuert ihre Umsätze nach den allgemeinen Vorschriften des UStG.
Prüfen Sie die folgenden Sachverhalte und ermitteln Sie nach dem Schema von Seite 126 des Lösungsbuches den steuerlich berichtigten Gewinn. Der ermittelte Gewinn ist so niedrig wie möglich zu halten.

1. Am 31.12.2014 zahlte ein Kunde mit Scheck. Frau Huber reichte den Scheck in Höhe von 55 € am 03.01.2015 bei der Bank ein, die ihn mit Wertstellung vom 07.01.2015 gutschrieb. Der Betrag wurde in 2015 als Betriebseinnahme angesetzt.
2. Die Rate für ein betriebliches Darlehen in Höhe von 850 € für IV/14 wurde am 07.01.2015 dem Geschäftskonto belastet und in 2015 als Betriebsausgabe abgesetzt. Im Betrag sind 500 € Tilgung enthalten.
3. Bei einem Geschäftsessen mit einem guten Kunden hat Frau Huber in 2014 die ordnungsgemäße und angemessene Rechnung in Höhe von 107,10 € brutto bar bezahlt. Bisher wurde nichts aufgezeichnet.
4. Da Frau Huber zum Valentinstag zu viele Blumen eingekauft hatte, musste sie 30 Sträuße statt für je 25 € für je 10 € verkaufen. Sie hat 300 € als Betriebseinnahmen erfasst.
5. Am 29.12.2014 wurden Pflanzen im Wert von 1.070 € brutto geliefert. Mangels genügend Bargelds wurde die vorliegende Rechnung bei Lieferung durch Barzahlung in Höhe von 500 € und der Rest in Höhe von 570 € am 07.01.2015 durch Überweisung beglichen. Bisher wurde nichts aufgezeichnet.
6. Im September 2014 wurde eine neue Ladeneinrichtung geliefert und eingebaut, Nutzungsdauer 10 Jahre. Folgende Rechnungen wurden noch nicht berücksichtigt:
   Rechnung der Firma Kunz über Ladeneinrichtung in Höhe von 3.000 € + 19 % USt. Die Rechnung wurde unter Abzug von 3 % Skonto am 27.09.2014 sofort bar bezahlt.
   Rechnung der Firma Elektro-Meier für die Installation der Ladeneinrichtung in Höhe von 450 € + 19 % USt, ebenfalls am 27.09.2014 bar bezahlt.
   Die Vorsteuer wurde ordnungsgemäß erfasst. In der Gewinnermittlung 2013 wurde für die Ladeneinrichtung ein Investitionsabzugsbetrag in Höhe von 1.200 € als Betriebsausgabe abgesetzt.
7. Frau Huber nutzt ihren Pkw überwiegend betrieblich, aber auch privat, führt aber kein Fahrtenbuch. Der Listenpreis des Pkw betrug bei Anschaffung 29.080 € brutto. Die Anschaffungskosten betrugen am 04.01.2014 24.000 € bei einer Nutzungsdauer von 6 Jahren. Für 2014 ist weder die Abschreibung noch die Entnahme des Pkw berücksichtigt worden.
8. Im August wurde die Schaufensterscheibe eingeschlagen. Die Reparaturkosten von 1.500 € + USt wurden durch Banküberweisung bezahlt und richtig aufgezeichnet. Die Versicherung erstattete 1.500 €. Der Vorgang ist noch nicht berücksichtigt.
9. Allen Kunden, die am 22.12.2014 in den Laden kamen, schenkte Frau Huber einen kleinen Weihnachtsstern (Pflanze). Insgesamt verschenkte sie 40 Stück, die sie für je 1 € netto eingekauft hatte. Dieser Betrag ist in den Betriebsausgaben 2014 enthalten.

10. Einer guten Kundin schenkte Frau Huber zum Geburtstag einen Blumenstrauß, den sie für 50 € + USt gekauft hatte. Auch dieser Betrag ist in den Betriebsausgaben 2014 enthalten.

Lösung:

Nr.	Vorgänge	Betriebseinnahmen + €	Betriebseinnahmen ./. €	Betriebsausgaben + €	Betriebsausgaben ./. €
	Ausgangswerte	101.108,48		85.455,30	
1.	Scheckeingang = Zahlung [H 11 (Scheck, Scheckkarte) EStH]	55,00			
2.	Zinsen = BA (§ 11 EStG, 10 Tage Regel)			350,00	
3.	70 % von 90 € = 63,00 € (§ 4 Abs. 5 Nr. 2 EStG)			63,00	
	gesamte Vorsteuer = BA (§ 15 Abs. 1a Satz 2 UStG)			17,10	
4.	BE richtig erfasst.				
5.	Abfluss 2014 (§ 11 EStG) [H (Überweisung) EStH]			500,00	
6.	AK Ladeneinrichtung: netto (3.000 - 90) 2.910,00 € Elektroinstallation 450,00 € AK 3.360,00 €				
	lineare AfA: 10 % von 3.360 € x 4/12			112,00	
	Sonderabschreibung nach § 7g EStG			672,00	
	Auflösung Investionsabzugsbetrag	1.200,00			
7.	lineare AfA: 16 2/3 % v. 24.000 €			4.000,00	
	1 % von 29.000 € x 12 davon 80 %	2.784,00			
	20 % von (1 % x 29.000 x 12) = 3.480 €	696,00			
	19 % USt von 2.784 €	528,96			
8.	Versicherung = BE	1.500,00			
9.	Geschenke = BA (§ 4 Abs. 5 Nr. 1)				
10.	Blumenstrauß über 35 Euro keine Betriebsausgabe (§ 4 Abs. 5 Nr. 1)				53,50
		107.872,44	0,00	91.169,40	53,50
	./.	0,00		53,50	
	Betriebseinnahmen	107.872,44		91.115,90	
	- Betriebsausgaben	91.115,90			
	= **berichtigter Gewinn**	**16.756,54**			

FALL

Der Schriftsteller Michael Bach, Koblenz, Steuernummer 22/220/1046/3, ermittelt seinen Gewinn nach § 4 Abs. 3 EStG.
Folgende Sachverhalte hat Herr Bach in 2014 aufgezeichnet. Herr Bach möchte einen möglichst geringen steuerlichen Gewinn erzielen.
Seine Umsätze versteuert er zu 7 % nach den allgemeinen Vorschriften des UStG.
Sonderabschreibungen werden nicht vorgenommen.

1. Die Honorareinnahmen des Herrn Bach haben 190.203 € betragen.
2. An Umsatzsteuer hat Herr Bach an das Finanzamt 9.512 € abgeführt.
3. Für die Nutzung eines zum Betriebsvermögens gehörenden Gebäudes erzielte Herr Bach Mieteinnahmen einschließlich der umlagefähigen Kosten (Nebenkosten) in Höhe von 14.400 €.
4. Die umlagefähigen Kosten für das vermietete Gebäude betrugen 4.150 €.
5. An Darlehenszinsen sind für das Gebäude 8.291 € angefallen.
6. An Personalkosten sind für eine geringfügig entlohnte Beschäftigte folgende Beträge angefallen:

400,00 € x 12 =	4.800,00 €
123,96 € x 12 =	1.487,52 €
insgesamt	6.287,52 €

7. Die AfA auf unbewegliche Wirtschaftsgüter betrug lt. Anlagenverzeichnis 36.744,80 €.
8. Die AfA auf bewegliche Wirtschaftsgüter betrug lt. Anlagenverzeichnis 10.000 €.
9. Für Porto, Telefon und Bürokosten hat Herr Bach 2.821,26 € gezahlt.
10. Für Fachbücher und Fachzeitschriften sind 3.680 € angefallen.
11. Am 28.12.2014 kaufte Herr Bach einen Bürostuhl (Nutzungsdauer 13 Jahre) für 415 € + USt. Er bezahlte sofort mit Bankscheck unter Abzug von 3 % Skonto. Die Belastung auf dem betrieblichen Bankkonto erfolgte am 03.01.2015.
12. Zu Weihnachten hat Herr Bach seinem Verlagslektor ein Geschenk im Wert von 33,60 € gemacht.

a) Wie hoch ist der steuerrechtliche Gewinn für Michael Bach im VZ 2014?

b) Besorgen Sie sich eine Anlage EÜR zur Einkommensteuererklärung 2014 und tragen Sie die Sachverhalte in die Anlage ein.

Lösung:

zu a)

Nr.	Vorgänge		Betriebs-einnahmen €	Betriebs-ausgaben €
1.	Honorareinnahmen		190.203,00	
2.	Umsatzsteuer			9.512,00
3.	Mieteinnahmen einschließlich Nebenkosten		14.400,00	
4.	umlagefähige Kosten			4.150,00
5.	Darlehenszinsen			8.291,00
6.	Personalkosten für geringfügig entlohnte Beschäftigte:			
	400,00 € x 12 =	4.800,00 €		
	123,96 € x 12 =	1.487,52 €		
	insgesamt	6.287,52 €		6.287,52
7.	AfA auf unbewegliche Wirtschaftsgüter			36.744,80
8.	AfA auf bewegliche Wirtschaftsgüter			10.000,00
9.	Porto, Telefon und Büromaterial			2.821,26
10.	Fachbücher und Fachzeitschriften			3.680,00
11.	Bürostuhl:			
	netto	415,00 €		
	- 3 % Skonto	12,45 €		
	= AK	402,55 €		76,48
	Vorsteuer (402,55 € x 19 % = 76,48 €) = BA			
	Der Bürostuhl kann nach § 6 Abs. 2 EStG sofort in voller Höhe als Betriebsausgabe abgezogen werden.			402,55
12.	Geschenk unter 35 Euro ist eine Betriebsausgabe (§ 4 Abs. 5 Nr. 1 EStG)			33,60
	Summe		204.603,00	81.999,21

	Betriebseinnahmen	204.603,00 €
-	Betriebsausgaben	81.999,21 €
=	Gewinn	**122.603,79€**

zu b)

Einnahmenüberschussrechnung Seite 1

2014

Zeile		Kz	Wert
1	Name des Steuerpflichtigen bzw. der Gesellschaft/Gemeinschaft/Körperschaft: Bach		**Anlage EÜR** Bitte für jeden Betrieb eine gesonderte Anlage EÜR einreichen!
2	Vorname: Michael		
3	**(Betriebs-)Steuernummer** 22/220/10463		77 14 1
	Einnahmenüberschussrechnung nach § 4 Abs. 3 EStG für das Kalenderjahr 2014		99 15
4	**davon abweichend** Beginn	131	T T M M 2 0 1 4
	Ende	132	T T M M J J J J
5	Art des Betriebs	100	schriftst. Tätigkeit
6	Rechtsform des Betriebs		
7	Einkunftsart	103	Land- und Forstwirtschaft = 1, Gewerbebetrieb = 2, Selbständige Arbeit = 3
8	Betriebsinhaber	104	Stpfl./Ehemann/Lebenspartner(in) A = 1, Ehefrau/Lebenspartner(in) B = 2, Beide Ehegatten/Lebenspartner(innen) = 3
9	Wurde im Kalenderjahr/Wirtschaftsjahr der Betrieb veräußert oder aufgegeben? (Bitte Zeile 78 beachten)	111	Ja = 1
10	Wurden im Kalenderjahr/Wirtschaftsjahr Grundstücke/grundstücksgleiche Rechte entnommen oder veräußert?	120	Ja = 1 oder Nein = 2

1. Gewinnermittlung

Zeile	**Betriebseinnahmen**	Kz	EUR, Ct (99 20)
11	Betriebseinnahmen als umsatzsteuerlicher **Kleinunternehmer** (nach § 19 Abs. 1 UStG)	111	
12	davon nicht steuerbare Umsätze sowie Umsätze nach § 19 Abs. 3 Satz 1 Nr. 1 und 2 UStG	119	*(weiter ab Zeile 17)*
13	Betriebseinnahmen als **Land- und Forstwirt**, soweit die Durchschnittssatz-besteuerung nach § 24 UStG angewandt wird	104	190.203,00
14	Umsatzsteuerpflichtige Betriebseinnahmen	112	14.400,00
15	Umsatzsteuerfreie, nicht umsatzsteuerbare Betriebseinnahmen sowie Betriebseinnahmen, für die der Leistungsempfänger die Umsatzsteuer nach § 13b UStG schuldet	103	
16	Vereinnahmte Umsatzsteuer sowie Umsatzsteuer auf unentgeltliche Wertabgaben	140	
17	Vom Finanzamt erstattete und ggf. verrechnete Umsatzsteuer	141	
18	Veräußerung oder Entnahme von Anlagevermögen	102	
19	Private Kfz-Nutzung	106	
20	Sonstige Sach-, Nutzungs- und Leistungsentnahmen	108	
21	Auflösung von Rücklagen und Ausgleichsposten (Übertrag aus Zeile 88)		
22	**Summe Betriebseinnahmen** (Übertrag in Zeile 71)	159	204.603,00

Zeile	**Betriebsausgaben**	Kz	EUR, Ct (99 25)
23	Betriebsausgabenpauschale **für bestimmte Berufsgruppen** und/oder Freibetrag nach § 3 Nr. 26, 26a und/oder 26b EStG	190	
24	Sachliche Bebauungskostenpauschale für **Weinbaubetriebe**/ Betriebsausgabenpauschale für **Forstwirte**	191	
25	Waren, Rohstoffe und Hilfsstoffe einschl. der Nebenkosten	100	
26	Bezogene Fremdleistungen	110	
27	Ausgaben für eigenes Personal (z. B. Gehälter, Löhne und Versicherungsbeiträge)	120	6.287,52
	Absetzung für Abnutzung (AfA)		
28	AfA auf unbewegliche Wirtschaftsgüter (ohne AfA für das häusliche Arbeitszimmer)	136	36.744,80
29	AfA auf immaterielle Wirtschaftsgüter (z. B. erworbene Firmen-, Geschäfts- oder Praxiswerte)	131	
30	AfA auf bewegliche Wirtschaftsgüter (z. B. Maschinen, Kfz)	130	10.000,00
	Übertrag (Summe Zeilen 23 bis 30)		53.032,32

2014AnlEÜR801 – Sept. 2014 – 2014AnlEÜR801

Einnnahmenüberschussrechnung Seite 2

(Betriebs-)Steuernummer 22/220/10463

Zeile	Bezeichnung	Kennzahl	EUR	Ct
	Übertrag (Summe Zeilen 23 bis 30)		53.032	32
31	Sonderabschreibungen nach § 7g Abs. 5 und 6 EStG	134		
32	Herabsetzungsbeträge nach § 7g Abs. 2 EStG (Erläuterungen auf gesondertem Blatt)	138		
33	Aufwendungen für geringwertige Wirtschaftsgüter nach § 6 Abs. 2 EStG	132	402	55
34	Auflösung Sammelposten nach § 6 Abs. 2a EStG	137		
35	Restbuchwert der ausgeschiedenen Anlagegüter	135		
	Raumkosten und sonstige Grundstücksaufwendungen (ohne häusliches Arbeitszimmer)			
36	Miete/Pacht für Geschäftsräume und betrieblich genutzte Grundstücke	150		
37	Aufwendungen für doppelte Haushaltsführung (z. B. Miete)	152		
38	Sonstige Aufwendungen für betrieblich genutzte Grundstücke (ohne Schuldzinsen und AfA)	151	4.150	00
	Sonstige unbeschränkt abziehbare Betriebsausgaben			
39	Aufwendungen für Telekommunikation (z. B. Telefon, Internet)	280		
40	Übernachtungs- und Reisenebenkosten bei Geschäftsreisen des Steuerpflichtigen	221		
41	Fortbildungskosten (ohne Reisekosten)	281		
42	Kosten für Rechts- und Steuerberatung, Buchführung	194		
43	Miete/Leasing für bewegliche Wirtschaftsgüter (ohne Kraftfahrzeuge)	222		
44	Beiträge, Gebühren, Abgaben und Versicherungen (ohne solche für Gebäude und Kraftfahrzeuge)	223		
45	Werbekosten (z. B. Inserate, Werbespots, Plakate)	224		
46	Schuldzinsen zur Finanzierung von Anschaffungs- und Herstellungskosten von Wirtschaftsgütern des Anlagevermögens (ohne häusliches Arbeitszimmer)	232		
47	Übrige Schuldzinsen	234		
48	Gezahlte Vorsteuerbeträge	185	76	48
49	An das Finanzamt gezahlte und ggf. verrechnete Umsatzsteuer (Die Regelung zum 10-Tageszeitraum nach § 11 Abs. 2 Satz 2 EStG ist zu beachten.)	186	9.512	00
50	Rücklagen, stille Reserven und/oder Ausgleichsposten (Übertrag aus Zeile 88)			
51	Übrige unbeschränkt abziehbare Betriebsausgaben	183	14.792	26

Zeile	**Beschränkt abziehbare Betriebsausgaben und Gewerbesteuer**	Kennzahl	nicht abziehbar EUR	Ct	Kennzahl	abziehbar EUR	Ct
52	Geschenke	164			174	33	60
53	Bewirtungsaufwendungen	165			175		
54	Verpflegungsmehraufwendungen				171		
55	Aufwendungen für ein häusliches Arbeitszimmer (einschl. AfA und Schuldzinsen)	162			172		
56	Sonstige beschränkt abziehbare Betriebsausgaben	168			177		
57	Gewerbesteuer	217			218		

Zeile	Bezeichnung	Kennzahl	EUR	Ct
	Kraftfahrzeugkosten und andere Fahrtkosten			
58	Leasingkosten	144		
59	Steuern, Versicherungen und Maut	145		
60	Sonstige tatsächliche Fahrtkosten ohne AfA und Zinsen (z. B. Reparaturen, Wartungen, Treibstoff, Kosten für Flugstrecken, Kosten für öffentliche Verkehrsmittel)	146		
61	Fahrtkosten für nicht zum Betriebsvermögen gehörende Fahrzeuge (Nutzungseinlage)	147		
62	Kraftfahrzeugkosten für Wege zwischen Wohnung und Betriebsstätte; Familienheimfahrten (pauschaliert oder tatsächlich)	142 –		
63	Mindestens abziehbare Kraftfahrzeugkosten für Wege zwischen Wohnung und Betriebsstätte (Entfernungspauschale); Familienheimfahrten	176 +		
64	**Summe Betriebsausgaben** (Übertrag in Zeile 72)	199	81.999	21

2014AnlEÜR802

2014AnlEÜR802

Einnnahmenüberschussrechnung Seite 3

(Betriebs-)Steuernummer 22/220/10463

Ermittlung des Gewinns

Zeile		Kz		EUR	Ct
71	Summe der Betriebseinnahmen (Übertrag aus Zeile 22)			204.603	00
72	abzüglich Summe der Betriebsausgaben (Übertrag aus Zeile 64)		–	81.999	21
	zuzüglich				
73	– Hinzurechnung der Investitionsabzugsbeträge nach § 7g Abs. 2 EStG aus 2011 (Erläuterungen auf gesondertem Blatt)	180	+		
74	– Hinzurechnung der Investitionsabzugsbeträge nach § 7g Abs. 2 EStG aus 2012 (Erläuterungen auf gesondertem Blatt)	181	+		
75	– Hinzurechnung der Investitionsabzugsbeträge nach § 7g Abs. 2 EStG aus 2013 (Erläuterungen auf gesondertem Blatt)	182	+		
76	– Gewinnzuschlag nach § 6b Abs. 7 und 10 EStG	123	+		
	abzüglich				
77	– Investitionsabzugsbeträge nach § 7g Abs. 1 EStG (Erläuterungen auf gesondertem Blatt)	187	–		
78	Hinzurechnungen und Abrechnungen bei Wechsel der Gewinnermittlungsart (Erläuterungen auf gesondertem Blatt)	250			
79	Ergebnisanteile aus Beteiligungen an Personengesellschaften	255			
80	Korrigierter Gewinn/Verlust	290		122.603	79

Zeile		Kz	Gesamtbetrag	Kz	Korrekturbetrag
81	Bereits berücksichtigte Beträge, für die das Teileinkünfteverfahren bzw. § 8b KStG gilt	261		262	

Zeile		Kz		EUR	Ct
82	Steuerpflichtiger Gewinn/Verlust vor Anwendung des § 4 Abs. 4a EStG	293		122.603	79
83	Hinzurechnungsbetrag nach § 4 Abs. 4a EStG	271	+		
84	**Steuerpflichtiger Gewinn/Verlust**	219		122.603	79

2. Ergänzende Angaben 99 27

Rücklagen und stille Reserven

(Erläuterungen auf gesondertem Blatt)

Zeile		Kz	Bildung/Übertragung EUR	Ct	Kz	Auflösung EUR	Ct
85	Rücklagen nach § 6c i. V. m. § 6b EStG, R 6.6 EStR	187			120		
86	Übertragung von stillen Reserven nach § 6c i. V. m. § 6b EStG, R 6.6 EStR	170					
87	Ausgleichsposten nach § 4g EStG	191			125		
88	Gesamtsumme	190	(Übertrag in Zeile 50)		124	(Übertrag in Zeile 21)	

Rückgängigmachung von Investitionsabzugsbeträgen nach § 7g Abs. 3 und 4 EStG

(Erläuterungen jeweils auf gesondertem Blatt)

Zeile		Kz	EUR	Ct
89	– in 2011 abgezogen	180		
90	– in 2012 abgezogen	181		
91	– in 2013 abgezogen	182		

3. Zusätzliche Angaben bei Einzelunternehmen 99 29

Entnahmen und Einlagen i. S. d. § 4 Abs. 4a EStG

Zeile		Kz	EUR	Ct
92	Entnahmen einschl. Sach-, Leistungs- und Nutzungsentnahmen	122		
93	Einlagen einschl. Sach-, Leistungs- und Nutzungseinlagen	123		

2014AnlEÜR803 2014AnlEÜR803

FALL

Die Eheleute Schäfer (Zusammenveranlagung) haben im Veranlagungszeitraum 2014 Einkünfte aus Land- und Forstwirtschaft in Höhe von 300 € und Einkünfte aus Gewerbebetrieb in Höhe von 62.000 € erzielt.

Ermitteln Sie den Gesamtbetrag der Einkünfte der Familie Schäfer für den VZ 2014.

Lösung:

	Einkünfte aus Land- und Forstwirtschaft (§ 13 EStG)	300 €
+	Einkünfte aus Gewerbebetrieb (§ 15 EStG)	62.000 €
=	Summe der Einkünfte (§ 2 Abs. 2 EStG)	62.300 €
-	Freibetrag nach § 13 Abs. 3 EStG*	0 €
=	Gesamtbetrag der Einkünfte (§ 2 Abs. 3 EStG)	**62.300 €**

* Der Freibetrag für L+F beträgt grundsätzlich 1.340 € (bei Zusammenveranlagung). Die Summe der Einkünfte übersteigt jedoch 61.400 €. Der Freibetrag gem. § 13 Abs. 3 EStG ist nicht zu gewähren.

FALL

Sachverhalt wie im Fall zuvor mit dem Unterschied, dass die Einkünfte aus Gewerbebetrieb 10.000 € betragen.

Ermitteln Sie den Gesamtbetrag der Einkünfte der Familie Schäfer für den VZ 2014.

Lösung:

	Einkünfte aus Land- und Forstwirtschaft (§ 13 EStG)	300 €
+	Einkünfte aus Gewerbebetrieb (§ 15 EStG)	10.000 €
=	Summe der Einkünfte (§ 2 Abs. 2 EStG)	10.300 €
-	Freibetrag nach § 13 Abs. 3 EStG*	300 €
=	Gesamtbetrag der Einkünfte (§ 2 Abs. 3 EStG)	**10.000 €**

* Der Freibetrag für L+F beträgt grundsätzlich 1.340 € (bei Zusammenveranlagung). Er ist jedoch auf die Höhe der Einkünfte aus L+F begrenzt (im Fall sind dies 300 €).

FALL

Landwirt Huber, Landsberg, verfügt über eine regelmäßig landwirtschaftlich genutzte Fläche von 100 Hektar.

Ermitteln Sie die maximalen Vieheinheiten i.S.d. § 13 Abs. 1 Nr. 1 Satz 2 EStG.

Lösung:

Stufen	Max. VE je Hektar	Max. VE je Stufe
0 - 20 Hektar	10 VE	200 VE
21 - 30 Hektar	7 VE	70 VE
31 - 50 Hektar	6 VE	120 VE
51 - 100 Hektar	3 VE	150 VE
		540 VE

Wenn Landwirt Huber ausschließlich Einkünfte aus L+F erzielen will, darf er maximal 540 VE auf seiner regelmäßig landwirtschaftlich genutzten Fläche (100 ha) halten.

FALL

Anton Zwick betreibt in Leiwen an der Mosel einen land- und forstwirtschaftlichen Betrieb. Seine weinbaulich genutzte Fläche beträgt 2 Hektar (= 20.000 qm). Seine selbst bewirtschaftete landwirtschaftliche Fläche beträgt 12 Hektar. Herr Zwick besitzt seit vielen Jahren den folgenden durchschnittlichen Viehbestand:

- 5.000 Legehennen,
- 40 Milchkühe.

Prüfen Sie, zu welcher Einkunftsart die Tierzucht bzw. Tierhaltung gehört.
[Lösungshinweis: siehe § 13 Abs. 1 Nr. 1 S. 2 EStG/R 13.2 Abs. 1 bis 3 EStR 2012]

Lösung:

a) Ermittlung der landwirtschaftlich genutzten Fläche (R 13.2 Abs. 3 EStR)

	Landwirtschaftlich genutzte Gesamtfläche	14 ha
-	Flächen gem. R 13.2 Abs. 3 Satz 2 (Weinbau)	- 2 ha
=	Regelmäßig landwirtschaftlich genutzte Fläche (R 13.2 Abs. 3 S. 1)	**12 ha**

b) Ermittlung der maximalen (unschädlichen) VE i. S. d. § 13 Abs. 1 Nr. 1 S. 2 EStG

12 ha x 10 VE/ha = **120 VE**

Verfügt Herr Zwick über mehr als 120 Vieheinheiten, so gehört der darüber hinausgehende Bestand zur gewerblichen Tierzucht/Tierhaltung (Einkünfte gem. § 15 EStG, vgl. auch R 13.2 Abs. 2 EStR 2012).

c) Ermittlung der vorhandenen Vieheinheiten gem. R 13.2 Abs. 1 EStR

Tierart	Anzahl	Vieheinheiten pro Tier	Vieheinheiten gesamt
Milchkühe	40	1,00 VE	40,0 VE
Legehennen	5.000	0,02 VE	100,0 VE
			140,0 VE

d) Zuordnung des Tierbestandes zu den Einkünften gem. § 13 und § 15 EStG

Die maximal zulässigen VE werden um 20 VE überschritten (§ 13 Abs. 1 Nr. 1 S. 2). Bei der Herausrechnung der überzähligen VE ist zu beachten:

1. ein Zweig (Tierbestand) kann nur einer Einkunftsart zugerechnet werden, d. h. es ist immer der komplette Zweig herauszurechnen (R 13.2 Abs. 2 S. 2 EStR),
2. es sind zunächst die Zweige (Tierbestände) herauszurechnen, die den geringsten Flächenbedarf haben (R 13.2 Abs. 2 S. 4-6 EStR).

Im vorliegenden Fall muss Herr Zwick den gesamten Bestand an Legehennen - und somit alle Einnahmen aus diesem Zweig - seinem gewerblichen Bereich zuordnen (§ 15).

Der verbleibende Zweig (Milchkühe) ist dem land- und forstwirtschaftlichen Bereich zuzuordnen (§ 13).

FALL

Erzielen die Beteiligten bei den Fällen 1 bis 6 Einkünfte aus Gewerbebetrieb?
Begründen Sie Ihre Antwort unter Hinweis auf die Rechtsgrundlagen.

1. Bernd Friedrich betreibt unter der Firma „Bernd Friedrich Autoservice e. K." eine im Handelsregister Koblenz eingetragene Kfz-Werkstatt.
2. Ina Ernst betreibt in der Innenstadt von Bonn einen kleinen, nicht im Handelsregister eingetragenen Kiosk.
3. Roland und Marie Gerke betreiben in München die „Gerke Baustoff OHG". Außerdem sind Ulf Gerke und Renate Gerke als stiller Gesellschafter an der OHG beteiligt. Ulf Gerke hat der Gesellschaft 20.000 € zu Verfügung gestellt. Laut Gesellschaftsvertrag besitzt Ulf Gerke umfassende Mitspracherechte. Seine Gewinn- und Verlustbeteiligung beträgt 10 %. Im Falle der Unternehmensliquidation bzw. seines Ausscheidens erhält Ulf Gerke einen im Gesellschaftsvertrag genau definierten Anteil an den stillen Reserven des Unternehmens. Renate Gerke hat der Gesellschaft 40.000 € zur Verfügung gestellt. Ihre rechtliche Gesellschafterstellung entspricht den gesetzlichen Vorschriften der §§ 230 ff. HGB.
4. Die Brüder Lutz und Leo Gruber betreiben in Hermeskeil einen kleinen landwirtschaftlichen Betrieb in der Rechtsform einer OHG.
5. Wie Fall 4, jedoch gehört zum Unternehmensgegenstand auch der Handel mit Landmaschinen. Der Umsatz aus dem Landmaschinenhandel beträgt im Durchschnitt der letzten drei Jahre 25 % des Gesamtumsatzes.
6. Sarah und Lara Lurtz betreiben in Ulmen einen kleinen landwirtschaftlichen Betrieb in der Rechtsform einer GmbH & Co. KG (Komplementär = GmbH).

Lösung:

zu 1.

Ja, Herr Friedrich erzielt Einkünfte i. S. d. § 15 Abs. 1 Nr. 1.
Er betreibt ein gewerbliches Einzelunternehmen. Die nachfolgenden Tatbestandsvoraussetzungen des § 15 Abs. 2 S. 1 sind alle erfüllt:

- Selbständigkeit [H 15.1 (Allgemeines) EStH],
- Nachhaltigkeit [H 15.2 (Wiederholungsabsicht) EStH],
- Gewinnerzielungsabsicht [H 15.3 (Beweisanzeichen) + (Totalgewinn) EStH],
- Beteiligung am allgemeinen wirtschaftlichen Verkehr [H 15.4 (Allgemeines) + (Kundenkreis) EStH],
- keine Land- und Forstwirtschaft (R 15.5 EStR),
- keine selbständige Tätigkeit i. S. d. § 18 [H 15.6 (Allgemeines) + (Abgrenzung selbständige Arbeit/Gewerbebetrieb) EStH] .

zu 2.

Ja, vgl. Lösung zu 1.

Der fehlende Eintrag im Handelsregister ist für die Qualifizierung der Einkünfte irrelevant. Die Tatsache hat lediglich Auswirkung auf die Art der Gewinnermittlung [Betriebsvermögensvergleich (§ 4 Abs. 1 i. V. m. § 5) oder Einnahmenüberschussrechnung (§ 4 Abs. 3)].

zu 3.

Roland und Marie Gerke:

Ja, beide Gesellschafter erzielen als **Mitunternehmer** einer gewerblichen Personengesellschaft Einkünfte gem. §15 Abs.1 Nr.2. Zu diesen Einkünften zählen die „normale" Gewinnbeteiligung und i.d.R. alle sonstigen Vergütungen.

Ulf Gerke:

Ja, Ulf Gerke erzielt als **atypisch stiller Gesellschafter** ebenfalls Einkünfte gem. §15 Abs.1 Nr.2. Seine gesellschaftsrechtliche Stellung geht weit über die des handelsrechtlich normierten stillen Gesellschafters (§§230 ff. HGB) hinaus. Er kann Mitunternehmerinitiative entfalten (umfassende Mitspracherechte). Außerdem trägt er Mitunternehmerrisiko (Verlustbeteiligung + Beteiligung an den stillen Reserven).
Seine rechtliche Stellung ist mit der eines Kommanditisten vergleichbar (vgl. auch H 15.8 „Mitunternehmerinitiative" + „Mitunternehmerrisiko" + „Stiller Gesellschafter").

Renate Gerke:

Nein, sie erzielt als **typisch stille Gesellschafterin** Einkünfte aus Kapitalvermögen (§20 Abs.1 Nr.4). Ihre gesellschaftsrechtliche Stellung ist mit der eines Kreditgebers vergleichbar (z.B. partiarisches Darlehen = Darlehen, bei dem die Zinsen in Form einer Gewinnbeteiligung gezahlt werden).

zu 4.

Nein, sie erzielen Einkünfte aus Land- und Forstwirtschaft (§13 Abs.1 Nr.1).
Sie betreiben zwar eine OHG (Personengesellschaft), jedoch fehlt die Gewerblichkeit dieser Gesellschaft (§15 Abs.2).

zu 5.

Ja, jetzt erzielen beide Gesellschafter Einkünfte gem. §15 Abs.1 Nr.2 i.V.m. §15 Abs.3 Nr.1.

Die gewerbliche Tätigkeit des Landmaschinenhandels „infiziert" die gesamte Betätigung der OHG als gewerblich. Der Anteil der gewerblichen Tätigkeit spielt i.d.R. keine Rolle (volle „Infektionswirkung").

zu 6.

Ja, beide Gesellschafterinnen erzielen Einkünfte gem. §15 Abs.1 Nr.2 i.V.m. §15 Abs.3 Nr.2.

Obwohl die Gesellschafterinnen eine ausschließlich landwirtschaftlich tätige Personengesellschaft (GmbH & Co. KG) betreiben, gibt die Komplementärin (GmbH) dem gesamten Unternehmen das gewerbliche Gepräge.

FALL

Die „Arndt & Brecht Möbelwerke OHG" erzielt in 2014 einen Handelsbilanzgewinn in Höhe von 300.000 €. Im Gesellschaftsvertrag der OHG wurde eine Gewinnverteilung i. S. d. HGB festgelegt. Frau Arndt ist mit 210.000 € und Herr Brecht mit 170.000 € an der OHG beteiligt. Herr Brecht erhält ein jährliches Geschäftsführergehalt in Höhe von 60.000 €. Außerdem erhält er für die Überlassung eines Parkplatzes eine jährliche Miete in Höhe von 4.000 €. Frau Arndt gewährt der OHG seit 2012 ein mit 7 % zu verzinsendes Fälligkeitsdarlehen in Höhe von 50.000 €. Alle Aufwendungen wurden in der Buchführung entsprechend den handelsrechtlichen Vorgaben erfasst.

a) Ermitteln Sie den steuerlichen Gewinn der OHG.

b) Ermitteln Sie den steuerlichen Gewinnanteil jedes Gesellschafters.

Lösung:

Hinweis: A = Arndt, B = Brecht

a) Ermittlung des steuerlichen Gewinns

	Handelsbilanzgewinn		300.000 €
+	**Sonderbetriebseinnahmen**		
	Gesellschafter A	3.500 €	
	Gesellschafter B	64.000 €	67.500 €
-	**Sonderbetriebsausgaben**		
	Gesellschafter A	0 €	
	Gesellschafter B	0 €	0 €
=	**steuerlicher Gewinn** (§ 15 Abs. 1 Nr. 2 EStG)		**367.500 €**

b) Verteilung des steuerlichen Gewinns auf die Gesellschafter

Gesellschafter	Vorweggewinn	Kapitalverzinsung	Restgewinn	Gewinnanteil
A	3.500 €	8.400 €	142.400 €	154.300 €
B	64.000 €	6.800 €	142.400 €	213.200 €
	67.500 €	15.200 €	284.800 €	**367.500 €**

FALL

Leni Abel und Vera Blum betreiben eine Lebensmittelgroßhandlung in der Rechtsform einer KG. Die Kapitalbeteiligungen betragen 20.000 € (Abel) und 280.000 € (Blum). Frau Abel besitzt laut Gesellschaftsvertrag als Komplementärin das alleinige Geschäftsführungs- und Vertretungsrecht. Hierfür erhält sie ein jährliches Gehalt in Höhe von 75.000 €. Das Gehalt wurde in der Buchführung als Aufwand erfasst. Frau Blum erhält laut Gesellschaftsvertrag als Ausgleich für ihren enormen Kapitaleinsatz eine jährliche Risikoprämie in Höhe von 5% des eingesetzten Kapitals. Dieser Betrag wurde in der Buchführung noch nicht erfasst. Weitere Kapitalverzinsungen sind nicht vorgesehen. Im Übrigen entsprechen die jeweiligen Gesellschafterrechte den handelsrechtlichen Vorgaben der §§ 161 ff. HGB. Der handelsrechtliche Gewinn 2014 in Höhe von 400.000 € ist nach Abzug der Risikoprämie im Verhältnis 4 (Abel) : 6 (Blum) aufzuteilen.

a) Ermitteln Sie den steuerlichen Gewinn der KG.

b) Ermitteln Sie den steuerlichen Gewinnanteil jedes Gesellschafters

Lösung:

Hinweis: A = Abel, B = Blum

a) Ermittlung des steuerlichen Gewinns

	Handelsbilanzgewinn		400.000 €
+	**Sonderbetriebseinnahmen**		
	Gesellschafter A	75.000 €	
	Gesellschafter B	0 €	75.000 €
-	**Sonderbetriebsausgaben**		
	Gesellschafter A	0 €	
	Gesellschafter B	0 €	0 €
=	**steuerlicher Gewinn** (§15 Abs. 1 Nr. 2 EStG)		**475.000€**

b) Verteilung des steuerlichen Gewinns auf die Gesellschafter

Gesellschafter	Vorweggewinn	Kapitalverzinsung	Restgewinn	Gewinnanteil
A	75.000 €	0 €	154.400 €	229.400 €
B	0 €	14.000 €	231.600 €	245.600 €
	75.000 €	14.000 €	386.000 €	**475.000€**

FALL

Gewerbetreibender Leo Sachs hat im Januar 2014 die folgenden selbständig nutzungsfähigen Wirtschaftsgüter des beweglichen abnutzbaren Anlagevermögens angeschafft:

Wirtschaftsgut A:	Anschaffungskosten	1.200 €,	Nutzungsdauer (ND)	8 Jahre,
Wirtschaftsgut B:	Anschaffungskosten	900 €,	Nutzungsdauer (ND)	3 Jahre,
Wirtschaftsgut C:	Anschaffungskosten	600 €,	Nutzungsdauer (ND)	6 Jahre,
Wirtschaftsgut D:	Anschaffungskosten	140 €,	Nutzungsdauer (ND)	4 Jahre,
Wirtschaftsgut E:	Anschaffungskosten	910 €,	Nutzungsdauer (ND)	7 Jahre.

Weitere Anschaffungen wurden in 2014 nicht getätigt. § 7g EStG ist nicht anwendbar
Herr Sachs möchte die neuen Wirtschaftsgüter in 2014 steuerrechtlich möglichst hoch abschreiben.

Wie wird Herr Sachs die neuen Wirtschaftsgüter abschreiben?

Lösung:

Die folgende Tabelle stellt die grundsätzlichen AfA-Alternativen mit ihren jeweiligen Auswirkungen auf den Betriebsausgabenabzug dar.

Wirtschaftsgut (WG)	Sofort-AfA	AfA über ND	Pool-AfA
A	—	150 €*	—
B	—	300 €*	180 €
C	—	100 €*	120 €
D	140 €*	35 €	—
E	—	130 €*	182 €

WG A (AK > 1.000 €) und WG D (AK < 150 €) fallen nicht unter das Gebot der einheitlichen Ausübung des AfA-Wahlrechts während eines Wirtschaftsjahres.
Die WG B, C und E fallen hingegen unter das „Einheitlichkeitsgebot", da ihre AK über 150 € liegen und 1.000 € nicht übersteigen (§ 6 Abs. 2a Satz 5 EStG).
Möchte Herr Sachs z. B. beim WG B eine AfA über die ND vornehmen, so muss er die WG C und E ebenfalls über die ND abschreiben. Möchte er z. B das WG E in einen Sammelposten einstellen, so muss er die WG B und C ebenfalls in den Sammelposten einstellen. Aufgrund des „Einheitlichkeitsgebotes" sollte sich Herr Sachs in der vorliegenden Situation für eine AfA über die ND bei allen Wirtschaftsgütern mit AK über 150 € bis max. 1.000 € entscheiden. Die Entscheidung führt zu einem maximalen Betriebsausgabenabzug (vgl. die mit einem * markierten AfA-Beträge).

FALL

Erzielen die Beteiligten bei den Fällen 1 bis 8 Einkünfte aus selbständiger Arbeit i. S. d. § 18 EStG?
Begründen Sie Ihre Antwort unter Hinweis auf die Rechtsgrundlagen.

1. Dr. med. Jürgen Noll betreibt in München eine Arztpraxis.
2. Dr. Ina Grill betreibt in Köln eine Apotheke.
3. Vera Bendel betreibt in Olpe eine Tanzschule.
4. Carla Ritter betreibt in Kiel ein Gymnastikstudio. Sie erteilt persönlich diverse Fitness- und Entspannungskurse. An Gerätschaften sind Matten, Bälle und Bänder vorhanden. Größere Fitnessgeräte gehören nicht zu ihrer Ausstattung.
5. Arnold Schwarzenberger betreibt in Berlin ein Fitnessstudio mit allen hierfür erforderlichen Gerätschaften. Er erstellt für seine Kunden Trainingspläne, betreut sie in der Anfangsphase persönlich und führt bei Bedarf Beratungsgespräche durch. Die fortgeschrittenen Kunden trainieren in Eigenregie nach vorgegebenen oder selbst erstellten Trainingsplänen.
6. Richter Dr. Gerald Trumm, Bremen, veröffentlicht - gegen Honorar - gelegentlich Fachaufsätze in einer juristischen Fachzeitschrift. Außerdem verkauft er gelegentlich selbst erstellte Aquarelle.
7. Diplom Handelslehrer Erwin Koch betreibt in Jena eine kaufmännische Privatschule mit 400 Schülern. Er beschäftigt 30 Lehrkräfte verschiedenster Fachrichtungen (z. B. Sprachen, Kunst, Naturwissenschaften, Betriebswirtschaft). Herr Koch leitet die Schule. Sein Unterrichtseinsatz beträgt 6 Stunden pro Woche.
8. Kfz-Meister Hans Neiß ist in Worms als selbständiger Kfz-Sachverständiger tätig.

Lösung:

zu 1.

Ja, Herr Dr. Noll erzielt Einkünfte i. S. d. §18 Abs. 1 Nr. 1 EStG.
Er übt die selbständige Berufstätigkeit eines Arztes aus (Katalogberuf). Die hierfür erforderliche medizinische Ausbildung liegt vor.

zu 2.

Nein, Frau Dr. Grill erzielt Einkünfte i. S. d. §15 Abs. 1 Nr.1 EStG.
Der Beruf des Apothekers zählt nicht zu den Katalogberufen des §18 Abs. 1 Nr. 1 EStG. Eine den Ärzten vergleichbare (ähnliche) Tätigkeit wird nicht ausgeübt. Frau Dr. Grills Tätigkeit besteht überwiegend in der Lieferung von Waren/Medikamenten.
Sie lindert nicht die Leiden der Kunden aufgrund einer persönlichen medizinischen Leistung.

zu 3.

Ja, Frau Bendel erzielt Einkünfte i. S. d. §18 Abs. 1 Nr. 1 EStG.
Sie übt eine selbständige unterrichtende Tätigkeit aus.

zu 4.

Ja, Frau Ritter erzielt Einkünfte i. S. d. §18 Abs. 1 Nr. 1 EStG.
Sie übt eine selbständige unterrichtende Tätigkeit aus.

zu 5.

Nein, Herr Schwarzenberger erzielt Einkünfte i. S. d. §15 Abs. 1 Nr.1 EStG.
Er leitet zwar seine Kunden bei Bedarf an. Ansonsten überlässt er jedoch den Kunden die Geräte zur freien Verfügung [keine unterrichtende Tätigkeit/vgl. H 15.6 (Unterrichtende Tätigkeit) EStH].

zu 6.

Richtertätigkeit:
Herr Dr. Trumm erzielt als Beamter Einkünfte i. S. d. §19 Abs. 1 Nr. 1 EStG.

Autorentätigkeit:
Herr Dr. Trumm erzielt als selbständiger Schriftsteller Einkünfte i. S. d. §18 Abs. 1 Nr. 1 EStG. Selbst eine einmalige Veröffentlichung führt zum gleichen Ergebnis, wenn davon auszugehen ist, dass bei einer erneuten Gelegenheit die Tätigkeit wiederholt wird.

Künstlertätigkeit:
Grundsätzlich erzielt Herr Dr. Trumm als Künstler Einkünfte i. S. d. §18 Abs. 1 Nr. 1 EStG. Es wäre jedoch zu prüfen, ob das Kriterium der Gewinnerzielungsabsicht (bezogen auf die Totalperiode) erfüllt ist. In vielen Fällen wird eine steuerlich unbeachtliche Liebhaberei vorliegen (insbesondere, wenn die Aufwendungen die Einnahmen dauerhaft übersteigen). Laut Rechtsprechung handelt es sich dann lediglich um ein vom wirtschaftlichen Erfolg unabhängiges Hobby [z. B. BFH v. 14.07.2003, BStBl. 2003 II S. 804/vgl. auch H 15.6 (Allgemeines) EStH]

zu 7.

Nein, Herr Koch erzielt Einkünfte i. S. d. §15 Abs. 1 Nr.1 EStG.
Herr Koch leitet zwar die Schule eigenverantwortlich. Seine unterrichtliche Tätigkeit tritt jedoch aufgrund des enormen Verwaltungsaufwandes und der geringen eigenen Unterrichtszeit in den Hintergrund. Eine inhaltliche Mitgestaltung des fachfremden Unterrichts ist i. d. R. nicht möglich [vgl. H 15.6 (Mithilfe anderer Personen) EStH].

zu 8.

Im vorliegenden Fall müssten die Gesamtumstände des Einzelfalles genau geprüft werden. Herr Neiß kann sowohl Einkünfte i. S. d. §18 Abs. 1 Nr. 1 EStG als auch Einkünfte i. S. d. §15 Abs. 1 Nr.1 EStG erzielen. Fraglich ist, ob er einen dem Katalogberuf des Ingenieurs ähnlichen selbständigen Beruf ausübt. Zur Klärung dieser Frage hat die Rechtsprechung die folgenden Kriterien entwickelt [vgl. H 15.6 (Ähnliche Berufe) EStH]:

1. **Liegt eine vergleichbare Ausbildung bzw. vergleichbares Fachwissen vor?**
   Das Fachwissen kann in einer formalen Ausbildung, im Rahmen eines Selbststudiums oder aufgrund praktischer Tätigkeit erworben worden sein (z. B. besonders anspruchsvolle Tätigkeit). Ein Nachweis ist für Herrn Neiß jedoch zwingend erforderlich.
2. **Ist das Niveau der beruflichen Tätigkeit vergleichbar?**
   Herr Neiß muss nachweisen, dass seine Tätigkeit mit der einer Ingenieurstätigkeit hinsichtlich des Schwierigkeitsgrades vergleichbar ist. Die bloße Umsetzung seiner praktischen Erfahrungen aufgrund seiner Meistertätigkeit reicht nicht aus.

[Vgl. auch H 15.6 (Abgrenzung selbständige Arbeit/Gewerbebetrieb – insbesondere Buchstaben a + b jeweils Kfz-Sachverständiger)]

FALL

Der Arbeitnehmer Klaus Schmitz, Köln, fährt mit der U-Bahn zu seiner ersten Tätigkeitsstätte. Einschließlich der Fußwege beträgt die zurückgelegte Entfernung 15 km. Die kürzeste Straßenverbindung beträgt 10 km.

Bestimmen Sie die maßgebliche Entfernung zwischen Wohnung und erster Tätigkeitsstätte.

Lösung:

Für die Ermittlung der Entfernungspauschale ist die kürzeste Straßenverbindung von **10km** anzusetzen (§ 9 Abs. 1 Nr. 4 Satz 4 EStG).

FALL

Der Arbeitnehmer Franz Klein, St. Goarshausen, wohnt am Rhein und hat seine erste Tätigkeitsstätte auf der anderen Flussseite in St. Goar. Die Entfernung zwischen Wohnung und erster Tätigkeitsstätte beträgt über die nächste Brücke 80 km und bei Benutzung der Autofähre 9 km (inkl. Fährstrecke). Die Fährstrecke beträgt 0,6 km, die Fährkosten betragen 650 € jährlich.

Bestimmen Sie die maßgebliche Entfernung zwischen Wohnung und rerster Tätigkeitsstätte.

Lösung:

Für die Ermittlung der Entfernungspauschale ist eine Entfernung von **8 km** (9 km - 0,6 km = 8 volle km) anzusetzen.
Weil die Fährstrecke bei der Ermittlung der Entfernungspauschale abgezogen wird, können neben der Entfernungspauschale die Fährkosten in Höhe von 650 € berücksichtigt werden.

FALL

Ermitteln Sie bei den Sachverhalten 1 und 2 die Höhe der Entfernungspauschale für die Wege zwischen Wohnung und erster Tätigkeitsstätte.

1. Bei einer aus drei Arbeitnehmern bestehenden wechselseitigen Fahrgemeinschaft beträgt die Entfernung zwischen Wohnung und erster Tätigkeitsstätte für jeden Arbeitnehmer 100 km. Bei tatsächlichen 210 Arbeitstagen benutzt jeder Arbeitnehmer seinen eigenen Kraftwagen an 70 Tagen für die Fahrten zwischen Wohnung und erster Tätigkeitsstätte.
2. Ein Arbeitnehmer fährt an 220 Arbeitstagen im Jahr mit dem eigenen Kraftwagen 30 km zur nächsten Bahnstation und von dort 100 km mit der Bahn zur ersten Tätigkeitsstätte. Die kürzeste maßgebende Entfernung (Straßenverbindung) beträgt 100 km. Die Aufwendungen für die Bahnfahrten betragen 2.160 € (monatlich 180 € x 12 = 2.160 € im Jahr).

Lösung:

zu 1.

Die Entfernungspauschale ist für jeden Teilnehmer der Fahrgemeinschaft wie folgt zu ermitteln:
Zunächst ist die Entfernungspauschale für die Fahrten und Tage zu ermitteln, an denen der Arbeitnehmer mitgenommen wurde:

140 Arbeitstage x 100 km x 0,30 Euro =	4.200 €
(Höchstbetrag von 4.500 Euro ist nicht überschritten)	

Anschließend ist die Entfernungspauschale für die Fahrten und Tage zu ermitteln, an denen der Arbeitnehmer seinen eigenen Kraftwagen benutzt hat:

70 Arbeitstage x 100 km x 0,30 Euro =	2.100 €
abziehbar (unbegrenzt)	
anzusetzende Entfernungspauschale =	**6.300 €**

Setzt bei einer Fahrgemeinschaft nur ein Teilnehmer seinen Kraftwagen ein, kann er die Entfernungspauschale ohne Begrenzung auf den Höchstbetrag von 4.500 Euro für seine Entfernung zwischen Wohnung und erster Tätigkeitsstätte geltend machen; eine Umwegstrecke zum Abholen der Mitfahrer ist nicht in die Entfernungspauschale einzubeziehen. Bei den Mitfahrern wird gleichfalls die Entfernungspauschale angesetzt, allerdings bei ihnen begrenzt auf den Höchstbetrag von 4.500 Euro.

zu 2.

Von der maßgebenden Entfernung von 100 km entfällt eine Teilstrecke von 30 km auf Fahrten mit dem eigenen Kraftwagen, sodass sich hierfür eine Entfernungspauschale von 220 Arbeitstagen x 30 km x 0,30 Euro = 1.980 € ergibt. Für die verbleibende Teilstrecke mit der Bahn von 70 km (100 km - 30 km) errechnet sich eine Entfernungspauschale von 220 Arbeitstagen x 70 km x 0,30 Euro = 4.620 €. Hierfür ist der Höchstbetrag von 4.500 Euro anzusetzen, sodass sich eine insgesamt anzusetzende Entfernungspauschale von **6.480 €** (1.980 € + 4.500 €) ergibt. Die tatsächlichen Aufwendungen für die Bahnfahrten in Höhe von 2.160 € bleiben unberücksichtigt, weil sie unterhalb der insoweit anzusetzenden Entfernungspauschale liegen.

FALL

Josef Müller ist seit 1990 mit Gisela geb. Maier verheiratet. Beide wohnen seit 1990 in Essen. Die Eheleute wählen die Zusammenveranlagung.
Josef Müller war 2014 als Lagerarbeiter bei einer Speditionsfirma beschäftigt. Sein Bruttoarbeitslohn betrug 34.700 €.
Seine Frau erzielte im Kalenderjahr 2014 als angestellte Friseurin einen Bruttoarbeitslohn von 28.300 €.
Bei der Ermittlung der Einkünfte ist Folgendes zu berücksichtigen:

1. Die Ehefrau erhält als Friseurin regelmäßig Trinkgelder. Ihre Trinkgelder haben im Kalenderjahr 2014 insgesamt 775 € betragen. Dieser Betrag ist im Bruttolohn nicht enthalten. Ein Rechtsanspruch auf die Trinkgelder besteht nicht.
2. Der Ehemann fuhr an 216 Tagen mit seinem eigenen Pkw von seiner Wohnung zu seiner ersten Tätigkeitsstätte. Die kürzeste Straßenverbindung beträgt 15,8 km.
3. Die Ehefrau fuhr mit einem öffentlichen Verkehrsmittel von ihrer Wohnung zu ihrer ersten Tätigkeitsstätte. Die Fahrtkosten haben im VZ 2014 300 € betragen.
4. Beim Ehemann wurden bisher jährlich 150 € und bei der Ehefrau jährlich 170 € für typische Berufskleidung als Werbungskosten anerkannt. In 2014 ist davon auszugehen, dass diese Beträge ebenfalls anerkannt werden.
5. Der Nettolohn des Herrn Müller wird monatlich durch Bank überwiesen, während der Nettolohn der Frau Müller bar ausgezahlt wird.
6. Wie hoch sind die Einkünfte der Eheleute Müller aus nichtselbständiger Arbeit im VZ 2014?

Lösung:

				EM €	EF €	gesamt €
	Einkünfte aus nichtselbständiger Arbeit (§ 19)					
	Ehemann:					
	steuerpflichtige Einnahmen		34.700 €			
-	nachgewiesene WK	972 € *				
		150 €				
		16 €	1.138 €	33.562		
	Ehefrau:					
	Arbeitslohn		28.300 €			
+	Trinkgelder (steuerfrei)		775 €			
	Einnahmen insgesamt		29.075 €			
-	steuerfreie Einnahmen		- 775 €			
	steuerpflichtige Einnahmen		28.300 €			
-	Arbeitnehmer-Pauschbetrag		- 1.000 €		27.300	**60.862**

* Fahrtkosten: 216 Arbeitstage x 15 (volle) km x 0,30 Euro = 972 €

FALL

Studienrat Scholz wird zum 1. Oktober 2014 (65. Lebensjahr am 30. September 2014 vollendet) pensioniert. Er bezog bis zum 30. September ein Gehalt in Höhe von brutto 31.500 €. Die Pension für die Monate Oktober bis Dezember beträgt brutto 7.875 €. Herr Scholz kann die in diesem Jahr angefallenen Werbungskosten nicht belegmäßig nachweisen.

Ermitteln Sie die Einkünfte aus nichtselbständiger Arbeit für den VZ 2014. Nennen Sie die Rechtsquellen.

Lösung:

			€		€
(a)	Bruttogehalt §8 Abs. 1 EStG		31.500		
-	Werbungskostenpauschbetrag §9a Satz 1 Nr. 1a EStG	-	1.000		
=	Einkünfte aus aktivem Dienstverhältnis §19 Abs. 1 Nr. 1 EStG	=	30.500	→	30.500
(b)	Bruttopension (Versorgungsbezüge) §8 Abs. 1 EStG		7.875		
-	Versorgungsfreibetrag §19 Abs. 2 EStG 25,6 % v. (12 x 2.625,00*); max. 1.920 Euro [für 3 Monate (3/12), §19 Abs. 2 Satz 12 EStG]	-	480		
-	Zuschlag zum Versorgungsfreibetrag §19 Abs. 2 EStG (max. 576 Euro) [für 3 Monate (3/12), §19 Abs. 2 Satz 12 EStG]	-	144		
-	Werbungskostenpauschbetrag §9a Satz 1 Nr. 1b EStG	-	102		
=	Einkünfte aus früherem Dienstverhältnis §19 Abs. 1 Nr. 2 EStG	=	7.149	→	7.149
	Einkünfte aus nichtselbständiger Arbeit				**37.649**

* 2.625,00 € (7.875 € : 3) = 1. Versorgungsbezug bei Pensionsbeginn (§ 19 Abs. 2 S. 4 Buchst. b EStG).

FALL

Oberstudienrat Gabriel hat im Laufe des Jahres die folgenden Sachverhalte für die Einkommensteuererklärung 2014 notiert (alles Bruttowerte):

- 10. Januar: Jahresbeitrag der Lehrergewerkschaft GEW 240 €
- 25. Februar: PC mit Maus und Tastatur 928 €/Bildschirm 348 €
- 10. November: Kopiergerät 475,60 €
- 15. Dezember: Schreibwaren 139,20 €
- Abonnement der regionalen Tageszeitung: 200 € pro Jahr
- 190 Fahrten Wohnung - Schule (Entfernung 28,8 km)
- Abeitszimmer (20 m²) in seinem neuen Einfamilienhaus (160 m²/3 Jahre alt). Die Herstellungskosten betrugen 250.000 €. Im Kalenderjahr wurden Schuldzinsen in Höhe von 11.000 € gezahlt. Die laufenden Kosten (z. B. Gebäudeversicherung, Strom, Gas) betrugen für das Kalenderjahr insgesamt 3.000 €. Für das Arbeitszimmer wurde ein neuer Schreibtisch (brutto 348 €) und ein Bürostuhl (brutto 174 €) angeschafft. Herr Gabriel steht für seine berufliche Tätigkeit an der Schule kein anderer Arbeitsplatz zur Verfügung.

Ermitteln Sie die Werbungskosten des Herrn Gabriel für den VZ 2014. Herr Gabriel möchte möglichst hohe Werbungskosten ansetzen. Die Arbeitsmittel werden unbestritten fast ausschließlich beruflich genutzt.

Lösung:

	Werbungskosten § 9 Abs. 1 EStG	€
	Gewerkschaftsbeiträge § 9 Abs. 1 Nr. 3 EStG	240,00
+	PC, Maus + Tastatur/Bildschirm § 9 Abs. 1 Nr. 6 EStG Der Bildschirm stellt kein GWG i. S. d. § 6 Abs. 2 EStG dar (nicht selbständig nutzbar). Ansatz der anteiligen Jahres-AfA für 11 Monate (1.276,00 € : 3 Jahre x 11/12) § 9 Abs. 1 Nr. 7 i. V. m. § 7 Abs. 1 EStG	389,89
+	Kopiergerät (GWG i. S. d. § 6 Abs. 2 EStG, da Nettoanschaffungskosten = unter 410 Euro) § 9 Abs. 1 Nr. 6 + 7 EStG	475,60
+	Schreibwaren § 9 Abs. 1 Nr. 6 EStG	139,20
+	Schreibtisch/Bürostuhl stellen Arbeitsmittel dar (GWG i. S. d. § 6 Abs. 2 EStG, da Nettoanschaffungskosten jeweils unter = 410 Euro) § 9 Abs. 1 Nr. 6 + 7 EStG	522,00
+	Tageszeitung (Kosten der privaten Lebensführung) § 12 Nr. 1 EStG, H 12.1 (Tageszeitung) EStH	0,00
+	Fahrtkosten (Entfernungspauschale) § 9 Abs. 1 Nr. 4 EStG (190 x 28 km x 0,30 €), auf volle km abrunden	1.596,00
+	Arbeitszimmer*	1.250,00
+	Kontoführung (Ansatz ohne Einzelnachweis)	16,00
=	Werbungskosten 2014	**4.628,69**

* Das häusliche Arbeitszimmer ist lt. § 9 Abs. 5 i. V. m. § 4 Abs. 5 Nr. 6b EStG rückwirkend ab 2007 wieder abziehbar (JStG 2010 vom 08.12.2010). 12,5 % (20 : 160 x 100) der Hausaufwendungen sind grundsätzlich als WK abziehbar [(2 % AfA = 5.000 € + 11.000 € + 3.000 €) x 12,5 % = 2.375 €, max. **1.250 Euro**].

FALL

Ein Angestellter erhält sein Gehalt im Voraus. Das Januargehalt 2014 wird bereits am 30. Dez. 2013 überwiesen. Das Weihnachtsgeld 2014 wird mit dem Dezembergehalt 2014 hingegen erst am 10. Jan. 2015 überwiesen.

In welchem Veranlagungszeitraum sind die Gehaltsbestandteile zu versteuern?

Lösung:

- Januargehalt 2014 → Zufluss 2014 (§ 11 Abs. 1 S. 4 i. V. m. § 38a Abs. 1 S. 2 EStG)
- Dezembergehalt 2014 → Zufluss 2014 (Quelle s. o.)
- Weihnachtsgeld 2014 → Zufluss 2015 (§ 11 Abs. 1 S. 4 i. V. m. § 38a Abs. 1 S. 3 EStG und R 38.2 Abs. 2 LStR)

FALL

Frau Peters ist angestellte Finanzleiterin eines Möbelhauses. In 2014 hat sie ein Bruttogehalt in Höhe von 42.000 € (12 Monatsgehälter ohne Sonderzahlungen) bezogen. Im Juni hat sie von ihrem Arbeitgeber eine Küche mit einem Preisnachlass in Höhe von 20 % erhalten. Der Hauspreis (= Angebotspreis für Endabnehmer) betrug brutto 17.400 €. Im Juli zahlte der Arbeitgeber ein Urlaubsgeld in Höhe von 500 €. Das im November ausgezahlte Weihnachtsgeld betrug 1.000 €. Frau Peters erhielt anlässlich ihrer Hochzeit im Februar eine „Heiratsbeihilfe" in Höhe von 350 €. Frau Peters besuchte im August den EDV-Kurs „Fibu für Profis". Die Kursgebühr in Höhe von 580 € übernahm der Arbeitgeber. Reisekosten (Entfernung: 90 km/Fahrt mit dem Privatwagen/Abwesenheit: 14,5 Stunden/Parkgebühren: 10 €) wurden nicht erstattet. Frau Peters fährt an 220 Tagen zur 5 km entfernten ersten Tätigkeitsstätte. Im Mai verursachte Frau Peters während der Fahrt zur Arbeit einen Verkehrsunfall. Der Schaden an ihrem Kfz beträgt laut TÜV-Gutachten 2.100 € (es erfolgt keine Erstattung von dritter Seite).

Ermitteln Sie die Einkünfte aus nichtselbständiger Arbeit für den VZ 2014 (Rechtsquellen).

Lösung:

1. Ermittlung der steuerpflichtigen Einnahmen:

		€
	Bruttogehalt	42.000
+	Heiratsbeihilfe (seit 2006 nicht mehr steuerfrei)	350
+	geldwerter Vorteil Küchen-Kauf*	1.704
+	Urlaubsgeld	500
+	Weihnachtsgeld	1.000
=	steuerpflichtige Einnahmen i. S. d. § 8 EStG	**45.554**

	* Nebenrechnung: Geldwerter Vorteil Küchen-Kauf (§ 8 Abs. 3 EStG)	€
	Listenpreis	17.400
-	4 %-Abschlag	696
=	geminderter Listenpreis	16.704
-	gezahlter Kaufpreis (80 % x 17.400 €)	13.920
=	Arbeitslohn	2.784
-	Rabatt-Freibetrag	1.080
=	steuerpflichtiger geldwerter Vorteil	**1.704**

2. Ermittlung der Werbungskosten:

		€
	Reisekosten (Fahrtkosten/180 km x 0,30 € / R 9.5 LStR + H 9.5 Pauschale Kilometersätze LStH/Reisenebenkosten „Parkgebühren")	64
+	Reisekosten (Verpflegungsmehraufwand/§ 9 Abs. 4a Satz 3 Nr. 3)	12
+	Entfernungspauschale (220 x 5 x 0,30 €/§ 9 Abs. 1 Nr. 4 EStG)	330
+	Unfallkosten (R 9.8 LStR)	2.100
+	Kontoführungsgebühr (pauschal)	16
=	Werbungskosten i. S. d. § 9 EStG	**2.522**

3. Ermittlung der Einkünfte aus nichtselbständiger Arbeit:

		€
	steuerpflichtige Einnahmen (§ 8 EStG)	45.554
-	Werbungskosten (§ 9 EStG)	2.522
=	Einkünfte aus nichtselbständiger Arbeit (§ 19 EStG)	**43.032**

FALL

Frau Franz ist angestellte Friseurmeisterin. Ihr laufendes Bruttoeinkommen 2014 betrug 18.000 €. Im VZ 2014 hat Frau Franz von Kunden Trinkgelder in Höhe von 3.000 € bezogen. Auf diese Trinkgelder hat sie keinen Rechtsanspruch. Die von ihr allein getragenen Kosten des Meisterkurses beliefen sich auf 2.800 €. Sie besuchte die Schulungen an 60 Tagen (Entfernung: 20 km). Die tägliche Abwesenheit betrug 10 Stunden. An sonstigen Ausgaben (Bücher etc.) kann sie 500 € belegen. Frau Franz ist an 150 Tagen zu der 4 km entfernten ersten Tätigkeitsstätte mit dem Fahrrad gefahren. Ihre Arbeitgeberin stellt die Arbeitskleidung (Kittel) im Wert von 150 € unentgeltlich. Außerdem erhält Frau Stein jeden Monat einen Benzingutschein über „44 € Kraftstoffe".

Ermitteln Sie die Einkünfte aus nichtselbständiger Arbeit 2014 (Rechtsquellen).

Lösung:

1. Ermittlung der steuerpflichtigen Einnahmen:

		€
	Bruttogehalt	18.000
+	„Benzingutscheine" (12 x 44 €/da genaue Warenbezeichnung + Euroangabe → kein Sachbezug i. S. d. §8 Abs. 2 S. 9 EStG i. V. m. R 8.1 Abs. 1 S. 7 LStR)	528
=	steuerpflichtige Einnahmen i. S. d. §8 EStG	**18.528**

Hinweise:

- Die von dritter Seite gezahlten Trinkgelder stellen steuerfreie Einnahmen dar (§3 Nr. 51 EStG).
- Die Gestellung der Arbeitskleidung stellt eine steuerfreie Einnahme dar (§3 Nr. 31 EStG).

2. Ermittlung der Werbungskosten:

		€
	Fortbildungskosten (§9 Abs. 1 S. 1 EStG)	2.800
+	Reisekosten (Fahrtkosten/60 x 40 km x 0,30 €/H 9.5 Pauschale Kilometersätze LStH)	720
+	Reisekosten (Verpflegungsmehraufwand/60 x 12 €/§ 9 Abs. 4a Satz 3 Nr. 3)	720
+	Fachliteratur (§9 Abs. 1 S. 1 EStG)	500
+	Entfernungspauschale (150 x 4 x 0,30 €/§9 Abs. 1 Nr. 4 EStG)	180
+	Kontoführungsgebühr (pauschal)	16
=	Werbungskosten i. S. d. §9 EStG	**4.936**

3. Ermittlung der Einkünfte aus nichtselbständiger Arbeit:

		€
	steuerpflichtige Einnahmen (§8 EStG)	18.528
-	Werbungskosten (§9 EStG)	4.936
=	Einkünfte aus nichtselbständiger Arbeit (§19 EStG)	**13.592**

FALL

Jens Krämer, Vertriebsmitarbeiter eines Bauunternehmens aus Karlsruhe, besucht eine Messe in Düsseldorf. Zu dieser Dienstreise liegen die folgenden Daten vor:

- Reiseantritt Montag 7:00 Uhr,
- einfache Entfernung mit dem eigenen Pkw 380 km,
- Messeeintrittspreis für 2 Tage 18 €,
- 2 Fahrten mit dem Pkw Hotel-Messegelände einfache Entfernung 10 km,
- Hotelrechnung Übernachtung-Frühstück für 2 Nächte pauschal 160 €,
- Restaurantbelege (3 Mittagessen, 2 Abendessen) 110 €,
- Reiseende Mittwoch 17:30 Uhr.

a) Wie hoch sind die maximal abziehbaren Werbungskosten aus dieser Dienstreise, wenn der Arbeitgeber keine Reisekostenerstattung vornimmt?

b) Wie viel Euro kann der Arbeitgeber Herrn Krämer maximal steuer- und sozialversicherungsfrei erstatten?

c) Welche steuer- und sozialversicherungsrechtlichen Folgen hätte eine Erstattung der tatsächlichen Verpflegungskosten in Höhe von 110 €?

d) Mit welcher Gestaltung könnte der Arbeitgeber die negativen Folgen aus Teilaufgabe c) abschwächen?

Lösung:

zu a)

Ermittlung der als Werbekosten abziehbaren Reisekosten:

		€
	Verpflegungsmehraufwand (§ 9 Abs. 4a Satz 3 Nr. 1 + 2) (Mo. 17 Std. = 12 €, Di. 24 Std. = 24 €, Mi. 17,5 Std. = 12 €)	48,00
+	Fahrtkosten (R 9.5 Abs. 1 S. 5 LStR) (2 x 380 km x 0,30 € + 4 x 10 km x 0,30 €	240,00
+	Übernachtungskosten (R 9.7 Abs. 1 S. 4 LStR) (160 € - 2 x 20 % v. 24 €)	150,40
+	Reisenebenkosten (R 9.8 LStR)	18,00
=	Werbungskosten i. S. d. § 9 EStG	**456,40**

zu b)

Gem. § 3 Nr. 16 EStG: **456,40 €** (dann entfällt jedoch für Herrn Krämer der Werbungskostenansatz).

zu c)

Die Differenz aus tatsächlicher Reisekostenerstattung und maximal möglichem Werbungskostenabzug (110 € - 48 € = **62 €**) unterliegt der Steuer- und Sozialversicherungspflicht.

zu d)

Der Arbeitgeber sollte die Mahlzeiten im Restaurant vor Reiseantritt buchen/bestellen. Als Folge läge bei Herrn Krämer ein Sachbezug i. S. d. § 8 EStG in Höhe von 15,00 € vor. Die Bewertung erfolgt mittels pauschaler Sachbezugswerte 2014 (3 Mittagessen à 3,00 € + 2 Abendessen à 3,00 €). Dieser Betrag (15,00 €) unterliegt der Steuer- und Sozialversicherungspflicht. Im Gegenzug könnte der Arbeitgeber Herrn Krämer aber 48 € Verpflegungsmehraufwand steuer- und sozialversicherungsfrei erstatten (R 9.6 Abs. 1 S. 3 LStR). Würde der Betrag von 48 € um den Sachbezug in Höhe von 15,00 € gekürzt, d. h., es würden nur 33,00 € Verpflegungsmehraufwendungen erstattet, entfiel die Steuer- und Sozialversicherungspflicht komplett.

FALL

Sven Müller wird aus betrieblichen Gründen zum 1. September 2014 von Koblenz nach Düsseldorf (Entfernung 180 km) versetzt. Frau Müller wohnt mit den beiden Kindern weiterhin in Koblenz. Herr Müller mietet zum 1. September eine Zweitwohnung (50 m²) in Düsseldorf für monatlich ortsüblich 500 € + 70 € Nebenkosten an. Herr Müller fährt jede Woche am Freitag zu seiner Familie (Rückkehr 18:30 Uhr). Montags fährt er um 5:30 Uhr nach Düsseldorf. Unterstellen Sie pro Monat 4 volle Wochen (keinen Kalender verwenden). Der Umzugstransport hat 3.500 € und die Renovierung 1.300 € gekostet (Belege liegen vor). Das Mobiliar hat 10.000 € gekostet (5 Möbelstücke zu je 400 €, Rest jeweils über 1.000 €; Nutzungsdauer pauschal 10 Jahre).

Ermitteln Sie die als Werbungskosten abziehbaren Kosten der doppelten Haushaltsführung.

Lösung:

Die Tatbestandsvoraussetzungen für die Anerkennung einer doppelten Haushaltsführung liegen vor (§ 9 Abs. 1 Nr. 5 EStG).

Ermittlung der als Werbungskosten abziehbaren Kosten der doppelten Haushaltsführung:

		€
	1. Fahrt im Rahmen der doppelten Haushaltsführung (R 9.11 Abs. 6 LStR) (180 km x 0,30 €)	54,00
+	Umzugskosten (R 9.11 Abs. 9 LStR)	3.500,00
+	Renovierung (R 9.11 Abs. 8 LStR)	1.300,00
+	Kosten der Zweitwohnung (R 9.11 Abs. 8 LStR) (4 x 570 €)	2.280,00
+	Familienheimfahrt (R 9.11 Abs. 6 LStR) (4 Monate x 4 Wochen x 180 km x 0,30 €)	864,00
+	Verpflegungsmehraufwand (R 9.11 Abs. 7 LStR) für 3 Monate (An- und Abreisetage: 12 Wochen x 2 Tage x 12 €) (Wochenmitte: 12 Wochen x 3 Tage x 24 €)	1.152,00
+	5 Möbel bis 400 € (Vollabschreibung)	2.000,00
+	Restl. Möbel über 1.000 € (AfA über 10 Jahre zeitanteilig) (8.000 € : 10 Jahre : 12 x 4)	267,00
=	Werbungskosten i. S. d. § 9 EStG	**11.417,00**

Zusätzliche Werbungskosten könnten z. B. sein:

- Kosten der Wohnungssuche,
- Fahrtkosten Wohnung-Arbeitsstätte in Düsseldorf.

FALL

Der ledige, konfessionslose Fritz Müller hat 1.000 Stück XY-Aktien in seinem Depot. Die AG zahlt in 2014 für das Kalenderjahr 2013 eine Brutto-Dividende von 4 € pro Stück. Die Kapitalanlage ist dem Privatvermögen zugeordnet.

Wie viel Euro bekommt Fritz Müller gutgeschrieben?
Herr Müller hat seiner Bank keinen Freistellungsauftrag vorgelegt.

Lösung:

	Brutto-Dividende (1.000 x 4 €)	4.000 €
-	Kapitalertragsteuer (25 % von 4.000 €)	- 1.000 €
-	Solidaritätszuschlag (5,5 % von 1.000 €)	- 55 €
=	**Netto-Dividende** (Bankgutschrift)	**2.945 €**

FALL

Die ledige, kirchensteuerpflichtige Maria Klein, München, hat ihrer Bank keinen Freistellungsauftrag für ihr Depot eingereicht. Sie hat jedoch gegenüber ihrer Bank Angaben zu ihrer Religionszugehörigkeit gemacht. Am 02.02.2014 erhielt Frau Klein Dividenden für 40.500 Stück Aktien der Porsche Automobil Holding SE auf ihrem Bankkonto gutgeschrieben. Porsche schüttete in 2014 für 2013 eine Brutto-Dividende von 0,05 € pro Stück aus. Die Kapitalanlage ist dem Privatvermögen zugeordnet. Der Kirchensteuersatz in Bayern beträgt 8 %.

Wie hoch ist die Netto-Dividende der Frau Klein?

Lösung:

	Brutto-Dividende (40.500 Stück x 0,05 €/Stück)	2.025,00 €
-	KapESt = $\frac{2.025\,€ - 0}{4 + 0{,}08} = \frac{2.025\,€}{4{,}08} =$	- 496,32 €
-	Kirchensteuer (496,32 € x 8 %)	- 39,71 €
-	Solidaritätszuschlag (496,32 € x 5,5 %)	- 27,30 €
=	**Netto-Dividende** (Bankgutschrift)	**1.461,67 €**

Probe: 1.461,67 € : 72,1814 x 100 = **2.025 €** (siehe Lehrbuch Seite 160)

FALL

Die ledige, konfessionslose Lena Lamm, Köln, besitzt Aktien der Meyer AG, Köln, die sie im Privatvermögen hält. Der Dividendenanspruch vor Abzug der Steuern auf Gesellschaftsebene beträgt 3.654 €. Die Dividende wird über ihre Hausbank ausgezahlt. Frau Lamm hat ihr Freistellungsvolumen bereits bei anderen Banken voll ausgeschöpft. Die Kapitalanlage wird dem Privatvermögen zugeordnet.

a) Ermitteln Sie die Höhe der Körperschaftsteuer und des Solidaritätszuschlags auf Gesellschaftsebene.
b) Wie hoch ist Frau Lamms Dividendenanspruch vor Abzug der Steuern auf Gesellschafterebene (Bruttodividende)?
c) Wie viel Euro Kapitalertragsteuer und Solidaritätszuschlag wird die Hausbank von Frau Lamm einbehalten?
d) Ermitteln Sie die Höhe der Dividendengutschrift (Nettodividende).
e) Unterstellen Sie, dass Frau Lamm aufgrund ihrer anderen Einkünfte einem individuellen Grenzsteuersatz von 32 % unterliegt. Was würden Sie Frau Lamm bezüglich ihrer Kapitaleinkünfte empfehlen?

Lösung:

zu a) bis d):

	Dividendenanspruch vor Steuerabzug auf Gesellschaftsebene		3.654,00 €
-	KSt (15 %)	**zu a)**	- 548,10 €
-	Soli (5,5 % d. KSt)	**zu a)**	- 30,15 €
=	Bruttodividende	**zu b)**	3.075,75 €
-	KapESt (25 % d. Bruttodividende)	**zu c)**	- 768,94 €
-	Soli (5,5 % d. KapESt)	**zu c)**	- 42,29 €
=	Nettodividende	**zu d)**	**2.264,52 €**

zu e)

Frau Lamm sollte **keine Einbeziehung** ihrer Kapitaleinkünfte in die Einkommensteuerveranlagung **beantragen**, da ihr individueller Steuersatz über 25 % liegt.

FALL

Der ledige, konfessionslose Bert Seim, Neuwied, erhält über seine Hausbank eine Dividendengutschrift auf seinem Bankkonto in Höhe von 1.504,99 €. Einen Freistellungsauftrag hat Herr Seim nicht erteilt, da er sein Freistellungsvolumen bereits bei anderen Banken voll ausgeschöpft hat. Die Kapitalanlage gehört zum Privatvermögen.

a) Ermitteln Sie die Höhe der Bruttodividende (Dividende vor Steuerabzug auf Gesellschafterebene).

b) Ermitteln Sie die Höhe der Körperschaftsteuer und des Solidaritätszuschlags auf Gesellschaftsebene.

c) Ermitteln Sie die Höhe der von der Hausbank einbehaltenen Kapitalertragsteuer und die Höhe des einbehaltenen Solidaritätszuschlags.

d) Wie viel Euro Gewinn muss die Gesellschaft zur Ausschüttung bereitstellen, damit Herr Seim eine Dividendengutschrift von 1.504,99 € erhalten kann?

e) Unterstellen Sie, dass Herr Seim aufgrund seiner anderen Einkünfte einem individuellen Grenzsteuersatz von 18 % unterliegt. Was würden Sie Herrn Seim bezüglich seiner Kapitaleinkünfte empfehlen?

Lösung:

zu a) bis d):

	Dividendenanspruch vor Steuerabzug auf Gesellschaftsebene (100 %)	**zu d)**	**2.428,43 €**
-	KSt (15 %)	**zu b)**	- 364,27 €
-	Soli (5,5 % d. KSt)	zu b)	- 20,03 €
=	Bruttodividende (100 %/84,175 %)	**zu a)**	2.044,13 €
-	KapESt (25 % d. Bruttodividende)	**zu c)**	- 511,03 €
-	Soli (5,5 % d. KapESt)	zu c)	- 28,11 €
=	Nettodividende (73,625 %)		1.504,99 €

zu e)

Herr Seim sollte **eine Einbeziehung** seiner Kapitaleinkünfte in die Einkommensteuerveranlagung **beantragen**, da sein individueller Steuersatz unter 25 % liegt.

FALL

Sachverhalt wie im Fall auf Seite 155 mit dem Unterschied, dass Frau Lamm ihrer Hausbank einen Freistellungsauftrag in maximaler Höhe erteilt hat.

a) Ermitteln Sie die Höhe der Körperschaftsteuer und des Solidaritätszuschlags auf Gesellschaftsebene.

b) Wie hoch ist Frau Lamms Dividendenanspruch vor Abzug der Steuern auf Gesellschafterebene (Bruttodividende)?

c) Wie viel Euro Kapitalertragsteuer und Solidaritätszuschlag wird die Hausbank von Frau Lamm einbehalten?

d) Ermitteln Sie die Höhe der Dividendengutschrift (Nettodividende).

e) Unterstellen Sie, dass Frau Lamm aufgrund ihrer anderen Einkünfte einem individuellen Grenzsteuersatz von 32 % unterliegt. Was würden Sie Frau Lamm bezüglich ihrer Kapitaleinkünfte empfehlen?

Lösung:

zu a) bis d):

	Dividendenanspruch **vor** Steuerabzug auf Gesellschaftsebene		3.654,00 €
-	KSt (15 % von 3.645 €)	zu a)	- 548,10 €
-	Soli (5,5 % von 548,10 €)	zu a)	- 30,15 €
=	Bruttodividende	zu b)	3.075,75 €
-	Freistellungsauftrag		- 801,00 €
=	Bemessungsgrundlage für Abgeltungst.		2.274,75 €
	Bruttodividende		3.075,75 €
-	KapESt (25 % von 2.274,75 €)	zu c)	- 568,69 €
-	Soli (5,5 % von 568,69 €)	zu c)	- 31,28 €
=	Nettodividende	zu d)	**2.475,78 €**

zu e)

Frau Lamm sollte **keine Einbeziehung** ihrer Kapitaleinkünfte in die Einkommensteuerveranlagung **beantragen**, da ihr individueller Steuersatz über 25 % liegt.

FALL

Am 20. Juni 2008 erwarb Sophie Vogel, konfessionslos, Bonn, über ihre Hausbank in Bonn 80 Aktien der Schilling AG, München. Der Kurswert einer Aktie betrug 120 €. Frau Vogel zahlte für diese Transaktion 1 % Bankgebühren. Am 30. September 2011 verkaufte Frau Vogel diese Aktien über ihre Hausbank zu einem Kurs von 165 € pro Aktie. Die Verkaufsgebühren betrugen wiederum 1 %. Unterstellen Sie, dass Frau Vogel die maximale Höhe ihres Freistellungsvolumens bereits bei anderen Banken ausgeschöpft hat.

Beurteilen Sie den Sachverhalt aus einkommensteuerlicher Sicht.

Lösung:

Frau Vogel **erwarb** die Aktien **vor dem 1. Januar 2009**, d. h. die neue Gesetzeslage zur **Abgeltungsteuer** ist hier **nicht anzuwenden**. Frau Vogel hatte die Aktien länger als 1 Jahr in ihrem Eigentum. Die **Spekulationsfrist** des § 23 Abs. 1 S. 1 Nr. 2 EStG wurde **überschritten**. Der erzielte **Veräußerungsgewinn** wird **nicht besteuert**.

FALL

Sachverhalt wie im Fall oben mit dem Unterschied, dass Frau Vogel die Aktien am 07.02.2013 erwarb.

Beurteilen Sie den Sachverhalt aus einkommensteuerlicher Sicht.

Lösung:

Frau Vogel **erwarb** die Aktien **nach dem 31. Dezember 2008**, d. h. die neue Gesetzeslage zur **Abgeltungsteuer** ist hier **anzuwenden**. Der erzielte **Veräußerungsgewinn** zählt zu den Einkünften aus Kapitalvermögen und unterliegt der Abgeltungsteuer (§ 20 Abs. 2 Nr. 1 EStG).

	Veräußerungserlös abzüglich Gebühren (80 x 165 € = 13.200 € - 132 €)	13.068,00 €
-	Anschaffungskosten zuzüglich Gebühren (80 x 120 € = 9.600 € + 96 €)	- 9.696,00 €
=	Veräußerungsgewinn (Einkünfte aus Kapitalvermögen)	3.372,00 €
-	KapESt (25 % von 3.372 €)	- 843,00 €
-	Soli (5,5 % von 843 €)	- 46,37 €
=	Bankgutschrift	**2.482,63€**

FALL

Am 21. März 2014 erwarb Sophie Vogel, konfessionslos, Bonn, über ihre Hausbank in Bonn festverzinsliche Wertpapiere für 8.000 €. Frau Vogel zahlte für diese Transaktion 1 % Bankgebühren. Am 30. September 2014 verkaufte Frau Vogel diese Wertpapiere über ihre Hausbank zu einem Kurs von 10.000 €. Die Verkaufsgebühren betrugen wiederum 1 %. Außerdem vereinnahmte sie Stückzinsen vor Abzug von Steuern in Höhe von 180 €. Unterstellen Sie, dass Frau Vogel die maximale Höhe ihres Freistellungsvolumens bereits bei anderen Banken ausgeschöpft hat.

Beurteilen Sie den Sachverhalt aus einkommensteuerlicher Sicht.

Lösung:

Frau Vogel **erwarb** die Wertpapiere **nach dem 31. Dezember 2008**, d. h. die neue Gesetzeslage zur **Abgeltungsteuer** ist hier **anzuwenden**. Der erzielte **Veräußerungsgewinn (inkl. der Stückzinsen)** zählt zu den Einkünften aus Kapitalvermögen und unterliegt der Abgeltungsteuer (§ 20 Abs. 2 Nr. 7 EStG).

	Veräußerungserlös abzüglich Gebühren (10.000 € - 100 €)	9.900,00 €
+	vereinnahmte Stückzinsen	+ 180,00 €
-	Anschaffungskosten zuzüglich Gebühren (8.000 € + 80 €)	-8.080,00 €
=	Veräußerungsgewinn (Einkünfte aus Kapitalvermögen)	2.000,00 €
-	KapESt (25 % von 2.000 €)	- 500,00 €
-	Soli (5,5 % von 500 €)	- 27,50 €
=	Bankgutschrift	**1.472,50 €**

FALL

Sophie Vogel, Bonn, konfessionslos, erzielte Einnahmen von Aktien der Schilling AG, München, die sie bei der Hausbank in Bonn in ihrem Depot in Girosammelverwaltung hielt:

Zeitpunkt des Erwerbs bzw. der Veräußerung	Anzahl der Aktien der Schilling AG	Erwerb bzw. Veräußerung	Anschaffungskosten bzw. Veräußerungspreis (VP)
21.06.2014	80	Erwerb	AK: 120 €/Stück
30.06.2014	30	Erwerb	AK: 130 €/Stück
03.08.2014	20	Erwerb	AK: 100 €/Stück
30.09.2014	**20**	**Veräußerung**	**VP: 165 €/Stück**

Frau Vogel zahlte bei jeder Transaktion (Erwerb/Veräußerung) 1 % Bankgebühren, die nicht in den Anschaffungskosten bzw. in dem Veräußerungspreis enthalten sind.
Frau Vogel hat die maximale Höhe ihres Freistellungsvolumens bereits bei einer anderen Bank ausgeschöpft.

Führt die Veräußerung des Jahres 2014 zu Einkünften aus Kapitalvermögen?

Lösung:

Frau Vogel **erwarb** alle Aktien **nach dem 31. Dezember 2008**, d. h., die neue Gesetzeslage zur **Abgeltungsteuer** ist hier **anzuwenden**. Der erzielte **Veräußerungsgewinn** zählt zu den Einkünften aus Kapitalvermögen und unterliegt der Abgeltungsteuer (§ 20 Abs. 2 Nr. 1 EStG). Zu beachten ist, dass Frau Vogel die Wertpapiere zur **Sammelverwahrung** in einem Depot ihrer Hausbank hinterlegt hat. Nach § 20 Abs. 4 S. 7 EStG gilt in diesen Fällen das **Fifo-Verfahren** (first-in-first-out), d. h., die 20 verkauften Aktien stammen aus dem Einkaufsbestand vom **21.06.2014**.

	Veräußerungserlös abzüglich Gebühren (20 x 165 € = 3.300 € - 33 €)	3.267,00 €
-	Anschaffungskosten zuzüglich Gebühren (20 x 120 € = 2.400 € + 24 €)	- 2.424,00 €
=	Veräußerungsgewinn (Einkünfte aus Kapitalvermögen)	**843,00 €**
-	KapESt (25 % von 843 €)	- 210,75 €
-	Soli (5,5 % von 210,75 €)	- 11,59 €
=	Bankgutschrift	620,66 €

FALL

Die ledige, konfessionslose Sarah Schuster aus Bonn legt Ihnen für den VZ 2014 die folgenden Daten vor:

- Einkünfte aus nichtselbständiger Arbeit: 33.500 €,
- Einkünfte aus Vermietung und Verpachtung: - 2.000 €,
- Einkünfte aus Kapitalvermögen (keine Verluste aus Aktienverkäufen): - 500 €.

Nehmen Sie kurz Stellung zur Möglichkeit des Verlustausgleichs.

Lösung:

Die negativen Einkünfte aus Vermietung und Verpachtung können im Rahmen des vertikalen Verlustausgleichs mit positiven Einkünften aus nichtselbständiger Arbeit verrechnet werden. Die negativen Einkünfte aus Kapitalvermögen dürfen hingegen nicht mit positiven anderen Einkünften verrechnet werden. Es bleibt nur der **Verlustvortrag** innerhalb der Einkunftsart in zukünftige Veranlagungszeiträume, um dann eine Verrechnung mit positiven Einkünften aus Kapitalvermögen vornehmen zu können.

FALL

Der ledige, konfessionslose Marc Sülzen aus Ulm legt Ihnen für den VZ 2014 die folgenden Daten vor:

- Zinseinnahmen vor Abzug des Sparer-Pauschbetrags: 1.500 €,
- Verluste aus Aktienverkäufen: - 2.000 €,
- Verluste aus Aktienfonds: - 500 €.

Ermitteln Sie die Höhe der Einkünfte aus Kapitalvermögen.

Lösung:

	Zinseinnahmen	1.500,00 €
-	Verluste aus Aktienverkäufen	0,00 €
-	Verluste aus Aktienfonds	- 500,00 €
=	Kapitaleinnahmen vor Abzug des Sparer-Pauschbetrags	1.000,00 €
-	Sparer-Pauschbetrag (§ 20 Abs. 9 EStG)	- 801,00 €
=	Einkünfte aus Kapitalvermögen (Bemessungsgrundlage der KapESt)	**199,00 €**

Die Verluste aus Aktienverkäufen können nicht im Rahmen des horizontalen Verlustausgleichs berücksichtigt werden (§ 20 Abs. 6 S. 5 EStG). Die Verluste aus Aktienfonds sind hingegen berücksichtigungsfähig. Für die Verluste aus Aktienverkäufen wird bei den Banken ein Verlustverrechnungstopf gebildet. Derartige Verluste werden dann mit Gewinnen aus Aktienverkäufen verrechnet.

FALL

Der Architekt Maurer bewohnte bis 30.09.2013 mit seiner Ehefrau und seinem 15-jährigen Sohn die Erdgeschosswohnung seines Mehrfamilienhauses.
Er hat das Gebäude, das 1962 hergestellt worden ist, 1980 mit Grund und Boden für umgerechnet 340.000 € erworben. Davon entfallen 60.000 € auf Grund und Boden.

Da ihm seine Wohnung zu klein geworden war, baute er ein Einfamilienhaus, das am 01.10.2013 bezugsfertig war und das er auch an diesem Tag mit seiner Familie bezog. Der Bauantrag wurde am 09.02.2012 gestellt.
Seine bisherige Wohnung wurde seit 01.12.2013 für monatlich 500 € vermietet.
Im Jahr 2014 sind für die Häuser folgende Ausgaben und Einnahmen angefallen:

1. Mehrfamilienhaus

Die Mieteinnahmen betrugen für die vermieteten Wohnungen 2014 insgesamt	24.000 €
Hypothekenzinsen	3.500 €
Hypothekentilgung	1.000 €
Grundbesitzabgaben	1.100 €
Gebäudeversicherungen	550 €
sonstige Grundstücksaufwendungen	500 €
Renovierung der Wohnungen	
a) Erneuerung der Fußbodenbeläge, die durch langjährige Nutzung verschlissen waren	3.000 €
b) Überprüfung und Verstärkung der Elektroinstallation	500 €
c) Anstreicherarbeiten	700 €

2. Einfamilienhaus

Notarkosten gezahlt am 17.01.2013	
a) für die Beurkundung des Grundstückkaufvertrags	400 €
b) für die Bestellung der Grundschuld	250 €
Disagio, bei Auszahlung im Januar 2014	6.250 €
Darlehenszinsen bis zum 30.09.2014	6.750 €
vom 01.10. bis 31.12.2014	5.250 €
Gebäudeversicherung vom 01.10.2014 bis 30.09.2015 lt. Rechnung vom 10.10.2014	250 €
Herstellungskosten	175.000 €

Ermitteln Sie die Einkünfte aus Vermietung und Verpachtung für 2014 aus beiden Häusern. Die AfA soll so hoch wie möglich angesetzt werden.

Lösung:

	1. Mehrfamilienhaus		
	Einnahmen:		
	Mieteinnahmen:		24.000 €
-	Werbungskosten:		
	Hypothekenzinsen	3.500 €	
	Hypothekentilgung	0 €	
	Grundbesitzabgaben	1.100 €	
	Gebäudeversicherung	550 €	
	sonstige Grundstücksaufwendungen	500 €	
	Renovierung (Erhaltungsaufwand 3.000 + 500 + 700)	4.200 €	
	AfA nach § 7 Abs. 4 (2 % von 280.000 €)	5.600 €	- 15.450 €
			8.550 €
	1. Einfamilienhaus		
	Für das Einfamilienhaus sind keine Einkünfte aus Vermietung und Verpachtung anzusetzen, weil es selbst genutzt wird.		0 €
=	**Einkünfte aus Vermietung und Verpachtung**		**8.550 €**

FALL

Vermieterin Lea Wortig vermietet 6 Wohnungen in einem Mehrfamilienhaus. Sie lässt von einem Dachdeckerbetrieb diverse Dachreparaturarbeiten für brutto 7.140 € durchführen. Außerdem lässt sie den Keller des Gebäudes für brutto 16.660 € von einem Fachbetrieb fliesen. Beide Handwerksbetriebe legen keine Freistellungsbescheinigung vor.

Muss Frau Wortig die Bauabzugssteuer einbehalten?

Lösung:

Frau Wortig besitzt als Vermieterin die umsatzsteuerliche Unternehmereigenschaft. Sie vermietet auch mehr als 2 Wohnungen. Frau Wortig muss die Bauabzugssteuer einbehalten, wenn kein Ausnahmetatbestand greift. Da Frau Wortig ausschließlich umsatzsteuerfrei vermietet, ist die Freigrenze des § 48 Abs. 2 S. 1 Nr. 1 EStG (15.000 €) zu beachten. Für die Dachreparaturarbeiten ist keine Bauabzugssteuer einzubehalten. Bei der Rechnung des Fliesenlegers muss Frau Wortig jedoch 15 % Bauabzugssteuer (2.499 €) einbehalten und an das Finanzamt abführen.

Fallabwandlung:

Wäre eine der 6 Wohnungen umsatzsteuerpflichtig vermietet, würde insgesamt die Freigrenze von 5.000 € greifen. Dann müsste sie auch bei den Dacharbeiten die Bauabzugssteuer einbehalten.

FALL

Der Steuerpflichtige Martin Wachter, München, kann aus Vermietung und Verpachtung eines Wohngebäudes an Privatpersonen im VZ 2014 bisher Mieteinnahmen in Höhe von 52.500 € und Werbungskosten in Höhe von 12.000 € nachweisen.

Die folgenden Vorgänge (Nr. 1 bis 5) sind noch für die Ermittlung der Einkünfte aus Vermietung und Verpachtung zu berücksichtigen:

1. Die monatlichen Nebenkosten für Dezember 2014 in Höhe von 500 € + 19 % USt wurden erst am 03.01.2015 abgebucht.
2. Am 11.04.2014 beglich Herr Wachter eine Nebenkostennachzahlung in Höhe von 400 € + 19 % USt für das Jahr 2013.
3. Am 17.06.2014 ging die Kaution eines Mieters in Höhe von 3.000 € ein.
4. Am 26.09.2014 erfolgte eine Bankgutschrift von 500 € für einen Glasschaden am Wohngebäude, den die Versicherung übernommen und erstattet hat.
5. Zur Finanzierung des Wohngebäudes nahm Herr Wachter ein Darlehen in Höhe von 60.000 € auf. Das Darlehen wurde am 01.10.2014 mit 98 % per Bank ausgezahlt. Es hat eine Laufzeit von 5 Jahren.
   Das Darlehen ist mit 3 % pro Jahr zu verzinsen. Die Halbjahreszinsen vom 01.10.2014 bis 31.03.2015 sind am 31.03.2015 zu entrichten.

Ermitteln Sie die Einkünfte aus Vermietung und Verpachtung für Martin Wachter im VZ 2014.

Lösung:

	Einnahmen	52.500 €	
	Kaution (keine Einnahmen)*	0 €	
	Versicherungsentgelt	500 €	53.000 €
-	Werbungskosten	12.000 €	
	Nebenkosten (regelmäßig wiederkehrende Ausgaben; § 11 Abs. 2 EStG)	595 €	
	Nebenkostennachzahlung (keine regelmäßig wiederkehrende Ausgabe; § 11 Abs. 2 EStG)	476 €	
	Disagio (2 % = marktüblich)**	1.200 €	
	Zinsen (in 2014 WK)	0 €	- 14.271 €
=	**Einkünfte aus Vermietung und Verpachtung**		**38.729 €**

* Die Kaution ist keine Mieteinnahme, weil sie dem Mieter zuzurechnen ist (siehe Lehrbuch, Seite 185 f.).

** Zum Problem der Marktüblichkeit vgl. Lehrbuch, Seite 185 f.

FALL

Der ledige Steuerpflichtige Egon Theis war bis zu seinem Ruhestand selbständiger Zahnarzt in Köln.
Seit dem 01.03.2004 bezieht er eine bisher unveränderte Rente von der nordrheinischen Ärzteversorgung in Köln in Höhe von monatlich 4.750 €.

Ermitteln Sie die sonstigen Einkünfte i. S. d. § 22 EStG für Egon Theis im VZ 2014.

Lösung:

			€
	sonstige Einkünfte i. S. d. § 22 EStG		
	Rente (4.750 € x 12)	57.000 €	
-	Rentenfreibetrag (50 % von 57.000 €)	- 28.500 €	
	steuerpflichtiger Teil der Rente	28.500 €	
-	WKP (§ 9a Nr. 3)	- 102 €	
=	**sonstige Einkünfte**		**28.398**

FALL

Jan Reiser, geboren am 17. März 1971, bezieht seit seinem Arbeitsunfall am 3. Mai 2013 eine jährliche Rente aus der gesetzlichen Unfallversicherung in Höhe von 13.200 €.

Ermitteln Sie die sonstigen Einkünfte i. S. d. § 22 EStG für Jan Reiser im VZ 2014.

Lösung:

Die Einkünfte i. S. d. § 22 EStG betragen **0 €**. Die Rente aus der gesetzlichen Unfallversicherung ist nach § 3 Nr. 1a EStG **steuerfrei**.

FALL

Olga Frei, geboren am 12. Januar 1964, bezieht seit ihrem privaten Sportunfall am 12. Juni 2013 eine jährliche Rente aus einer privaten Unfallversicherung in Höhe von 9.600 €.

Ermitteln Sie die sonstigen Einkünfte i. S. d. § 22 EStG für Olga Frei im VZ 2014.

Lösung:

Die Einkünfte i. S. d. § 22 EStG betragen **2.874 €** [31 % v. 9.600 € - 102 € (§ 9a Nr. 3)]. Die Leibrente aus einer privaten Unfallversicherung unterliegt nur mit ihrem **Ertragsanteil** der Besteuerung (§ 22 Nr. 1 S. 3 Buchst. a Doppelbuchst. bb S. 4 EStG). Frau Frei hat zum Zeitpunkt des Rentenbeginns das **49. Lebensjahr** vollendet. Der Ertragsanteil beträgt gem. § 22 Nr. 1 S. 3 Buchst. a Doppelbuchst. bb Satz 4 EStG 31 %.

FALL

Jasmin Kohl (Schülerin, 19 Jahre alt) übernahm in 2014 die weibliche Hauptrolle in einer sog. „Dating-Show". Die „Dating-Show" umfasste sechs Folgen. Laut Vertrag mit dem TV-Produzenten hat sich Frau Kohl für ein Honorar von 9.000 € dazu verpflichtet, dem Produzenten ihre Persönlichkeitsrechte zur exklusiven Nutzung zu übertragen, über Inhalt und Ablauf der Produktion absolutes Stillschweigen zu bewahren und für Presse-, Promotions- und Werbemaßnahmen zur Verfügung zu stehen. Erst bei Drehbeginn lernte Frau Kohl ihren „Dating-Partner" kennen. Die Aufgabe der beiden „Dating-Partner" war es, ihren Familien glaubwürdig zu vermitteln, dass sie sich während dieser „Dating-Show" kennen und lieben gelernt hätten und innerhalb von 14 Tagen heiraten würden. Laut Vertrag sollte Frau Kohl ein zusätzliches Preisgeld von 250.000 € erhalten, wenn alle Familienmitglieder zur ihrer Trauung erscheinen und alle sonstigen Vertragsbedingungen erfüllt würden. Frau Kohl wusste nicht, dass ihr „Dating-Partner" sowie dessen „Familie" Schauspieler waren, die ihr das Leben zur Hölle machen und sich ständig daneben benehmen sollten.

Handelt es sich bei den o. g. Einnahmen um steuerbare Einnahmen i. S. d. EStG?

Lösung:

Das Honorar und das Preisgeld stellen ein Entgelt für die Teilnahme an der Fernsehshow dar. Derartige Vergütungen werden als Einkünfte aus Leistungen i. S. d. § 22 Nr. 3 EStG erfasst (vgl. BFH-Urteil vom 28.11.2007, BStBl 2008 II S. 469). Eine (sonstige) Leistung i. S. d. § 22 Nr. 3 EStG kann jedes Tun, Dulden oder Unterlassen darstellen, das zu einer Gegenleistung führt.

FALL

Jasmin Kohl (Schülerin, 19 Jahre alt) nimmt an einem Gewinnspiel teil. Ihr Spieleinsatz beträgt 50 €. Sie erhält den Hauptgewinn in Höhe von 50.000 €.

Handelt es sich bei dem Hauptgewinn um eine steuerbare Einnahme i. S. d. EStG?

Lösung:

Einnahmen aus Rennwetten und Gewinnspielen unterliegen nicht der ESt. Es fehlt hier am Verhältnis von Leistung und Gegenleistung. Die Spieltätigkeit und der Spieleinsatz stellen keine Leistungen dar, die durch den Spielgewinn vergütet werden (BFH-Urteil vom 19.07.1990, BStBl. 1991 II S. 333 unter Nr. 2).

FALL

Der sozialversicherungspflichtige Angestellte Hans Schneider, Bonn, ist 26 Jahre alt, ledig und kinderlos.
Sein Jahresbruttoarbeitslohn hat in 2014 20.000 € betragen.

Wie hoch ist der Jahresbetrag der Vorsorgepauschale § 39b Abs. 4 beim Lohnsteuerabzug?
Hinweis: Der allgemeine KV-Beitragssatz beträgt 15,5 % und der ermäßigte 14,9 %, RV-Beitragssatz 18,9 %, PV-Beitragssatz 2,05 % + Zuschlag 0,25 %, Arbeitslosenversicherung 3 %.

Lösung:

Die **Vorsorgepauschale beim Lohnsteuerabzug** beträgt – wie die folgende Berechnung zeigt – **2.883 €**.

Nach § 39b Abs. 2 Satz 5 Nr. 3 EStG wird der Jahresarbeitslohn um die **Vorsorgepauschale**, die sich aus mehreren Teilbeträgen zusammensetzt, vermindert.
Außerdem ist die **Mindestvorsorgepauschale** nach § 39b Abs. 2 Nr. 3b EStG zu beachten.

Vorsorgepauschale:

Der Arbeitnehmeranteil beträgt nach § 39b Abs. 2 Satz 5 Nr. 3 EStG

a) für die **Rentenversicherung**:
9,45 % x 20.000 € = 1.890 € x 56 % (§ 39b Abs. 4 EStG) 1.059 €

b) für die **Krankenversicherung**:
7,9 %* x 20.000 € 1.580 €

c) für die **Pflegeversicherung**:
1,275 % x 20.000 € 255 €

(b und c: Mindestvorsorgepauschale)

Mindestvorsorgepauschale:

Nach § 39b Abs. 2 Nr. 3 Satz 2 EStG wird für die Aufwendungen der Teilbeträge b) und c) (1.580 € + 255 € = 1.835 €) **mindestens** ein Betrag von **12 %** des Arbeitslohns in der Steuerklasse I (Herr Schneider gehört der Steuerklasse I an), **höchstens 1.900 Euro** angesetzt, d. h. 12 % von 20.000 € = 2.400 €, höchstens 1.900 Euro.

Da die Summe der Teilbeträge für die Kranken- und Pflegeversicherung mit 1.835 € niedriger ist als die Mindestvorsorgepauschale von 1.900 Euro, wird diese angesetzt.

Die **Vorsorgepauschale beim Lohnsteuerabzug** beträgt somit **2.894 €** (1.059 € + 1.835 €).

* 14,9 % - 0,9 % = 14 % : 2 = 7 % + 0,9 % = 7,9 %

FALL

Die Eheleute Achim und Helga Holzmann, Mainz, werden zusammen zur Einkommensteuer veranlagt. Achim Holzmann ist als selbständiger Steuerberater tätig, Helga Holzmann erzielt lediglich Einkünfte aus Vermietung und Verpachtung.

Im VZ 2014 weisen sie folgende Aufwendungen nach, die sie als Sonderausgaben geltend machen wollen:

Beiträge zur Krankenversicherung (ohne Komfortleistungen)	3.570 €
Beiträge zur Pflegeversicherung	364 €
Beiträge zur berufsständigen Versorgungseinrichtung	5.072 €
Beiträge zur Kapitallebensversicherung i.S.d. § 10 Abs. 1 Nr. 2b	2.400 €
Beiträge zur Kfz-Haftpflichtversicherung (Privat-Kfz)	480 €
Beiträge zur Kfz-Kaskoversicherung (Privat-Kfz)	148 €
Beiträge zur Hausratversicherung	120 €

Wie hoch sind insgesamt die abzugsfähigen Sonderausgaben für den VZ 2014?
Die 4 %-Kürzung ist bei der Krankenversicherung nicht vorzunehmen.

Lösung:

Rechtslage 2014:

SA 1:		
Sonderausgaben-Pauschbetrag (§ 10c)		72 €
SA 2:		
Altersvorsorgeaufwendungen (§ 10 Abs. 1 Nr. 2): (78 % von 7.472 €; Höchstbetrag 40.000 € gem. § 10 Abs. 3)		5.829 €
sonst. Vorsorgeaufw. (§ 10 Abs. 1 Nr. 3 u. 3a) gesamt	4.414 €	
Höchstbetrag von (§ 10 Abs. 4)	5.600 €	4.414 €
abzugsfähige Sonderausgaben nach der Rechtslage 2014		10.243 **€**
Insgesamt abzugsfähige Sonderausgaben		10.315 €

FALL

Die Eheleute Wolfgang und Ute Maier, Bonn, werden zusammen zur Einkommensteuer veranlagt. Wolfgang Maier war bis zu seinem Ruhestand im VZ 2008 als selbständiger Kinderarzt in Gummersbach tätig. Ute Maier ist in 2014 noch als leitende Angestellte tätig. Die Eheleute gehören keiner Konfession an und haben keine Kinder.
Ermitteln Sie mit Hilfe der folgenden Angaben die abzugsfähigen Sonderausgaben für den VZ 2014. Die 4%-Kürzung ist bei der Krankenversicherung nicht vorzunehmen.

Beiträge zur privaten Kranken-und Pflegeversicherung (EM), monatlich (ohne Komfortleistungen)	350 €
AN-Anteil (p. a.) gesetzlichen Kranken- und Pflegeversicherung (EF)	3.369 €
Beiträge zur Kfz-Haftpflichtversicherung (Eheleute) jeweils halbjährlich	360 €
Beiträge zur Unfallversicherung (EM), monatlich	18 €
AN-Anteil zur gesetzlichen Rentenversicherung (EF)	3.778 €
AN-Anteil (p. a.) zur gesetzlichen Arbeitslosenversicherung (EF)	531 €

Lösung:

	Sonderausgaben 1 (SA 1):		
	Sonderausgaben-Pauschbetrag (§ 10c Abs. 1 EStG))		72 €
	Sonderausgaben 2 (SA 2):		
	Altersvorsorgeaufwendungen (§ 10 Abs. 3)		
	AN-Anteil zur gesetzlichen RV	3.778 €	
	AG-Anteil zur gesetzlichen RV	3.778 €	
		7.556 €	
	davon in 2014 78 % (78 % von 7.556 €)	5.893 €	
-	AG-Anteil zur gesetzlichen RV	- 3.778 €	
=	abzugsfähige Altersvorsorgeaufwendungen		2.115 €
	sonstige Vorsorgeaufwendungen (§ 10 Abs. 1 Nr. 3 und 3a EStG)		
	private KV und PV (350 € x 12)	4.200 €	
	gesetzliche KV und PV	3.369 €	
	Kfz-Haftpflichtversicherung (360 € x 2)	720 €	
	Unfallversicherung (18 € x 12)	216 €	
	Arbeitslosenversicherung	531 €	
		9.036 €	
	Höchstbetrag für Wolfgang Maier	2.800 €	
	Höchstbetrag für Ute Maier	1.900 €	
	abzugsfähige sonstige Vorsorgeaufwendungen KV/PV [4.200 € (350 € x 12) + 3.369 €; vgl. § 10 Abs. 4 EStG]		7.569 €
=	**abzugsfähige Sonderausgaben im VZ 2014**		**9.684€**

FALL

Der Steuerpflichtige Günter Maier, München, geb. am 15.12.1950, beschäftigt von Januar 2014 bis September 2014 eine geringfügig entlohnte Beschäftigte als Reinigungskraft. Die Aufwendungen betrugen im VZ 2014 insgesamt 5.091,84 €.

Wie können die Aufwendungen steuerrechtlich bei Günter Maier im VZ 2014 berücksichtigt werden?

Lösung:

Von den Aufwendungen in Höhe von 5.091,84 € kann Günter Maier steuerrechtlich im VZ 2014 folgenden Betrag in Anspruch nehmen:

Der Steuerpflichtige Günter Maier erhält eine Steuerermäßigung nach § 35a Abs. 1 EStG von **510 Euro** (20 % von 5.091,84 €, höchstens 510 Euro).

FALL

Die Eheleute Katharina und Martin Müller, Stuttgart, die zusammen zur Einkommensteuer veranlagt werden, haben einen 9-jährigen Sohn, der in ihrem Haushalt lebt. Herr Müller ist berufstätig. Frau Müller führt den Haushalt. Für die Beaufsichtigung des Kindes bei der Erledigung der Hausaufgaben erhalten die Eltern zu Hause Unterstützung durch eine pädagogisch geschulte Person von einer Dienstleistungsagentur. Die Kosten für die Betreuung betragen jährlich 2.400 €. Die Kosten werden durch Rechnungen und Zahlungsbelege nachgewiesen.

Können die Eltern die Kosten im VZ 2014 als Sonderausgaben abziehen?

Lösung:

Die Eltern können ⅔ der Kosten, max. 4.000 € je Kind im VZ 2014 als Sonderausgaben abziehen (⅔ von 2.400 € = 1.600 €).

FALL

Die Eheleute Pia und Karsten Schmitz, Köln, die zusammen zur Einkommensteuer veranlagt werden, haben eine 5-jährige Tochter und einen 2-jährigen Sohn, die in ihrem Haushalt leben. Herr Schmitz ist berufstätig. Frau Schmitz führt den Haushalt. Für ihre 5jährige Tochter zahlen sie einen Kindergartenbeitrag von monatlich 75 € und für ihren 2-jährigen Sohn, der durch eine pädagogisch geschulte Person einer Dienstleistungsagentur betreut wird, monatlich 150 €. Die Kosten werden durch Rechnungen und Zahlungsbelege nachgewiesen.

Können die Eltern die Kosten im VZ 2014 als Sonderausgaben abziehen?

Lösung:

Für die **5-jährige Tochter** können die Eltern von den Kinderbetreuungskosten **600 €** [⅔ von 900 € (75 € x 12) = 600 €] als **Sonderausgaben** nach § 10 Abs 1 Nr. 5 EStG abziehen.
Für ihren **2-jährigen Sohn** können die Eltern die Kosten im VZ 2014 als Sonderausgaben abziehen [⅔ von 1.800 € (150 € x 12) = 1.200 €].

FALL

1 Sachverhalt

1.1 Allgemeines

Die ledige Steuerpflichtige Inge Maier, evangelisch, Steuerklasse II, KFB 1, geb. am 10.08.1954, wohnt seit 2014 in Düsseldorf. In ihrem Haushalt lebt ein Pflegekind, das am 27.07.2001 geboren ist und in 2014 eine Realschule in Düsseldorf besucht. Das Kind ist mit Hauptwohnung bei Frau Maier gemeldet. Inge Maier hat in 2014 Kindergeld in Höhe von 2.208 Euro erhalten. Eine Haushaltsgemeinschaft mit einer anderen Person besteht nicht.

1.2 Einkünfte

1.2.1 Gehalt

Inge Maier war bis 31.08.2014 als Prokuristin beschäftigt. Ihr Bruttoarbeitslohn betrug für die Zeit vom 01.01. bis 31.08.2014 41.670 €.

1.2.2 Ruhegehalt

Die Steuerpflichtige trat am 31.08.2014 in den Ruhestand. Für die Zeit vom 01.09. bis 31.12.2014 erhielt sie von ihrem früheren Arbeitgeber ein Ruhegehalt, das nicht auf eigenen früheren Beitragsleistungen beruht, von insgesamt 1.400 €. Frau Maier ist nicht behindert.

1.2.3 Zinsen

Von ihrer Bausparkasse wurden Inge Maier 2014 Zinsen in Höhe von 300 € gutgeschrieben, die sie als Beitragszahlung verwendete. Ein Abzug der KapESt und des SolZ erfolgte nicht, weil die Kapitalerträge den Betrag des Freistellungsauftrags nicht überschritten haben.

1.2.4 Grundbesitz

Die Steuerpflichtige hat Ende 2014 von einer Bauträgergesellschaft eine als Einfamilienhaus bewertete Eigentumswohnung für 190.000 € erworben. Von den Anschaffungskosten entfallen 50.000 € auf Grund und Boden. Die Eigentumswohnung wird seit Ende 2014 von Inge Maier bewohnt.

Im VZ 2014 sind im Zusammenhang mit dem Grundstück folgende Ausgaben angefallen:

Brandversicherung	135 €
Darlehenszinsen	600 €
Grundsteuer	105 €

I.2.5 Rente

Aus der gesetzlichen Rentenversicherung erhält Inge Maier seit 01.09.2014 eine monatliche Brutto-Altersrente von 900 €. Der Zuschuss zur Krankenversicherung betrug insgesamt 263 €.

1.3 Sonstige Aufwendungen

Im VZ 2014 weist Inge Maier folgende Ausgaben nach, die sie als Sonderausgaben geltend machen will:

Beiträge zur Lebensversicherung (Altvertrag i. S. d. § 10 Abs.1 Nr. 3b)	1.382 €
Arbeitnehmeranteil zur gesetzlichen Rentenversicherung	3.938 €
Beiträge zur gesetzlichen Krankenversicherung ohne Komfortleistungen	3.417 €
Beiträge zur gesetzlichen Pflegeversicherung	427 €
Beiträge zur gesetzlichen Arbeitslosenversicherung	625 €
Beiträge zur privaten Unfallversicherung	53 €
private Kfz-Haftpflichtversicherung	353 €
Hausratversicherung	60 €
Lohnkirchensteuer	409 €

Die Steuerpflichtige unterstützte 2014 ihre vermögenslose Mutter bis zu deren Tod am 30.05.2014 mit monatlich 130 €. Die Mutter erzielte eine Rente von monatlich 375 €, deren steuerlicher Besteuerungsanteil 50 % betragen hat. Ein Krankenversicherungszuschuss wurde nicht gezahlt.

Daneben beschäftigt Frau Maier eine Hilfe im Haushalt. Die Kosten für die Beschäftigung der Hilfe im Haushalt haben im VZ 2014 insgesamt 600 € einschließlich Sozialversicherungsbeiträge betragen.

2 Aufgabe

1. Nehmen Sie Stellung zur persönlichen Steuerpflicht, zu den altersmäßigen Vergünstigungen der Steuerpflichtigen, zu den zu berücksichtigenden Kindern, zur Veranlagungsart und zum Steuertarif.
2. Ermitteln Sie das zu versteuernde Einkommen der Inge Maier für den VZ 2014. Die 4 %- Kürzung ist bei der Krankenversicherung vorzunehmen.

Lösung:

1. Persönliche Steuerpflicht

Inge Maier ist unbeschränkt einkommensteuerpflichtig, weil sie im Inland einen Wohnsitz hat (§ 1 Abs. 1).

2. Alter der Steuerpflichtigen

Vor Beginn des VZ 2014 war Inge Maier 59 Jahre alt. Inge Maier erfüllt nicht die altersmäßige Voraussetzung für die Gewährung des Altersentlastungsbetrags (§ 24a).

3. Zu berücksichtigende Kinder

Das Pflegekind ist ein zu berücksichtigendes Kind. Es hatte im Kalenderjahr 2014 das 18. Lebensjahr noch nicht vollendet (§ 32 Abs. 3). Da das Kind das 18. Lebensjahr noch nicht vollendet hat, hat Frau Maier Anspruch auf einen vollen Kinderfreibetrag und einen vollen Betreuungsfreibetrag (§ 32 Abs. 6).
Außerdem steht ihr der Entlastungsbetrag für Alleinerziehende zu (§ 24b).

4. Veranlagungsart

Für Inge Maier ist die Einzelveranlagung durchzuführen, weil sie ledig ist (§ 25 Abs. 1).

5. Steuertarif

Ihr Einkommen wird nach dem Grundtarif versteuert (§ 32a Abs. 1).

Ermittlung des zu versteuernden Einkommens

			€
	Einkünfte aus nichtselbständiger Arbeit (§ 19)		
	Tz. 1.2.1 und 1.2.2		
	Gehalt	41.670 €	
	Ruhegehalt (noch kein Anspruch auf Versorgungsfreibetrag)	1.400 €	
		43.070 €	
-	Versorgungsfreibetrag (§ 19 Abs. 2 Nr. 2)	0 €	
	(Inge Maier hat das 63. Lebensjahr noch nicht vollendet)		
-	Arbeitnehmer-Pauschbetrag (§ 9a Nr. 1a)	- 1.000 €	42.070
	Einkünfte aus Kapitalvermögen (§ 20)		
	Tz. 1.2.3		
	Zinsen	300 €	
-	Sparer-Pauschbetrag 801 Euro, höchstens	- 300 €	0
	Einkünfte aus Vermietung und Verpachtung (§ 21)		
	Tz. 1.2.4		
	Für das EFH werden keine Einkünfte angesetzt, weil es selbst genutzt wird.		0
	Übertrag:		42.070

				€
	Übertrag:			42.070
	sonstige Einkünfte i.S. des § 22			
	Tz. 1.2.5			
	Rente 4 x 900 € = 3.600 €			
	davon 68 % Besteuerungsanteil (§ 22 Nr. 1)		2.448€	
	Der Zuschuss zur KV ist stfr. (§ 3 Nr. 14)			
	Werbungskosten-Pauschbetrag (§ 9a Nr. 3)		- 102 €	2.346
	Summe der Einkünfte			**44.414**
	Entlastungsbetrag für Alleinerziehende (§ 24b)			- 1.308
	Gesamtbetrag der Einkünfte			**43.108**
-	Sonderausgaben 1 (SA 1)			
	Lohnkirchensteuer (§ 10 Abs. 1 Nr. 4)			409
-	Sonderausgaben 2 (SA 2)			
	Altersvorsorgeaufwendungen (§ 10 Abs. 1 Nr. 2 a) + Abs. 3) 78 % von (RV-Gesamt) - AG-Anteil RV [78 % von (3.938 €+ 3.938 €) - 3.938 €]			2.206
	sonstige Vorsorgeaufwendungen (§ 10 Abs. 1 Nr. 3 + 3a)			
	Krankenversicherung 3.417 € x 96 %		3.281 €	
	Pflegeversicherung		427 €	
	Arbeitslosenversicherung		625 €	
	Unfallversicherung		53 €	
	private Kfz-Haftpflichtversicherung		353 €	
	Hausratversicherung (nicht berücksichtigungsfähig)		0 €	
	Lebensversicherung (Altvertrag) 88 % x 1.382 €		1.217 €	
			5.956 €	
	Die KV- + PV-Beiträge übersteigen den Höchstbetrag (1.900 €), d. h., die tatsächlichen Beiträge sind anzusetzen (§ 10 Abs. 4) 3.417 x 96 % + 427.			3.708
-	**außergewöhnliche Belastungen** (§ 33a Abs. 1 + 3)			
	a) nach § 33a Abs. 1			
	Unterhaltsaufwendungen für die Mutter			
	Höchstbetrag für das Kalenderjahr		8.354 €	
	ermäßigter Höchstbetrag für 5 Monate		3.481 €	
	Einkünfte und Bezüge der Mutter			
	(937,50 -102) + (937,50 -180 x 5/12)	1.698 €		
	abzüglich ermäßigter Karenzbetrag 624 € x 5/12	- 260 €		
	schädlich		1.438 €	
	verbleiben		2.043 €	
	tatsächliche Aufwendungen (130 x 5)		650 €	
	als agB anzusetzen höchstens Aufwendungen			650
	Übertrag			36.135

		€
	Übertrag:	36.135
=	**Einkommen**	36.135
-	Kinderfreibeträge sind um 89 € günstiger als das Kindergeld.	7.008
=	**zu versteuerndes Einkommen**	**29.127**

Günstigerprüfung:

	36.135 €	=	7.579 € ESt
	36.135 €		
	4.368 € (KFB)		
	2.640 € (KFB)		
	29.127 €	=	5.285 € ESt
Differenzbetrag			2.294 € ESt
Kindergeld			2.208 €
KFB günstiger um			**86 €**

Frau Maier kann noch eine **Steuerermäßigung** nach § 35a EStG von **120 €** (20 % von 600 €) für die Hilfe im Haushalt geltend machen.

FALL

1 Sachverhalt

1.1 Allgemeines

Johannes Reuter, geb. am 20.12.1949 ist seit 1979 mit Petra geb. Schneider, geb. am 01.10.1957, verheiratet. Die Eheleute wohnen in Aachen. Sie haben folgende Kinder:

Dieter, geb. am 14.06.1993, ledig. Dieter ist seit 2008 wegen eines schweren Sportunfalls behindert und außerstande, sich selbst zu unterhalten. Er ist nicht hilflos i.S.d. § 33b Abs. 6 Satz 2. Der Grad der Behinderung beträgt 100 %. Dieter hat keine eigenen Einkünfte und Bezüge. Die Eltern erhalten für Dieter in 2014 Kindergeld in Höhe von 2.208 Euro.

Dagmar, geb. am 01.01.1988, ledig. Sie studiert bis zum Examen am 30.04.2014 in Freiburg Philosophie und war auch vom 01.01. bis 30.04.2014 dort untergebracht. Die von den Eltern getragenen Studienkosten betragen in 2014 1.300 €. Seit Beendigung des Studiums hält sich Dagmar kostenlos bei Freunden in Frankreich auf. Sie hat weder eigene Einkünfte noch eigenes Vermögen. Die Eltern erhalten für Dagmar in 2014 kein Kindergeld.

1.2 Einkünfte

1. Johannes Reuter betreibt in Aachen eine Einzelhandlung mit Elektrogeräten. Er ermittelt seinen Gewinn nach § 5 EStG. Sein Eigenkapital betrug lt. Steuerbilanz

zum 31.12.2013	110.500 €
zum 31.12.2014	102.000 €

Die in 2014 gebuchten Privatentnahmen belaufen sich auf 29.530 €.
Die folgenden Sachverhalte des Jahres 2014 sind auf ihre gewinnmäßige Auswirkung zu prüfen. Der Gewinn ist ggf. zu berichtigen. Es soll der niedrigstmögliche steuerliche Gewinn ausgewiesen werden.

a) Eine Stereoanlage, Anschaffungskosten 1.150 €, wurde in der Bilanz des Vorjahres auf Grund einer Preissenkung zulässigerweise mit 900 € angesetzt. Die Anlage war zum 31.12.2014 noch vorhanden. Infolge steigender Preise hatte sie am 31.12.2014 einen Teilwert von 1.150 €. Mit diesem Wert wurde sie zum 31.12.2014 bilanziert. Eine Zuschreibung in Höhe von 250 € erfolgte im Laufe des Jahres 2014.
b) Die private Kfz-Nutzung von 1.000 € wurde noch nicht gebucht.
c) Reuter hat in 2014 wegen zu spät entrichteter ESt 35 € und zu spät gezahlter USt 30 € Säumniszuschlag aufgewendet. Beide Beträge wurden als Betriebsausgaben gebucht.
d) Im Mai 2014 wurden zwei Schreibtische für je 350 € (netto) angeschafft und als GWG voll abgeschrieben.
e) Reuter entnahm im November 2014 zum Betriebsvermögen gehörende Wertpapiere, deren Anschaffungskosten (= Buchwert) 1.600 € betragen haben. Er buchte:

    Privat an Wertpapiere 1.600 €

    Sofort nach der Entnahme verkaufte er die Wertpapiere zum Wert von 2.000 €.
f) Reuter hat für sich privat einen Radiowecker entnommen zum Nettoeinkaufspreis von 50 €. Es wurde gebucht:

    Privat an Wareneingang 50 €

    Die Umsatzsteuer in Höhe von 8 € ist noch nicht gebucht worden.
g) Beim Kauf eines unbebauten Betriebsgrundstücks wurden 5.000 € Grunderwerbsteuer und 400 € Notargebühren gezahlt. Die Steuern wurden dem Konto „Steuern" und die Notargebühren dem Konto „Rechtskosten" belastet.

2. Frau Reuter ist an einer KG in Krefeld mit 30 % beteiligt. Das Wirtschaftsjahr der KG läuft vom 01.04. bis 31.03. Die KG hat im Wirtschaftsjahr 2013/2014 einen Gewinn von 150.000 € und im Wirtschaftsjahr 2014/2015 einen Verlust von 5.000 € erzielt.
3. Die Eheleute bewohnen ein in Aachen gelegenes Einfamilienhaus (Baujahr 2014), das die Eheleute 2014 für 250.000 € erworben haben. An Anschaffungsnebenkosten sind 6.000 € angefallen, die in 2014 bezahlt wurden.
4. Herr Reuter erwarb im August 2014 privat Goldmünzen für 2.800 €, die er im Dezember 2014 für 3.250 € verkaufte.
5. Herr Reuter bezieht seit 01.01.2009 eine monatliche Rente von 500 € aus einer privaten Rentenversicherung (Altvertrag).

1.3 Sonstige Ausgaben

Die Eheleute Reuter machen für 2014 folgende Beträge als Sonderausgaben geltend:

Kranken- und Pflegeversicherung (ohne Komfortleistung)	7.800 €
Hausratversicherung	70 €
Rentenversicherung (§ 10 Abs. 1 Nr. 2 b)„Rürup-RV")	6.000 €
Lebensversicherung (Altvertrag i.S.d. § 10 Abs. 1 Nr. 3)	9.795 €
Kfz-Versicherung für Privatwagen	
• Haftpflicht	110 €
• Kasko	35 €
• Unfall	20 €
Kfz-Haftpflichtversicherung für Geschäftswagen (Privatanteil)	60 €
Haushaftpflichtversicherung	40 €
gezahlte Kirchensteuer	930 €
Spenden für kirchliche Zwecke	300 €

2 Aufgaben

1. Nehmen Sie Stellung zur persönlichen Steuerpflicht, zu den altersmäßigen Vergünstigungen der Steuerpflichtigen, zu den zu berücksichtigenden Kindern, zur Veranlagungsart und zum Steuertarif.
2. Ermitteln Sie das zu versteuernde Einkommen der Eheleute Reuter für den VZ 2014. Die 4 %-Kürzung ist bei der Krankenversicherung nicht vorzunehmen.

Lösung:

1. Persönliche Steuerpflicht

Die Eheleute Reuter sind unbeschränkt einkommensteuerpflichtig, weil sie im Inland einen Wohnsitz haben (§ 1 Abs. 1).

2. Alter der Steuerpflichtigen

Vor Beginn des VZ 2014 hatten Herr Reuter das 64. und Frau Reuter das 56. Lebensjahr vollendet.

Nur Herr Reuter erfüllt die altersmäßige Voraussetzung für die Gewährung des Altersentlastungsbetrags (§ 24a).

3. Zu berücksichtigende Kinder

Sohn Dieter ist ein leibliches Kind der Eheleute Reuter. Er hat mit Ablauf des 13.06.2014 das 21. Lebensjahr vollendet. Er ist 2014 ein zu berücksichtigendes Kind, weil er behindert und außerstande ist, sich selbst zu unterhalten und die Behinderung vor Vollendung des 25. Lebensjahrs eingetreten ist (§ 32 Abs. 4 Nr. 3). Für Dieter haben die Eltern Anspruch auf die vollen Freibeträge nach § 32 Abs. 6.
Tochter Dagmar ist ebenfalls ein leibliches Kind der Eheleute Reuter. Sie hatte 2014 das 26. Lebensjahr vollendet und ist nicht behindert. Sie ist kein zu berücksichtigendes Kind.

4. Veranlagungsart

Die Eheleute Reuter werden zusammen veranlagt, weil beide unbeschränkt einkommensteuerpflichtig sind, nicht dauernd getrennt leben und keiner eine Einzelveranlagung von Ehegatten beantragt hat (§ 26 Abs. 2 EStG).

5. Steuertarif

Das Einkommen der Eheleute wird nach dem Splittingtarif versteuert, weil sie zusammen veranlagt werden (§ 32a Abs. 5).

6. Ermittlung des Gesamtbetrags der Einkünfte

			Ehemann €	Ehefrau €	gesamt €
	Einkünfte aus Gewerbebetrieb (§ 15)				
	Ehemann:				
	BV am 31.12.2014	102.000 €			
	BV am 31.12.2013	110.500 €			
	Unterschiedsbetrag	- 8.500 €			
+	Entnahmen (vorl.)	29.530 €			
	vorl. Gewinn	21.030 €			
	a) der Bilanzansatz ist richtig angesetzt (TW = AK)	0 €			
	b) private Kfz-Nutzung	+ 1.000 €			
	c) Säumniszuschlag ESt	+ 35 €			
	d) GWG nach § 6 Abs. 2 EStG ist richtig angesetzt	0 €			
	e) Entnahmegewinn (TW - BW)	+ 400 €			
	f) USt-	8 €			
	g) zu aktivieren	+ 5.400 €	27.873		
	Ehefrau:				
	30 % des Gewinns der KG für das Wirtschaftsjahr 2013/2014 (§ 4a Abs. 2 Nr. 2) 30 % x 150.000 €			45.000	72.873
	Übertrag:		27.873	45.000	72.873

	Ehemann €	Ehefrau €	gesamt €
Übertrag:	27.873	45.000	72.873
Einkünfte aus V + V (§ 21)			
Für das EFH werden keine Einkünfte angesetzt, weil das EFH selbst genutzt wird.		0	0
sonstige Einkünfte im Sinne des § 22			
Leibrente 6.000 € (500 € x 12) Besteuerungsanteil: 23 % von 6.000 € (59. Lj. mit Beginn der Rente vollendet) 1.380€ - WKP (§ 9a Nr. 3) - 102 €	1.278		1.278
Private Veräußerungsgeschäfte i. S. d. § 23 Tz. 2.4: 450 € liegen unter der Freigrenze von 600 Euro (§ 23 Abs. 3 S. 5)			
= **Summe der Einkünfte**	29.151	45.000	74.151
- Altersentlastungsbetrag (§ 24a)			
Ehemann: 25,6 % von 29.151 €, höchstens			1.216
= **Gesamtbetrag der Einkünfte**			**72.935**

7. Ermittlung der Sonderausgaben

		€
- Sonderausgaben 1 (SA 1)		
Kirchensteuer (§ 10 Abs. 1 Nr. 4)	930 €	
Spenden für kirchliche Zwecke (§ 10b Abs. 1)	300 €	1.230
- Sonderausgaben 2 (SA 2)		
Altersvorsorgeaufwendungen (§ 10 Abs. 1 Nr. 2b + Abs. 3) Rürup-RV 6.000 € x 78 %		4.680
sonstige Vorsorgeaufwendungen (§ 10 Abs. 1 Nr. 3 + Nr. 3a)		
Lebensversicherung (Altfall) 88 % x 9.795	8.620 €	
Kranken- und Pflegeversicherung	7.800 €	
Hausrat (nicht berücksichtigungsfähig)	0 €	
Kfz-Haftpflichtversicherung	110 €	
Kfz-Kasko (nicht berücksichtigungsfähig)	0 €	
Kfz-Unfallversicherung	20 €	
Kfz-Haftpflichtversicherung (Privatanteil)	60 €	
Haushaftpflichtversicherung	40 €	
	16.650 €	
Höchstbeträge für die Eheleute (2.800 € + 2.800 €), mind. KV/PV		7.800
abzugsfähige Sonderausgaben insgesamt		**13.710**

8. Ermittlung der außergewöhnlichen Belastungen

	€
nach § 33a **Abs. 1**	
für Sohn **Dieter** können Unterhaltsaufwendungen als agB **nicht** geltend gemacht werden, weil die Eltern für ihn **Kindergeld** erhalten.	
für Tochter **Dagmar** absoluter Höchstbetrag für das Kalenderjahr 8.354 € ermäßigter Höchstbetrag für 4 Monate 2.785 € eigene Einkünfte und Bezüge 0 € tatsächliche Aufwendungen 1.300 € abziehbare agB	1.300
nach § 33a **Abs. 2**	
Freibetrag für Tochter **Dagmar** kann **nicht** gewährt werden, weil die Eltern für sie **keinen** Freibetrag nach § 32 Abs. 6 EStG/Kindergeld erhalten.	
nach **§ 33b**	
Der Grad der Behinderung des Sohnes **Dieter** beträgt 100.	1.420
abzugsfähige außergewöhnliche Belastungen insgesamt	**2.720**

9. Ermittlung des zu versteuernden Einkommens

		€
=	**Gesamtbetrag der Einkünfte**	72.935
-	abzugsfähige Sonderausgaben	13.710
-	abzugsfähige außergewöhnliche Belastungen	2.720
=	**Einkommen**	56.505
	Kindergeld ist um 114 € günstiger als die vollen Freibeträge nach § 32 Abs. 6 EStG	0
=	**zu versteuerndes Einkommen**	**56.505**

Günstigerprüfung

56.505 €	=	10.028 €	ESt
56.505 € - 4.368 € (KFB) - 2.640 € (BFB)			
49.507 €	=	7.934 €	ESt
Differenzbetrag		2.094 €	ESt
Kindergeld		2.208 €	
günstiger um		**114 €**	

FALL

1 Sachverhalt

Eheleute Wilhelm und Erika Streibl sind seit 1978 verheiratet (beide keine Konfession). Laut notariellem Ehevertrag haben die Eheleute Streibl Gütertrennung vereinbart. Sie werden einzeln zur Einkommensteuer veranlagt. Die beiden Kinder Max (30 Jahre) und Karl (28 Jahre) sind seit ihrer Ausbildung berufstätig. Bei keiner Person liegt eine Behinderung vor.

Wilhelm Streibl (geb. am 30.09.1949) betreibt seit 1976 in Landshut eine Schlosserei. Herr Streibl verkauft sein Unternehmen zum 01.10.2014 (00:00 Uhr) an Alfons Huber. Herr Huber übernimmt für einen Kaufpreis von 480.000 € das komplette Vermögen (Wert zum 30.09.2014: 770.000 €) und sämtliche Schulden (Stand zum 30.09.2014: 470.000 €) des Herrn Streibl. Die bei dem Unternehmensverkauf angefallenen Kosten in Höhe von 6.500 € für z. B. Rechtsberatung und Grundbucheintrag gehen laut Kaufvertrag zu Lasten des Herrn Streibl. Die zum 30.09.2014 aufgestellte steuerliche Gewinnermittlung weist Betriebseinnahmen in Höhe von 268.000 € und Betriebsausgaben in Höhe von 196.000 € aus. Herr Streibl erhält seit dem 01.10.2014 eine Rente aus der gesetzlichen Rentenversicherung in Höhe von 1.380 € pro Monat. Herr Streibl erzielt in 2014 keine weiteren Einkünfte.

Erika Streibl (geb. am 25.07.1956) arbeitet seit 1994 als angestellte Bilanzbuchhalterin in einem 35 km (einfache Strecke) entfernten Möbelwerk. Ihr monatliches Bruttoeinkommen beträgt 3.100 €. Auf der Lohnsteuerkarte befindet sich der Eintrag „III/0". Frau Streibl reicht am 07.02.2014 eine Einkommensteuerklärung für den Veranlagungszeitraum 2014 beim Finanzamt ein, in der sie die folgenden Aufwendungen für 2014 glaubhaft nachweist (weitere Aufwendungen werden nicht geltend gemacht):

- 200 Fahrten zur ersten Tätigkeitsstätte,
- Unfallschaden (14.01.2014) anlässlich einer Fahrt zur ersten Tätigkeitsstätte in Höhe von 2.600 € (keine Erstattung von dritter Seite, kein Alkoholeinfluss),
- Abonnementkosten für Fachliteratur in Höhe von 500 €,
- Seminarkosten für steuerrechtliche/bilanzrechtliche Fortbildungen in Höhe von 1.400 €,
- Fahrten zu den Seminarorten, einfache Strecke: 190 km (es erfolgt keine Erstattung der Fahrtkosten von dritter Seite),
- Unfallschaden (07.02.2014) anlässlich einer Dienstreise mit dem eigenen Pkw in Höhe von 880 € (keine Erstattung von dritter Seite, kein Alkoholeinfluss).

2 Aufgaben

1. Ermitteln Sie für Herrn Wilhelm Streibl den Gesamtbetrag seiner Einkünfte 2014.
2. Ermitteln Sie für Frau Erika Streibel den Jahresfreibetrag 2014 und den Monatsfreibetrag 2014.

Lösung:

zu 1.

Ermittlung Gesamtbetrag der Einkünfte 2014 - Wilhelm Streibl

			€	€
Einkünfte aus Gewerbebetrieb (§ 15, § 16)				
	Betriebseinnahmen		268.000	
-	Betriebsausgaben		- 196.000	
	steuerpfl. Gewinn aus lfd. Geschäftstätigkeit		72.000	72.000
	Veräußerungspreis Gewerbebetrieb		480.000	
-	Veräußerungskosten		- 6.500	
-	Wert des Betriebsvermögens (770.000 € - 470.000 €)		- 300.000	
=	Veräußerungsgewinn (§ 16 Abs. 2)		173.500	
-	Freibetrag (§ 16 Abs. 4 Satz 1)	45.000 €		
-	Ermäßigungsbetrag (§16 Abs. 4 S. 3) (173.500 € - 136.000 €)	- 37.500 €		
=	verbleibender Freibetrag		- 7.500	
=	steuerpfl. Veräußerungsgewinn		166.000	166.000
sonstige Einkünfte i. S. d. § 22				
	Rente (1.380 € x 3 Monate)		4.140	
-	Rentenfreibetrag (32 % von 4.140 €)		- 1.325	
=	steuerpflichtiger Teil der Rente (68 %)		2.815	
-	Werbungskosten-Pauschbetrag (§ 9a Nr. 3)		- 102	
=	Einkünfte aus Leibrenten		2.713	2.713
Summe der Einkünfte				240.713
-	Altersentlastungsbetrag (§ 24a) (25,6 % von 238.000 €, höchstens 1.216 Euro)			- 1.216
Gesamtbetrag der Einkünfte 2014				**239.497**

zu 2.

Ermittlung Gesamtbetrag des Jahresfreibetrags/Monatsfreibetrags - Erika Streibl

		€
	Werbungskosten i. S. d. §39a Abs. 1 Nr. 1 i. V. m. §9:	
	Fahrten Wohnung - erste Tätigkeitsstätte (35 km x 0,30 € x 200 Tage)	2.100,00
	Unfallschaden „Fahrten Wohnung - erste Tätigkeitsstätte" ist mit der Entfernungspauschale **nicht** mehr abgegolten (siehe Lehrbuch Seite 146).	2.600,00
	Fachliteratur	500,00
	Seminarkosten	1.400,00
	Fahrten zu den Seminarorten (190 km x 2 x 0,30 € = tatsächlich gefahrene Kilometer)	114,00
	Unfallschaden „Dienstreise" kann als außergewöhnliche Kosten neben dem pauschalen Kilometersatz angesetzt werden [vgl. H 9.5 (Pauschale Kilometersätze) LStR amtliche Hinweise]	880,00
=	Summe der berücksichtigungsfähigen Werbungskosten	7.594,00
-	Arbeitnehmer-Pauschbetrag (§9a Nr. 1a)	1.000,00
=	**Jahresfreibetrag (§39a Abs. 1 Nr. 1)**	**6.594,00**
	Monatsfreibetrag (§39a Abs. 2 Satz 6)	**659,40**

Die Eintragung wird vorgenommen, weil die Antragsgrenze von 600 Euro überschritten ist (§ 39a Abs. 2 Satz 4).

FALL

Für den ledigen angestellten Gas-/Wasserinstallateur Niklas Weber (geb. 20.11.1970) aus Düsseldorf sind die unten genannten Sachverhalte (1 bis 3) aus einkommensteuerlicher Sicht zu beurteilen. Herr Weber gehört keiner Religionsgemeinschaft an und ist kinderlos. Herr Weber ist ausschließlich an wechselnden Einsatzorten auswärts tätig. Der Arbeitgeber hat festgelegt, dass sich die Arbeitnehmer am Geschäftssitz des Unternehmens treffen, um von dort die unterschiedlichen Einsatzorte aufzusuchen (Sammelpunkt). Sein Gesamtbetrag der Einkünfte 2014 beträgt 28.500,00 €.

1. Herr Weber fuhr für insgesamt 4 Monate (zu unterstellen sind 4 Monate x 20 Tage/ Monat = 80 Arbeitstage) mit dem eigenen Pkw vom Sammelpunkt zu einer Baustelle eines Kunden. Die Entfernung vom Sammelpunkt zur Baustelle betrug 20 km. Nach zwei Monaten auf dieser Baustelle war Herr Weber fünf Wochen im Urlaub und setzte anschließend seine Tätigkeit fort.
2. Herr Weber war an den 80 Arbeitstagen aus Nr. 1 immer zwischen 9 und 13 Stunden von zu Hause abwesend (Zeit von Reiseantritt bis Reiserückkehr).
3. Herr Weber fuhr mit einem firmeneigenen Servicewagen für eine Woche zu einem Kunden nach Mainz. Die Entfernung betrug 250 km. Die Dienstreise begann am Montag um 6 Uhr und endete am Freitag um 16 Uhr. Herr Weber übernachtete am Montag und Dienstag in einem Hotel. Die Hotelrechnung weist eine Übernachtungspauschale inkl. Frühstück von 65 € pro Nacht aus. Herr Weber bezahlte die beiden Übernachtungen aus eigenen Mitteln. Von Mittwoch bis Freitag übernachtete Herr Weber bei einem Freund unentgeltlich. Außerdem hat Herr Weber in dieser Woche Parkgebühren in Höhe von 50 € bezahlt.

a) Ist bei den Sachverhalten 1 bis 3 ein Werbungskostenabzug grundsätzlich möglich? Wenn ja, in welcher Höhe.

b) Ist bei den Sachverhalten 1 bis 3 ein steuerfreier Reisekostenersatz durch den Arbeitgeber grundsätzlich möglich? Wenn ja, in welcher Höhe?

Lösung:

zu 1.a)

Eine auswärtige Tätigkeit von mehr als drei Monaten begründet **keine** erste Tätigkeitsstätte mehr. Die Fahrten zu der auswärtigen Tätigkeitsstätte stellen somit **keine Fahrten Wohnung - Arbeitsstätte** dar.

Steuerpflichtige können für diese Fahrten den Reisekostensatz von 0,30 € pro tatsächlich gefahrenen Kilometer ansetzen.

Herr Weber kann für seine 80 Fahrten **960€** als **Werbungskosten** ansetzen (2 x 20 km x 80 Arbeitstage x 0,30 €/km; vgl. § 9 Abs. 1 EStG, R 9.5 Abs. 1 LStR). Da Herr Weber noch weitere Werbungskosten in 2014 geltend macht, kommt der Arbeitnehmer-Pauschbetrag von 1.000 Euro nicht in Betracht.

Weiterführende Erläuterungen enthält das **ergänzte BMF-Schreiben zur Reform des steuerlichen Reisekostenrechts ab 01.01.2014** (Tz. 35ff.) vom **24.10.2014** (IV C5 - S 2353/14/10002, abrufbar unter www.bmfschreiben.de).

zu 1. b)

Der Arbeitgeber kann Herrn Weber für die 80 Fahrten **960,00€ Reisekosten steuerfrei** erstatten (vgl. § 3 Nr. 16 EStG, R 9.5 Abs. 2 LStR). Ein zusätzlicher Ansatz als Werbungskosten ist insoweit bei Herrn Weber nicht möglich.

zu 2. a)

Bei derselben Auswärtstätigkeit beschränkt sich der Abzug der Verpflegungsmehraufwendungen auf die ersten drei Monate (§ 9a Abs. 4a Satz 6). Eine Unterbrechung an derselben Tätigkeitstätte von mind. vier Wochen führt zu einem Neubeginn (§ 9a Abs. 4a Satz 7). Herr Weber kann für 80 Arbeitstage (4 Monate x 20 Tage/Monat) den pauschalen **Verpflegungsmehraufwand** von 12 € pro Tag als Werbungskosten, insgesamt 960 €, ansetzen (§ 9 Abs. 4 a Satz 3 Nr. 3).

zu 2. b)

Der Arbeitgeber kann Herrn Weber für die 80 Arbeitstage **960 € Reisekosten steuerfrei** erstatten (vgl. § 3 Nr. 16 EStG). Ein zusätzlicher Ansatz als Werbungskosten ist insoweit bei Herrn Weber nicht möglich.

zu 3. a)

Ein Ansatz der **Fahrtkosten** als Werbungskosten kommt **nicht** in Betracht, da Herr Weber die Dienstreise mit einem Firmenwagen unternimmt.

An **Verpflegungsmehraufwendungen** kann Herr Weber **96 €** (2 x 12 € + 3 x 24 €) als Werbungskosten in Abzug bringen.

An **Übernachtungskosten** kann Herr Weber die folgenden Beträge als Werbungskosten ansetzen (§ 9 EStG):

- 2 **Hotelübernachtungen** in Höhe von **120,40 €** (2 x 65 € - 2 x 20 % von 24 €, vgl. R 9.7 Abs. 1 LStR). Kürzung für Frühstück 9,60 € (4,80 € x 2).
- 3 **private Übernachtungen 0 €** (tatsächlich sind keine Kosten entstanden).

Die Parkgebühren (**Reisenebenkosten**, vgl. R 9.8 LStR) kann Herr Weber als Werbungskosten absetzen.

zu 3. b)

Ein **steuerfreier Fahrtkostenersatz** ist **nicht möglich**, da die Dienstreise mit einem Firmenwagen unternommen worden ist.

Die **Verpflegungsmehraufwendungen** können in Höhe von **96 € steuerfrei erstattet** werden (§ 3 Nr. 16 EStG). Insoweit erfolgt dann kein Werbungskostenabzug.

Bei den **Übernachtungskosten** kann der Arbeitgeber folgende Beträge **steuerfrei erstatten**:

- 2 **Hotelübernachtungen** in Höhe von **120,40 €** (nur in Höhe der beim AN abziehbaren Werbungskosten. Insoweit erfolgt dann kein Werbungskostenabzug. Zahlt der Arbeitgeber den Gesamtbetrag in Höhe von 130 €, entsteht für das Frühstück grundsätzlich ein **steuerpflichtiger Sachbezug** in Höhe von 3,06 € (2 x 1,53 €). Es wird eine Kürzung der Verpflegungsmehraufwendungen vorgenommen (vgl. BMF- Schreiben vom 13.07.2009, BStBl. 2009 I S. 771).
- 3 **private Übernachtungen 60 €** (3 x 20,00 €, R 9.7 Abs. 3 LStR).

Ein **steuerfreier Reisenebenkostenersatz** ist **möglich** (**60 €**).

FALL

Herr Weber hat bei einem Preisausschreiben 6.000 € gewonnen. Diesen Betrag hat er dem örtlichen Turnverein zur Förderung der Jugendarbeit gespendet. Eine ordnungsgemäß ausgestellte Zuwendungsbescheinigung liegt vor. Für 2014 beträgt der Gesamtbetrag der Einkünfte 28.500 €.

Kann Herr Weber einen Spendenabzug in Anspruch nehmen? Wenn ja, in welcher Höhe?

Lösung:

Herrn Weber steht für 2014 ein Spendenabzug in Höhe von **5.700€** (20 % von 28.500 €) zu. Der übersteigende Betrag in Höhe von 300 € wird als Spendenvortrag auf den Veranlagungszeitraum 2015 übertragen (§ 10b Abs.1 Satz 9 EStG).

FALL

Der geschiedene Steuerpflichtige Franz Großhennrich, 2 erwachsene Töchter, Bonn, bezieht seit 01.05.2004 Leistungen aus der gesetzlichen Rentenversicherung. Der Jahresbetrag der Rente betrug in 2005 9.600 €. Die Deutsche Rentenversicherung Bund teilt Herrn Großhennrich lt. Bescheid folgende Änderungen mit (Auszug). Die Höhe der monatlichen Zahlung der Rente wird ab 01.01.2014 wie folgt berechnet:

Rentenbetrag		810,96 €
KV 15,5 % x 810,96 €		- 125,70 €
PV 2,05 % x 810,96 €		- 16,62 €
Zuschuss KV 15,5 % - 0,9 % = 14,6 %		
14,6 % von 810,96 € =	118,40 €	
davon die Hälfte		+ 59,20 €
Ab 01.01.2014 werden insgesamt monatlich ausgezahlt		**727,84 €**

Ermitteln Sie die sonstigen Einkünfte i.S.d. § 22 EStG für Herrn Großhennrich im VZ 2014.

Lösung:

	Rentenbetrag aus der gesetzlichen Rentenversicherung (810,96 € x 12)	9.731,00 €
-	Rentenfreibetrag (50 % von 9.600 €)	- 4.800,00 €
=	steuerpflichtiger Teil der Rente	4.931,00 €
-	Werbungskosten-Pauschbetrag (§ 9a Nr. 3 EStG)	- 102,00 €
=	sonstige Einkünfte i. S. d. § 22 EStG	**4.829,00 €**

FALL

Heinz (45 Jahre) und Ilse Schüller (40 Jahre) wohnen mit ihren vier Kindern Joel (4 Jahre), Lena (6 Jahre), Max (8 Jahre) und Sina (9 Jahre) in einem Einfamilienhaus in Düsseldorf. Ilse Schüller ist als kaufmännische Leiterin in einem Industriebetrieb angestellt. Heinz Schüller ist nicht berufstätig. Familie Schüller beschäftigt während des gesamten Jahres 2014 eine Reinigungskraft im Rahmen eines geringfügigen Beschäftigungsverhältnisses (Mini-Job). Die hierfür geleisteten Zahlungen (Lohn und Pauschalabgaben) betrugen insgesamt 3.800 €. Von März bis Oktober 2014 erledigte ein Landschaftsbaubetrieb aus Neus die Gartenpflege. Die ordnungsgemäß ausgestellten Rechnungen über insgesamt 2.700 € wurden per Überweisung in 2014 beglichen. Die Materialkosten (Pflanzen etc.) betrugen insgesamt 800 €. Der Rest entfiel auf die Arbeitskosten. Für den Austausch von Bodenbelägen im ersten Obergeschoss zahlte Familie Schüller in 2014 per Überweisung brutto 7.735 €. Die in der ordnungsgemäß ausgestellten Rechnung gesondert ausgewiesenen Materialkosten betrugen netto 3.500 €.

Beurteilen Sie die Möglichkeit der Inanspruchnahme des § 35a EStG.

Lösung:

Reinigungskraft

Für die **geringfügige Beschäftigung** der Reinigungskraft kann Familie Schüller die steuerliche Förderung des **§ 35a Abs. 1 EStG** in Anspruch nehmen. **Die tarifliche Einkommensteuer ermäßigt sich um 510 €** (Hinweis: 20 % von 3.800 € übersteigt den absoluten Höchstbetrag.).

Gartenpflege

Die Verrichtung der Gartenpflege durch einen selbständigen Unternehmer stellt eine **haushaltsnahe Dienstleistung** dar, die nach **§35a Abs. 2 EStG** steuerlich gefördert wird. Zu beachten ist, dass die ausgestellte Rechnung Material- und Arbeitskosten ausweist. Gem. **§35a Abs. 5 S. 2 EStG** haben nur die **Arbeitskosten (1.900 €)** eine steuerliche Wirkung. **Die tarifliche Einkommensteuer ermäßigt sich um 380 €** (Hinweis: Der absolute Höchstbetrag von 4.000 € wurde nicht erreicht.).

Bodenbelagaustausch

Bei dem Austausch der Bodenbeläge durch einen selbständigen Unternehmer handelt es sich um eine steuerlich zu fördernde Inanspruchnahme von **Handwerkerleistungen** i. S. d. **§35a Abs. 3 EStG**. Auch hier stellen lediglich die **Arbeitskosten (3.570 € brutto)** steuerlich relevante Aufwendungen dar (**§35a Abs. 5 S. 2 EStG**). **Die tarifliche Einkommensteuer ermäßigt sich um 714 €** (Hinweis: Der absolute Höchstbetrag von 1.200 € wurde nicht erreicht.).

Anmerkung

Der Fall zeigt, dass die Fördermechanismen des § 35a EStG nebeneinander (kumulativ) in Anspruch genommen werden können.

B. Körperschaftsteuer

FALL

Die Gewinn- und Verlustrechnung der A-GmbH, München, weist für das Wirtschaftsjahr einen vorläufigen handelsrechtlichen Jahresüberschuss von 233.805 € aus. Folgende Punkte wurden erfolgswirksam gebucht:

• Ein in 2010 entgeltlich erworbener Firmenwert von 60.000 € wurde nach § 255 Abs. 4 HGB mit 20 % abgeschrieben.	12.000 €
• KSt-Erstattung 2013	8.000 €
• SolZ-Erstattung 2013	440 €
• GewSt-Vorauszahlungen 2014	5.960 €
• Verspätungszuschlag zur GewSt	150 €
• angemessene Bewirtungsaufwendungen lt. Belegen (netto, 100 %)	650 €
• Zuwendungen an politische Parteien	5.000 €
• Zuwendungen an eine Universität	4.000 €

Die A-GmbH hat einen Beirat als Kontrollorgan. Als Aufwand wurden für den Beirat 14.400 € gebucht.

Ermitteln Sie das zu versteuernde Einkommen der A-GmbH für 2014.

Lösung:

		€
	vorläufiger handelsrechtlicher Jahresüberschuss	**233.805**
+/-	Bewertungskorrekturen AfA auf Firmenwert (§ 7 Abs. 1 Satz 3 EStG)	+ 8.000
=	**Gewinn lt. Steuerbilanz**	**241.805**
+	nicht abziehbare Aufwendungen:	
+	nicht abzugsfähige Bewirtungskosten (§ 4 Abs. 5 Nr. 2 EStG) (30 % von 650 €)	+ 195
+	GewSt-Vorauszahlungen 2013 (§ 4 Abs. 5b EStG; § 10 Nr. 2 KStG)	+ 5.960
+	Verspätungszuschlag zur GewSt (§ 4 Abs. 5b EStG; § 10 Nr. 2 KStG)	+ 150
-	KSt-Erstattung 2013 (analog zu § 10 Nr. 2 KStG)	- 8.000
-	SolZ-Erstattung 2013 (analog zu § 10 Nr. 2 KStG)	- 440
+	sämtliche Zuwendungen (5.000 € + 4.000 €) (R 29 Abs. 1 Ziff. 7 KStR; § 9 Abs. 1 Nr. 2 KStG)	+ 9.000
+	Beiratsvergütungen (50 % von 14.400 €) (§ 10 Nr. 4 KStG)	+ 7.200
=	**steuerlicher Gewinn = SdE**	**255.870**
-	Zuwendungen, max. 20 % von 255.870 €, höchstens*	- 4.000
=	**GdE = Einkommen = zu versteuerndes Einkommen**	**251.870**

* Zuwendungen an politische Parteien sind **nicht** abzugsfähig.

FALL

Die B-GmbH mit Sitz in Wuppertal ermittelt für den Veranlagungszeitraum 2014 einen vorläufigen Handels- und Steuerbilanzgewinn in Höhe von 95.000 €. Dabei wurden in der Gewinn- und Verlustrechnung des Geschäftsjahres 2014 folgende Aufwendungen für geleistete Steuervorauszahlungen gebucht:

- Körperschaftsteuer 20.000 €
- Solidaritätszuschlag 1.100 €

Unter den gebuchten Aufwendungen finden sich verschiedene Zahlungen an den Geschäftsführer Willi Schulz in Höhe von 35.000 €. Willi Schulz ist Mehrheitsgesellschafter der B-GmbH. Die zugrunde liegenden Buchungsbelege tragen den Vermerk „Auslagenersatz". Eine betriebliche Veranlassung ist für diese Zahlungen jedoch nicht erkennbar. Ein Vorsteuerabzug wurde im Zusammenhang mit diesen Aufwendungen von der B-GmbH nicht in Anspruch genommen.

1. Ermitteln Sie das zu versteuernde Einkommen der B-GmbH für 2014.
2. Ermitteln Sie die Körperschaftsteuerrückstellung 2014 sowie die Rückstellung für den Solidaritätszuschlag 2014.
3. Ermitteln Sie den endgültigen handelsrechtlichen Jahresüberschuss für 2014.

Lösung:

zu 1.

	vorläufiger handelsrechtlicher Jahresüberschuss = Gewinn lt. StB	95.000,00 €
+	verdeckte Gewinnausschüttung (§ 8 Abs. 3 S. 2 KStG)	35.000,00 €
+	KSt-Vorauszahlungen 2014 (§ 10 Nr. 2 KStG)	20.000,00 €
+	SolZ-Vorauszahlungen 2014 (§ 10 Nr. 2 KStG)	1.100,00 €
=	**steuerlicher Gewinn = SdE = GdE = Einkommen = zvE**	**151.100,00 €**

zu 2.

	tarifliche/festzusetzende KSt 2014 (15 % von 151.100 €)	22.665,00 €
-	KSt-Vorauszahlungen 2014	- 20.000,00 €
=	**KSt-Rückstellung**	**2.665,00 €**
	Solidaritätszuschlag 2014 (5,5 % von 22.665 €)	1.246,58 €
-	SolZ-Vorauszahlungen 2014	- 1.100,00 €
=	**SolZ-Rückstellung**	**146,58 €**

zu 3.

	vorläufiger handelsrechtlicher Jahresüberschuss	95.000,00 €
-	KSt-Rückstellung	- 2.665,00 €
-	SolZ-Rückstellung	- 146,58 €
=	**endgültiger handelsrechtlicher Jahresüberschuss**	**92.188,42 €**

FALL

Die Gewinn- und Verlustrechnung der C-GmbH, München, weist für das Wirtschaftsjahr 2014 u. a. folgende Zahlen aus:

Umsatzerlöse	1.005.270,00 €	
sonstige betriebliche Erträge	4.625,00 €	
Investitionszulage	20.500,00 €	1.030.395,00 €
Wareneingang	375.123,00 €	
Löhne und Gehälter	250.951,00 €	
Abschreibungen	18.557,00 €	
gemeinnützige Zuwendungen	15.100,00 €	
Zuwendung an politische Parteien	10.000,00 €	
Mietaufwand	60.000,00 €	
Bewirtungsaufwendungen (angemessen)*	3.595,00 €	
Geldbuße	570,00 €	
GewSt-Vorauszahlung 2014	20.500,00 €	
Säumniszuschlag für GewSt-Vorauszahlung	130,00 €	
Säumniszuschlag für USt-Vorauszahlung	45,00 €	
KSt-Vorauszahlung 2014	40.000,00 €	
SolZ-Vorauszahlung 2014	2.200,00 €	
KSt-Nachzahlung 2013	12.470,00 €	
SolZ-Nachzahlung 2013	685,85 €	- 809.926,85 €
Jahresüberschuss		**220.468,15 €**

Ermitteln Sie das zu versteuernde Einkommen der C-GmbH für 2014.

* Die Bewirtungsaufwendungen wurden zu 100 % angesetzt; die USt (von 100 %) wurde korrekterweise in voller Höhe als Vorsteuer gebucht (§ 15 Abs. 1a S. 2 UStG).

Lösung:

	vorläufiger handelsrechtlicher Jahresüberschuss	220.468,15 €
=	Gewinn lt. Steuerbilanz	220.468,15 €
+	nicht abzugsfähige Bewirtungskosten (§ 4 Abs. 5 Nr. 2 EStG) (30 % von 3.595 €)	+ 1.078,50 €
-	Geldbuße (§ 4 Abs. 5 Nr. 8 EStG)	+ 570,00 €
+	GewSt-Vorauszahlungen 2014 (§ 4 Abs. 5b EStG)	+ 20.500,00 €
+	Säumniszuschlag für GewSt-Vorauszahlung 2014 (§ 4 Abs. 5b EStG)	+ 130,00 €
+	KSt-Vorauszahlung 2014 (§ 10 Nr. 2 KStG)	+ 40.000,00 €
+	SolZ-Vorauszahlung 2014 (§ 10 Nr. 2 KStG)	+ 2.200,00 €
+	KSt-Nachzahlung 2013 (§ 10 Nr. 2 KStG)	+ 12.470,00 €
+	SolZ-Nachzahlung 2013 (§ 10 Nr. 2 KStG)	+ 685,85 €
+	sämtliche Zuwendungen (15.100 € + 10.000 €) (R 29 Abs. 1 Ziff. 7 KStR; § 9 Abs. 1 Nr. 2 KStG)	+ 25.100,00 €
+	Investitionszulage (R 29 Abs. 1 Ziff. 9 KStR)	- 20.500,00 €
=	**steuerlicher Gewinn = Summe der Einkünfte**	**302.702,50 €**
-	Zuwendungen, max. 20 % von 302.702,50 €, höchstens geleistete Z.*	- 15.100,00 €
=	**Gesamtbetrag der Einkünfte = Einkommen = zvE**	**287.602,50 €**

* Zuwendungen an politische Parteien sind **nicht** abzugsfähig.

FALL

Die Pro Casa GmbH hat ihre Geschäftsführung und ihren Sitz in Mainz. Die GmbH weist für das Geschäftsjahr 2014, das mit dem Kalenderjahr übereinstimmt, einen vorläufigen handelsrechtlichen Jahresüberschuss von 450.000 € aus.
Herr Peter Müller ist alleiniger Gesellschafter und alleiniger Geschäftsführer der Pro Casa GmbH.

Die folgenden Sachverhalte sind noch zu berücksichtigen:

1. Die GmbH hat zum 01.07.2014 bei ihrer Bank ein Fälligkeitsdarlehen über 400.000 € aufgenommen, das eine Laufzeit von zehn Jahren hat. Die Bank behält bei der Auszahlung des Darlehens ein Damnum von 30.000 € ein und schreibt den Restbetrag in Höhe von 370.000 € dem laufenden Bankkonto der GmbH gut. Die GmbH hat den Vorgang wie folgt gebucht:
   1800 (1200) Bank an **3170** (0650) Verbindlichkeiten ggü. Kreditinstituten 370.000 €
2. Die GmbH hat handelsrechtlich eine Rückstellung für drohende Verluste aus schwebenden Geschäften in Höhe von 30.000 € gebildet.
3. Die KSt-Vorauszahlungen 2014 in Höhe von 112.500 € wurden als Betriebsausgaben gebucht.
4. Die SolZ-Vorauszahlungen 2014 in Höhe von 6.187,50 € wurden als Betriebsausgaben gebucht.
5. Die GewSt-Vorauszahlungen 2014 in Höhe von 37.500 € wurden als Betriebsausgaben gebucht.
6. Herr Peter Müller erhält eine Jahresvergütung in Höhe von 300.000 €. Die Jahresvergütung setzt sich aus einem Festgehalt von 90.000 € (30 %) und einer Gewinntantieme von 210.000 € (70 %) zusammen. Üblich ist jedoch nur ein Tantiemeanteil von 25 %. Die 300.000 € wurden in 2014 als Betriebsausgaben gebucht.
7. GmbH weist für 2014 folgende Zuwendungen nach, die als Betriebsausgaben gebucht wurden:

Zuwendungen an politische Parteien	75.000 €
Zuwendungen zur Förderung von Wissenschaft und Forschung	150.000 €

Aufgabe:

Ermitteln Sie das zu versteuernde Einkommen der GmbH für den VZ 2014.

Lösung:

		€
	vorläufiger handelsrechtlicher Jahresüberschuss	450.000,00
-	Damnum (30.000 € : 10 = 3.000 €, davon 6/12) (§ 7 Abs. 1 S. 1 EStG)	- 1.500,00
+	Drohverlust-Rückstellung (§ 5 Abs. 4a EStG)	+ 30.000,00
=	Gewinn lt. Steuerbilanz	478.500,00
+	verdeckte Gewinnausschüttung (§ 8 Abs. 3 S. 2 KStG)	+135.000,00
+	GewSt-Vorauszahlungen 2014 (§ 4 Abs. 5b EStG)	+ 37.500,00
+	KSt-Vorauszahlungen 2014 (§ 10 Nr. 2 KStG)	+112.500,00
+	SolZ-Vorauszahlungen 2014 (§ 10 Nr. 2 KStG)	+ 6.187,50
+	sämtliche Zuwendungen (75.000 € + 150.000 €) (R 29 Abs. 1 Ziff. 7 KStR; § 9 Abs. 1 Nr. 2 KStG)	+225.000,00
=	**steuerlicher Gewinn = Summe der Einkünfte**	994.687,50
-	Zuwendungen, max. 20 % von 994.687,50 €, höchstens geleistete Z.*	- 150.000,00
=	**GdE = Einkommen = zu versteuerndes Einkommen**	**844.687,50**

* Zuwendungen an politische Parteien sind nicht abzugsfähig.

FALL

Die X-AG weist in ihrer Handelsbilanz 2014 einen Jahresüberschuss von 1.280.404,50 € aus. Folgende Aufwendungen und Erträge wurden bereits berücksichtigt:

Soll	**GuV zum 31.12.2014**		**Haben**
diverse Aufwendungen	810.000,00	Umsatzerlöse	2.369.944,50
Beiratsvergütung	13.500,00	KSt-Erstattung 2013	15.000,00
Säumniszuschlag USt 2013	90,00	SolZ-Erstattung 2013	825,00
§ 233a AO Zinsen zur KSt 2012	375,00		
KSt-Vorauszahlungen 2014	180.000,00		
SolZ-Vorauszahlungen 2014	9.900,00		
Spende an eine Partei	4.500,00		
GewSt-Rückstellung 2014	34.500,00		
Spende an eine Universität	52.500,00		
Jahresüberschuss	1.280.404,50		
	2.385.769,50		2.385.769,50

zusätzliche Angaben:

- Die X-AG kann aus dem Vorjahr einen Verlustabzug nach § 10d EStG in Höhe von 150.000 € vorweisen.
- In den diversen Aufwendungen der X-AG ist ein Betrag in Höhe von 15.000 € für ein behördliches Bußgeld enthalten.

1. Ermitteln Sie das zu versteuernde Einkommen der X-AG für das Jahr 2014.
2. Berechnen Sie die Körperschaftsteuer und den Solidaritätszuschlag für das Jahr 2014.

Lösung:

zu 1.

	Jahresüberschuss lt. Handelsbilanz	1.280.404,50 €
+	GewSt-Rückstellung 2014 (§ 4 Abs. 5b EStG)	34.500 €
+	KSt-Vorauszahlungen 2014 (§ 10 Nr. 2 KStG)	180.000 €
+	SolZ-Vorauszahlungen 2014 (§ 10 Nr. 2 KStG)	9.900 €
-	KSt-Erstattung 2013 (analog zu § 10 Nr. 2 KStG)	15.000 €
-	SolZ-Erstattung 2013	825 €
+	Zinsen zur KSt 2012 (§ 10 Nr. 2 KStG)	375 €
+	Bußgeld (§ 4 Abs. 5 Nr. 8 KStG)	15.000 €
+	Hälfte der Beiratsvergütung (§ 10 Nr. 4 KStG)	6.750 €
+	Spende an eine Partei (R 29 Ziff. 7 KStR)	4.500 €
+	wissenschaftl. Spende (R 29 Ziff. 7 KStR)	52.500 €
=	**steuerlicher Gewinn = Summe der Einkünfte**	1.568.104,50 €
-	Spenden, max. 20 % von 1.568.104,50 €, höchstens gel. Zuw.	- 52.500,00 €
=	**Gesamtbetrag der Einkünfte**	1.515.604,50 €
-	Verlustabzug (§ 10d EStG) -	150.000,00 €
=	**Einkommen = zu versteuerndes Einkommen**	**1.365.604,50 €**

zu 2.

Körperschaftsteuer (15 % von 1.365.604,50 €; abgerundet)	**204.840,00 €**
Solidaritätszuschlag (5,5 % von 204.840,00 €)	**11.266,20 €**

C. Gewerbesteuer

FALL

Luisa Bellona ist Alleininhaberin einer Pizzeria in Mainz. Für das Wirtschaftsjahr 2014, das mit dem Kalenderjahr übereinstimmt, ergibt sich Folgendes:

1.	Gewinn nach § 15 EStG	43.600 €
2.	Für einen aufgenommenen Kredit in Höhe von	30.000 €
	wurden Zinsen gezahlt in Höhe von	1.850 €
3.	Die Zinsen des laufenden Kontos betrugen	750 €
4.	Miete für Geschäftseinrichtung	6.000 €
5.	Die aus betrieblichen Mitteln geleisteten Zuwendungen betrugen:	
	Zuwendungen zur Förderung kirchlicher Zwecke	1.000 €
	Zuwendungen zur Förderung wissenschaftlicher Zwecke	500 €
	Die Zuwendungen haben den Gewinn nach § 15 EStG nicht gemindert, weil sie auf das Konto „Privatentnahmen" gebucht wurden.	

Wie hoch ist die Gewerbesteuer für den EZ 2014 bei einem Hebesatz von 440 %?

Lösung:

			€
	Gewinn aus Gewerbebetrieb (Tz. 1)		43.600,00
+	Hinzurechnungen nach § 8		
	100 % der Entgelte für Schulden		
	Zinsen für langfristigen Kredit (Tz. 2)	1.850 €	
	Zinsen für kurzfristigen Kredit (Tz. 3)	750 €	
	20 % der Miete (Tz. 4) (20 % von 6.000 €)	1.200 €	
=	Summe der Finanzierungsanteile	3.800 €	
-	Freibetrag 100.000 Euro, höchstens	- 3.800 €	
=	verbleibender Betrag	0 €	0,00
x	25 % (= Hinzurechnungsbetrag)		
			43.600,00
-	Kürzungen nach § 9		
	Zuwendungen zur Förderung kirchl. u. wissenschaftl. Zwecke (Tz. 5)		1.500,00
=	vorläufiger Gewerbeertrag		42.100,00
	Abrundung auf volle hundert Euro		42.100,00
-	Freibetrag		- 24.500,00
=	endgültiger Gewerbeertrag		17.600,00
x	Steuermesszahl 3,5 %		
=	Steuermessbetrag (3,5 % von 17.600 €)		616,00
x	Hebesatz (440 %)		
=	**Gewerbesteuer** (440 % von 616 €)		**2.710,40**

FALL

Fritz Maier ist Alleininhaber eines Hotels und Restaurants in Düsseldorf. Für das Wirtschaftsjahr 2014, das mit dem Kalenderjahr übereinstimmt, ergibt sich Folgendes:

1. Gewinn nach § 15 EStG — 32.000 €
2. Einheitswert des Betriebsgrundstücks (100 %) — 75.000 €
   Das Grundstück dient zu 60 % eigenen gewerblichen Zwecken.
3. Eine Ausschanktheke ist von einer Brauerei gemietet worden.
   Die Jahresmiete beträgt — 2.500 €
4. Die Gewerbesteuer-Vorauszahlungen betragen 2014 — 200 €
   Die GewSt-Vorauszahlungen haben den Gewinn nach § 15 EStG nicht gemindert.

Wie hoch ist die Gewerbesteuerabschlusszahlung für den EZ 2014 bei einem Hebesatz von 440 %?

Lösung:

			€
	Gewinn aus Gewerbebetrieb (Tz. 1)		32.000,00
+	Hinzurechnungen nach § 8		
	100 % der Entgelte für Schulden	0 €	
	20 % der Miete (Tz. 3) (20 % von 2.500 €)	500 €	
=	Summe der Finanzierungsanteile	500 €	
-	Freibetrag 100.000 Euro, höchstens	- 500 €	
=	verbleibender Betrag	0 €	0,00
x	25 % (= Hinzurechnungsbetrag)		
			32.000,00
-	Kürzungen nach § 9		
	Grundbesitzkürzung (Tz. 2)		
	60 % von 1,2 % von 105.000 € (75.000 € x 140 %)		756,00
=	vorläufiger Gewerbeertrag		31.244,00
	Abrundung auf volle hundert Euro		31.200,00
-	Freibetrag		- 24.500,00
=	endgültiger Gewerbeertrag		6.700,00
x	Steuermesszahl 3,5 %		
=	Steuermessbetrag (3,5 % von 6.700 €) abrunden, R. 14.1 S. 3 GewStR		234,00
x	Hebesatz (440 %)		
=	**Gewerbesteuer** (440 % von 234,00 €)		1.029,60
-	GewSt-Vorauszahlungen		- 200,00
=	**Gewerbesteuerabschlusszahlung**		**829,60**

FALL

Der Einzelgewerbetreibende Müller, Düsseldorf, dessen Wirtschaftsjahr mit dem Kalenderjahr übereinstimmt, legt Ihnen für den EZ 2014 folgende Zahlen vor:

1.	Gewinn nach § 15 EStG	35.660 €
2.	Einheitswert des Betriebsgrundstücks (100 %)	12.500 €
3.	Auf dem Betriebsgrundstück (100 %) lastet eine Hypothek, die mit 6 % verzinst wird, in Höhe von 25.000 € (6 % von 25.000 €)	1.500 €
4.	Beteiligung eines typisch stillen Gesellschafters (Privatmann) an dem Einzelgewerbebetrieb mit 40.000 €.	
5.	Gewinnanteil des typisch stillen Gesellschafters 2014	2.500 €
6.	Für einen Kontokorrentkredit sind Zinsen in Höhe von angefallen.	750 €
7.	Die aus betrieblichen Mitteln geleisteten Zuwendungen für 2014 betrugen:	
	Zuwendungen zur Förderung kirchlicher Zwecke	500 €
	Zuwendungen zur Förderung wissenschaftlicher Zwecke	750 €
	Zuwendungen an politische Parteien	500 €
	Die Zuwendungen haben den Gewinn nach § 15 EStG nicht gemindert, weil sie auf das Konto „Privatentnahmen" gebucht wurden.	

Wie hoch ist die Gewerbesteuer für den EZ 2014 bei einem Hebesatz von 440 %?

Lösung:

			€
	Gewinn aus Gewerbebetrieb (Tz. 1)		35.660,00
+	Hinzurechnungen nach § 8		
	100 % der Entgelte für Schulden		
	Zinsen für Kontokorrentkredit (Tz. 6 + Tz. 3)	2.250 €	
	100 % des Gewinnanteils des st. Gesellschafters (Tz. 5)	2.500 €	
	= Summe der Finanzierungsanteile	4.750 €	
	- Freibetrag 100.000 Euro, höchstens	- 4.750 €	
	= verbleibender Betrag		0,00
	x 25 % (= Hinzurechnungsbetrag)		0,00
			35.660,00
-	Kürzungen nach § 9		
	Grundbesitzkürzung (Tz. 2)		
	1,2 % von 17.500 € (12.500 € x 1,4)		210,00
	Zuwendungen zur Förderung kirchl. u. wissenschaftl. Zwecke (Tz. 7)*		1.250,00
=	vorläufiger Gewerbeertrag		34.200,00
	Abrundung auf volle hundert Euro		34.200,00
-	Freibetrag		- 24.500,00
=	endgültiger Gewerbeertrag		9.700,00
x	Steuermesszahl 3,5 %		
=	Steuermessbetrag (3,5 % von 9.700 €), abrunden, R. 14.1 S. 3 GewStR		339,00
x	Hebesatz (440 %)		
=	**Gewerbesteuer** (440 % von 339,00 €)		**1.491,60**

* Zuwendungen an politische Parteien sind **nicht** abzugsfähig.

FALL

Ermitteln Sie die Gewerbesteuerrückstellung eines Einzelunternehmers in Berlin für den EZ 2014.

• Gewinn aus Gewerbebetrieb (§ 15 EStG)	46.000,00 €
• GewSt-Vorauszahlungen, die den Gewinn nicht gemindert haben	500,00 €
• Zinsen für langfristigen Kredit	3.800,00 €
• Einheitswert des Betriebsgrundstücks (01.01.1964)	35.000,00 €
• Hebesatz	410 %

Lösung:

			€
	Gewinn aus Gewerbebetrieb (Tz. 1)		46.000,00
+	Hinzurechnungen nach § 8		
	100 % der Entgelte für Schulden Zinsen für langfristigen Kredit	3.800 €	
=	Summe der Finanzierungsanteile	3.800 €	
-	Freibetrag 100.000 Euro, höchstens	- 3.800 €	
=	verbleibender Betrag	0 €	
x	25 % (= Hinzurechnungsbetrag)		0,00
			46.000,00
-	Kürzungen nach § 9		
	Grundbesitzkürzung (1,2 % von 49.000 €)		588,00
=	maßgebender Gewerbeertrag		45.412,00
	Abrundung auf volle hundert Euro		45.400,00
-	Freibetrag		- 24.500,00
=	(endgültiger) Gewerbeertrag		20.900,00
x	Steuermesszahl 3,5 %		
=	Steuermessbetrag (3,5% von 20.900€), abrunden, R. 14.1 S. 3 GewStR		731,00
x	Hebesatz (410 %)		
=	Gewerbesteuer (410 % von 731,00 €)		2.997,10
-	geleistete GewSt-Vorauszahlungen		- 500,00
=	**GewSt-Rückstellung**		**2.497,10**

FALL

Fritz Westfalen (FW) betreibt in Bonn unter der Firma „Funkhaus Fritz Westfalen" ein Fachgeschäft für Unterhaltungs-Elektronik. Für den EZ 2014 legt er Ihnen folgende Zahlen vor:

1. Lt. vorläufiger Gewinn- und Verlustrechnung für das Wirtschaftsjahr 2014 wurde ein Gewinn in Höhe von 29.000 € ermittelt.
2. FW schenkte seiner Frau Rosi zum 10. Hochzeitstag einen gebrauchten PKW, den er dem Anlagevermögen entnahm. Der Buchwert des PKW betrug am Entnahmetag 8.000 €; der Verkehrswert dieses Fahrzeugs wurde zu diesem Zeitpunkt in einem Gutachten mit 13.090 € einschließlich 19 % Umsatzsteuer festgestellt. FW hat bisher gebucht:

Anlagenabgänge (Restbuchwert)	8.000 €	
an Fahrzeuge		8.000 €
Privat	9.520 €	
an Erlöse aus Verkäufen Sachanlagevermögen		8.000 €
Umsatzsteuer		1.520 €

3. FW schenkte seinem Neffen Detlef zum 18. Geburtstag eine Stereoanlage, die er seinem Warenlager entnahm. Bei der Anschaffung wurde Vorsteuerabzug geltend gemacht. Die Anschaffungskosten der Anlage betrugen 900 € (netto); der Ladenverkaufspreis betrug 1.547,00 € einschließlich 19 % Umsatzsteuer. Der Listenverkaufspreis seines Großhändlers belief sich am Entnahmetag auf 950 € (ohne Umsatzsteuer). Der Vorgang wurde versehentlich buchhalterisch noch nicht erfasst.
4. FW ließ sich von seinem Buchhalter monatlich 2.500 € vom betrieblichen Bankkonto auf sein privates Bankkonto überweisen. Die jeweilige monatliche Buchung hierfür lautet:

Personalaufwendungen	2.500 €	
an Bank		2.500 €

5. FW betreibt sein Unternehmen auf dem Grundstück „Mozartstr. 10", das zu 30 % seines Wertes dem eigenen Gewerbebetrieb dient und auch mit diesem Anteil aktiviert wurde. Der Einheitswert des Grundstücks (01.01.64) beträgt 100.000 €.
6. Im Mai 2014 wurde eine umfangreiche Sanierungsmaßnahme im Fachgeschäft des Gebäudes „Mozartstr. 10" vorgenommen. Zur Finanzierung dieser Sanierungskosten nahm FW ein Darlehen in Höhe von 30.000 € auf, das zu 100 % am 01.07.2014 ausgezahlt wurde. Das Darlehen ist jährlich mit 8 % zu verzinsen und am 30.06.2024 in einer Summe zurückzuzahlen. Die Zinsen sind jeweils halbjährlich nachträglich zu entrichten. Erstmalig wurden diese Halbjahreszinsen zum 31.12.2014 vom betrieblichen Bankkonto abgebucht.
7. FW überwies in 2014 für zwei im Kundendienst eingesetzte Fahrzeuge insgesamt 9.936,50 € (einschl. 19 % Umsatzsteuer) an die Auto-Leasing GmbH in Hamburg.
8. Das an sein „Funkhaus" angrenzende Nachbargrundstück „Mozartstr. 12" hat FW für monatlich 600 € gepachtet und nutzt es ganzjährig als Kundenparkplatz.
9. FW ist an der Elektrowarengroßhandlung seines Schulfreundes Peter Tusch als Kommanditist beteiligt. Die Beteiligung gehört zu seinem Betriebsvermögen. Der Gewinnanteil für 2014 beträgt 4.000 €.
10. Für sein betriebliches Bankkonto hat FW einen Kontokorrentkredit in Höhe von 100.000 € zu einem Zinssatz von 10 % p.a. mit seiner Bank vereinbart. Insgesamt wurden in 2014 6.400,00 € Zinsen belastet.

Ermitteln Sie die Gewerbesteuer 2014. Der Hebesatz beträgt 490 %.

Lösung:

	vorläufiger Gewinn lt. GuV-Rechnung (Tz. 1)	29.000 €	
+	Erhöhung Privatentnahme Pkw (Tz. 2)	3.000 €	
+	Erfassung Privatentnahme Stereoanlage (Tz. 3)	1.131 €	
+	„Personalaufwendungen" (Tz. 4)	30.000 €	
	einkommensteuerlicher Gewinn aus Gewerbebetrieb	63.131 €	
			€
	Gewinn aus Gewerbebetrieb		63.131
+	Hinzurechnungen nach § 8		
	100 % der Entgelte für Schulden		
	Darlehenszinsen (Tz. 6)	1.200 €	
	Kontokorrentzinsen (Tz. 10)	6.400 €	
	20 % der Leasingraten (Tz. 7) (20 % von 8.350)	1.670 €	
	50 % der Pacht (Tz. 8) (50 % von 7.200 €)	3.600 €	
=	Summe der Finanzierungsanteile	12.870 €	
-	Freibetrag 100.000 Euro, höchstens	- 12.870 €	
	verbleibender Betrag	0 €	
	25 % (= Hinzurechnungsbetrag)		0,00
-	Kürzungen nach § 9		
	Grundbesitzkürzung (Tz. 5)		
	1,2 % von 42.000 € (100.000 € x 140 % x 30 %)		504,00
	Gewinnanteil Personengesellschaft (Tz. 9)		4.000,00
=	vorläufiger Gewerbeertrag		58.627,00
	Abrundung auf volle hundert Euro		58.600,00
-	Freibetrag		- 24.500,00
=	endgültiger Gewerbeertrag		34.100,00
x	Steuermesszahl (3,5 %)		
=	Steuermessbetrag (3,5% von 34.100€), abrunden, R.14.1 S.3 GewStR		1.193,00
x	Hebesatz (490 %)		
=	**Gewerbesteuer** (490 % von 1.193,00 €)		**5.845,70**

FALL

Der Einzelunternehmer Franz Huber, e.K. mit Sitz in München ermittelte für 2014 einen handelsrechtlichen Gewinn in Höhe von 591.750 €.

Für das Wirtschaftjahr 2014, das identisch ist mit dem Kalenderjahr, ergeben sich u. a. folgende Sachverhalte, die ggf. zu berücksichtigen sind.

- Die Gewerbesteuervorauszahlungen 2014 betrugen 52.500 €. Sie sind auf das Konto „**7610** (4320) Gewerbesteuer" gebucht worden.
- In 2013 wurde für den Umbau des Produktionsgebäudes ein Fälligkeitsdarlehen in Höhe von 750.000 € aufgenommen. Die Zinsen in Höhe von 37.500 € wurden in 2014 als Aufwand gebucht.
- Das Produktionsgebäude wird zu 90 % eigenbetrieblich genutzt und wurde auch in diesem Umfang bilanziert. Der Einheitswert des Gebäudes (100 %) wurde zum 01.01.1964 mit 97.500 € festgesetzt.
- Eine Lagerhalle mit Grundstück wurde am 05.10.2014 für 375.000 € gekauft. Der Einheitswert zum 01.01.1964 beträgt 60.000 €.
- Folgende Mieten wurden in 2014 bezahlt und aufwandswirksam gebucht:
  Miete Bürogebäude netto 195.000 € (einschließlich 15.000 € Nebenkosten für Heizung),
  Leasing Kopierer netto 10.440 € und
  Leasing Kraftfahrzeuge netto 99.000 €.
- Die Zuwendung (Spende) an den Tierschutzverein in Höhe von 10.250 € wurde vom Geschäftskonto gezahlt und auf das Konto „**2100** (1800) Privatentnahmen" gebucht.
- Aus den Vorjahren besteht noch ein Gewerbeverlustvortrag lt. gesonderter Feststellung in Höhe von 151.050 €.
- Der Hebesatz beträgt 490 %.

1. Ermitteln Sie die Gewerbesteuerabschlusszahlung 2014.
2. Welche Auswirkungen ergeben sich aus der Lösung des Gewerbesteuerfalles auf die Einkommensteuerschuld 2014 von Franz Huber, wenn dieser nur Einkünfte aus Gewerbebetrieb erzielt?

Lösung:

zu 1.

			€
	vorläufiger handelsrechtlicher Gewinn (Gewinn lt. HGB)		591.750,00
	Zuwendungen an den Tierschutzverein (korrekt gebucht, daher keine Hinzurechnung)		0,00
+	Gewerbesteuervorauszahlungen 2014		+ 52.500,00
=	steuerlicher Gewinn (Gewinn lt. EStG/KStG)		644.250,00
+	Hinzurechnungen (§ 8 GewStG)		
	100 % der Entgelte für Schulden (Zinsen) (100 % von 37.500 €)	37.500 €	
	20 % der Miete/Pacht für bewegliche WG (20 % von 109.440 €)	21.888 €	
	50 % für Miete/Pacht für unbewegliche WG (50 % von 180.000 €)	90.000 €	
	= Summe der Finanzierungsanteile	149.388 €	
	- Freibetrag	100.000 €	
	= verbleibender Betrag	49.388 €	
	x 25 % (= Hinzurechnungsbetrag nach § 8 Nr. 1 GewStG)		+ 12.347,00
-	Kürzungen nach § 9		
	Grundbesitzkürzung (90 % von 1,2 % von 136.500 € (97.500 € x 140 %)		- 1.474,20
	Kürzung für Lagerhalle wird in 2015 berücksichtigt		0,00
	Zuwendungen an Tierschutzverein		- 10.250,00
=	maßgebender Gewerbeertrag (§ 7 Abs. 1 GewStG)		644.872,80
-	Gewerbeverlust aus Vorjahren (§ 10a GewStG)		-151.050,00
=	vorläufiger Gewerbeertrag		493.822,00
	Abrundung auf volle hundert Euro		493.800,00
-	Freibetrag (§ 11 Abs. 1 GewStG)		- 24.500,00
=	endgültiger Gewerbeertrag		469.300,00
x	Steuermesszahl (3,5 %)		
=	Steuermessbetrag (3,5% von 469.300€) abrunden, R. 14.1 S. 3 GewStR		16.425,00
x	Hebesatz (490 %)		
=	Gewerbesteuer (490 % von 16.425,00 €)		80.482,50
-	Gewerbesteuervorauszahlungen 2013		- 52.500,00
=	**Gewerbesteuerabschlusszahlung 2013**		**27.982,50**

zu 2.

Die **Steuerermäßigung** beträgt nach § 35 Abs. 1 Nr. 1 EStG für Franz Huber **62.415€** (3,8 x 16.425,00 €).

Printing: Ten Brink, Meppel, The Netherlands
Binding: Stürtz, Würzburg, Germany